四川大学老子研究院重大项目成果
国家社会科学基金重大项目阶段性成果
四川大学道教与宗教文化研究所重大项目成果
教育部哲学社会科学重大攻关课题阶段性成果

第十六辑 半年刊 二〇二〇年第二期

尊道贵德
关怀生命
文化养生
和谐修真

老子学刊

詹石窗 ◎ 主编

巴蜀书社

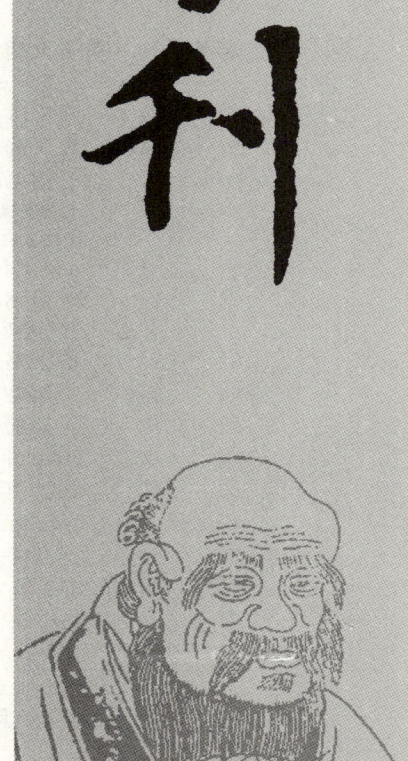

图书在版编目（CIP）数据

老子学刊. 第十六辑/詹石窗主编. —成都：巴蜀书社，2020.11
ISBN 978-7-5531-1389-0

Ⅰ.①老… Ⅱ.①詹… Ⅲ.①道家－研究－丛刊 Ⅳ.①B223.05－55

中国版本图书馆 CIP 数据核字（2020）第 214122 号

老子学刊（第十六辑）	詹石窗　主编

策划组稿	施　维
责任编辑	肖　静　邱沛轩
出　　版	巴蜀书社
	成都市槐树街 2 号　邮编 610031
	总编室电话：(028)86259397
网　　址	www.bsbook.com
发　　行	巴蜀书社
	发行科电话：(028)86259422　86259423
经　　销	新华书店
照　　排	四川胜翔数码印务设计有限公司
印　　刷	成都蜀通印务有限责任公司
版　　次	2020 年 12 月第 1 版
印　　次	2020 年 12 月第 1 次印刷
成品尺寸	185mm×260mm
印　　张	13.5
字　　数	300 千
书　　号	ISBN 978-7-5531-1389-0
定　　价	58.00 元

本书若有印装质量问题，请与工厂调换

顾问委员会

总　顾　问　陈耀庭　施舟人（KristoferSchipper）
顾　　　问　（排名不分先后）
　　　　　　李光富　陈鼓应　熊铁基　唐诚青　丁常云

理事委员会

主　　　席　吉宏忠
副　主　席　谢荣增
理　　　事　（排名不分先后）
　　　　　　袁志鸿　陈添来　张明心　陈明昌　李　纪
　　　　　　林凤燕　郭汉文　陈云鹤　薛永新　罗至君

学术委员会

名　誉　主　任　马西沙
主　　　　任　詹石窗
委　　　　员　（排名不分先后）
　　　　　　李远国　张思齐　唐大潮　张泽洪　李　福（美国）　郭　武
　　　　　　萧登福（台湾）　郑志明（台湾）　张桥贵　张　钦　苟　波
　　　　　　刘固盛　苏　宁　姜守诚　早岛妙听（日）

编辑委员会

主　　　　编　詹石窗
副　主　编　盖建民　于国庆（常务）　黄永锋　谢清果
总　策　划　施　维
编辑部主任　于国庆
编辑部副主任　李　冀
编　　　委　（排名不分先后）
　　　　　　张崇富　朱展炎　廖　玲　杨　燕　欧福克（德国）
　　　　　　黄　牛　李铁华　张丽娟　李　冀　颜文强　胡瀚霆
　　　　　　何　欣　褚国锋
本期执行编委　李　冀　陈妍

目 录

老子专题研究

民国时期缪篆的《老子古微》……………………………………乐爱国（3）
憨山德清《老子道德经解》章内注结构特色…………………赵彩花（12）
由出土文献再论《老子》"不尚贤"……………………………龚伟（25）
《道德经》"反向而动"的哲学指向钩沉………………………田湖（32）
"老子"称谓由来诸说…………………………………蒋波 潘淑萍（48）
从字用角度再论《老子》"水善利万物而有静"………………高艺鹏（54）

道学研究

道教雷神崇拜与雷神图像研究…………………………张作舟 李远国（75）
赵朴初居士对《庄子》的运用和解读…………………………韩焕忠（96）
道教的扶贫观……………………………………………………张崇富（107）
《神仙传》中"考验成仙"故事解读………………………廖玲 胡琳（112）
晚唐五代道士形象研究
　　——以《道教灵验记》为中心的考察………………………石娜娜（120）
浅析《老子想尔注》中的长生观………………………………黄方云（135）

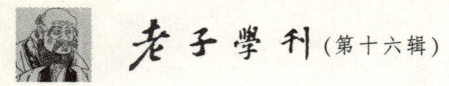

传统文化与三教关系研究

鼎俎与贞示
——商代祖先祭祀问题探新 ············· 张雪松（149）
九疑山鲁妙典仙传文本考论 ············· 杨文定（162）
梓潼帝君神话故事与后秦的关系 ········· 丁三迪 丁希勤（173）
明清叙永县玉皇观考述 ················· 钟思源（190）

书评

史论相依，学教皆宜
——评《新编中国道学简史》 ········· 曾勇 刘思贝（203）

《老子学刊》稿约 ··（207）

老子专题研究

民国时期缪篆的《老子古微》

乐爱国*

内容提要：缪篆为章太炎弟子，1924年到厦门大学任教，著述颇丰，1939年逝世。他的重要著作《老子古微》曾在民国时期学术杂志《制言》连载，从第1章到57章，未完。根据厦门大学图书馆藏1933年油印本《老子古微》上篇，该书卷首为《显道》三篇，讨论了道体、道相、道用，是缪篆解读《老子》的基本思想。应当说，缪篆《老子古微》是民国时期重要的老子学著作之一。

关键词：缪篆；厦门大学；民国时期；《老子古微》

近年来，民国时期的《老子》研究越来越受到学术界的重视，不少有关《老子》的学术著作得以整理和研究。然而，这一时期由于社会动荡，战事不断，许多学术著作受到毁损而散佚，难免有些《老子》研究著作被遗漏，缪篆的《老子古微》正是其中之一。明年，适逢厦门大学百年校庆，校方拟出版民国时期厦门大学教师所撰重要的学术著作，包括缪篆的《老子古微》，嘱笔者撰出版前言，为此草拟下文。

一、缪篆的生平与著述

缪篆（1877-1939），字子才，江苏泰州人，民国时期厦门大学著名的教授，他所撰《老子古微》是这一时期重要的老子学著作之一。关于缪篆的生平与著述，民国时期的期刊《制言》1939年第50期在刊登缪篆逝世的消息时有详细记载，其曰："泰县缪君子才，以疾卒于香港，噩耗遽传，闻之怆痛。民国二年，章公筹边东三省，缪君因吉林民政司韩公紫石

---

* 乐爱国，男，1955年生，厦门大学哲学系教授、博士生导师，兼任国际儒学联合会理事、中华孔子学会理事、中国哲学史学会理事，主要研究宋明理学、朱子学、道家道教。

介，从章公问业。君绘吉林、黑龙江二图，较旧东三省图为精，章公爱之。其后教授厦门、中山诸大学，著述益富，有《齐物论释注》《国故论衡注》《检论注》《老子古微》等书，皆成巨帙。君又从同县黄锡朋游，所著《显道》《原道》如干卷，间涉黄学，亦别有利解。然勤阐师说，征引广博如君者，吾同门中不多觏焉。《老子古微》将于次期续完。《齐物论释注》《国故论衡注》《检论注》亦拟由《制言》次第付印，聊述数语，以志人琴之感。民国廿八年三月沈延国谨识。"①

缪篆的外孙、当代画家范曾所编《南通范氏诗文世家》（第17册）对缪篆的生平与著述也做了简述："缪篆，原名学贤，字子才，江苏泰州人，生于清光绪三年（1877），逝于1939年，享年六十二。哲学家，范曾外祖父。早年留学日本。1926年始任厦门大学哲学系副教授、教授，中山大学哲学系教授。先后出版著述六十余种，涉及老庄、周易、考古、诗词、多种外语语法诸多领域，著有《老子古微》《显道》《邻德》《礼人十一书》《齐物论释注》《国故论衡子部注》《检论注》《周易大象简义注》《马氏文通答问》《英德拉丁法国动字变化表》《缪氏考古录增补》《先祖余园诗抄校本》《文存诗存》等。"②

据厦门大学校史研究所提供的资料，缪篆（1877—1939），字子才，江苏泰州人，哲学史家，章太炎弟子，1924年到厦门大学任教，聘为国文系和哲学系副教授，1930年起任教授。又据1930年4月6日印制的《厦门大学九周年纪念刊》记载，当时厦门大学文学院教职员中，缪子才，中国文学史、哲学教授，"曾任奉天交涉使署编纂，吉林民政司疆理科科长，东三省筹边公署艺术处处长、内务部主事"③。

近年来，有学者对缪篆的生平与著述做了深入研究，姚彬彬的《"章门弟子"缪篆的平生交游与著述》④考证详尽可靠。以下主要依据该文对缪篆任教于厦门大学的经历与著述做一简要叙述，并有所增补订正。

据1925年12月19日出版的《厦大周刊》第132期所载"国学研究院筹备总委员会"，包括：校长（主席）、毛常、王振先、秉志、孙贵定、徐声金、涂开舆（书记）、陈灿、黄开宗、陈定谟、刘树杞、缪子才、钟心煊、戴密微、龚惕庵等，可以看出，缪子才为当时成立的国学研究院的筹备委员。据1927年厦门大学布告（第5卷第4册1926—1927），当时缪篆作为文科教员，任中国文学史、哲学副教授，又任厦门大学编译委员会委员。如上所述，缪篆于1930年起任教授。另据1930年11月1日出版的《厦大周刊》第242期载，缪篆在当时文学院教授该学期的课程有：目录学、中国伦理学、中国哲学、诸子哲学、中国论理学。

据1926年5月29日出版的《厦大周刊》第152期载缪篆《送戴密微教授归省序》一文，"篆游闽南，获交戴密微先生，籍瑞士，通十数国言文，而习中国书已十载。恒闻其述

---

① 缪篆：《老子古微上下篇引用书目》文后，《制言》1939年第50期，第3页。
② 范曾：《南通范氏诗文世家》第17册，石家庄：河北教育出版社2004年版，第221页。
③ 《厦门大学九周纪念刊》"教职员一览表"，厦门：厦门大学印刷所印，1930年，第5页。
④ 姚彬彬：《"章门弟子"缪篆的平生交游与著述》，《中国文化》2019年第50期，第312页。

堂上二老年登七十，欲谋归省，篆钦其务本，服其天性真挚，详查所治书，则孜孜于经子，叩其所得，则曰：忠信之人，可以学礼。先生于一九二六年七月买舟回瑞士，篆曰：孔子所志，老安、少怀、友信耳，先生归省，合于仲尼安老之训。濒行，以译《尹文子》质诸篆，应之曰：'名家言，可译者也。'若夫孔孟老庄，读中国原文久，身体而力行之，且有师授，念念重其为人，然后精神乃与孔孟老庄通，则其书自不待译"。可见，缪篆与当时任教于厦门大学的外国学者戴密微教授多有交往，有深厚的友谊。

《海潮音》1926年第7卷第8期载，缪篆曾有书信致太虚，说："太虚法师台鉴：敬肃者，不亲道貌已及数年。近在闽南授课之余，整理旧稿，草成《显道》三篇，邮呈座前伏乞斧。斯缘关于佛书之处，定有不妥协者，敬祈进而教之。批席之后仍希掷下，以便修正也。闻法师讲道庐山，规摹宏远，东亚学者，前途沾溉无穷，曷胜企佩！春风有便，尚祈赐我数行，实为感感！"

1933年，缪篆邀约诗人陈石遗一起，为马相伯发起的在抗日前线实地救护伤兵难民的"不忍人会救护队"卖文捐款。"章太炎先生闻之，亦极嘉许，并介绍云：泰县缪篆子才，学问精博，兼能文章，尝为余所著《齐物论释》等作法，皆萃十余年之精力为之，近在厦门作教，并愿为不忍人会救护队卖文，以资土壤之助，予亦深表同情云。"① 为此，1933年6月2日《天津益世报·宗教与文化》栏目还发表了缪篆的《国难罪己篇》，并有编者按："缪子才先生，系厦门大学教授，最近约名诗家陈石遗先生，鬻文捐助不忍人会救护队，沪报一致颂其'以文章报国'；兹特介绍其近作，以饷我邦人君子！"1933年6月13日《天津商报画刊》第8卷第28期发文《缪子才之忠孝论》，对缪篆《国难罪己篇》中有一段，力言孝其亲者，始能忠其国，做了节录，称"立意非常纯正，援引尤见精神"。

1939年缪篆逝世，蔡元培在当年2月16日的日记中记有：题缪君子才遗像一绝，寄其子孝威："远自函关参大道，近皈菿汉演微言，等身著作承贻赠，迨展遗容已九原。"② 应当说，缪篆与蔡元培也有很深的交谊。

关于缪篆任教于厦门大学时的著述，学术著作主要有：

1.《齐物论释注》，油印本，1929年。2018年由上海大学出版社据上海图书馆藏本影印出版。

2.《缪篆丛书》，第1集12种：(1) 原学注；(2) 原儒注；(3) 原道注；(4) 原名注；(5) 明见注；(6) 辨性注；(7) 争教注；(8) 订孔注；(9) 道本注；(10) 齐物论释前四行注；(11) 显道篇；(12) 名学十书。油印本，1929年。

3.《显道》，油印本，1931年。

4.《马氏文通答问》，连载于《厦大周刊》1931年第11卷第1期至1933年第13卷第3

---

① 项城、时敏编：《还我山河》，上海：中国自强学社，1933年，第262页。
② 蔡元培：《蔡元培全集》第17卷，杭州：浙江教育出版社1998年版，第291页。

期，分 14 次刊出。

5.《周易大象简义注》，油印本，193？年。

6.《老子古微》上篇，油印本，1933 年。

7.《明德三篇》，其中上篇载《新民月刊》1935 第 1 卷第 3 期，中篇载《新民月刊》1935 第 1 卷第 4—5 期、《新民月刊》1935 年第 1 卷第 6 期、《新民月刊》1936 年第 2 卷第 1 期。

发表的学术论文主要有：

1.《订孔篇注》，《华国》第 2 卷第 11 期，1926 年 1 月。(《订孔篇注》(续)，《华国》第 3 卷第 1 期，1926 年 4 月)——此文后经增补成为 1930 年《缪篆丛书》油印本的《订孔注》。

2.《道家哲学：显道（上）"道体"》，《国学专刊》第 1 卷第 1 期，1926 年 3 月。(《道家哲学：显道（中）"道相"》，《国学专刊》第 1 卷第 2 期，1926 年 5 月；《道家哲学：显道（中）"道相"》（续），《国学专刊》第 1 卷第 3 期，1926 年 9 月)

3.《显道（上）"道体"》，《厦门大学季刊》第 1 卷第 1 期，1926 年。(《显道（中）"道相"》，《厦门大学季刊》第 1 卷第 2 期，1926 年 7 月)

4.《止于至善》，《厦大周刊》第 150 期，1926 年 5 月 15 日。

5.《送戴密微教授归省序》，《厦大周刊》第 152 期，1926 年 5 月 29 日。

6.《争教篇注》，《华国》第 3 卷第 3 期，1926 年 6 月。(《争教篇注》(续)，《华国》第 3 卷第 4 期，1926 年 7 月)——此文后经增补成为 1930 年《缪篆丛书》油印本的《争教注》。

7.《尹文子校释》，《厦大集美国专学生会季刊》第 1 期，1929 年 6 月。

8.《王壬秋巫山高诗笺》，《厦大周刊》第 9 卷第 4 期（第 230 期），1930 年 4 月 26 日。

9.《中国目录学叙》，《厦大周刊》第 9 卷第 6 期（第 232 期），1930 年 5 月 10 日。

10.《跋绵绎书屋重雕樊绍述集》，《厦大周刊》第 9 卷第 10 期（第 236 期），1930 年 6 月 8 日。

11.《行易知难学说中所论文法文理浅释》，《厦大周刊》第 10 卷第 21 期（第 257 期），1931 年 4 月 25 日。(《行易知难学说中所论文法文理浅释》，厦门大学编译委员会编辑《厦门大学演讲集》第 2 集，1931 年 6 月)

12.《国难罪己篇》，《天津益世报·宗教与文化》，1933 年 6 月 2 日。

13.《大学有救国难之道》，《厦大周刊》第 30 卷第 9 期（第 327 期），1933 年 11 月 25 日。

14.《国语罗马字的四百六十四字文》，《语言文学专刊》第 1 卷第 1 期，1935 年 3 月。

15.《读张横渠东铭西铭》，《新民月刊》1935 第 1 卷第 2 期，1935 年 6 月。

16.《道家哲学：道本》，《仁爱》第 1 卷第 2 期，1935 年 6 月。(《道家哲学：道本》

(续),《仁爱》第 1 卷第 3 期,1935 年 7 月)——此文为 1930 年《缪篆丛书》油印本的《道本注》节选。

17.《孔子的人生观》,《真光校刊》第 2 卷第 6 期,1935 年 6 月 29 日。

18.《吊余杭先生文》,《制言》第 24 期,1936 年 9 月 1 日。

19.《老子绝圣弃智绝仁弃义解》,《制言》第 29 期,1936 年 11 月 16 日。

20.《淇澳诗备五德说》,《制言》第 35 期,1937 年 2 月 16 日。

二、《老子古微》的成书与概要

（一）《老子古微》的成书

1923 年 7 月出版的《学衡》第 19 期刊载了缪篆的《老子古微·卷首》,该文分为：原道（上）"道体"、原道（中）"道相"、原道（下）"道用"。该文后附有说明："卷首已完,全书续登。"可见,此前缪篆已撰有《老子古微》的书稿,包括卷首（原道（上）"道体"、原道（中）"道相"、原道（下）"道用"）以及正文。

1926 年,缪篆发表《显道（上）"道体"》《显道（中）"道相"》,可见此时缪篆已将原《老子古微》卷首的原道（上）"道体"、原道（中）"道相"、原道（下）"道用"三篇,改为：显道（上）"道体"、显道（中）"道相"、显道（下）"道用"三篇,而且内容也有较多扩充。如前所述,这一年,缪篆还将《显道》三篇寄给太虚法师求教。

1929 年缪篆在《齐物论释注》(油印本)的目录后附言："本书及《老子古微》《缪篆丛书》等,储藏各国图书馆者,已达千份,盖愿与世界学者相见,以诚不为空间时间所隔阂云尔。"[①] 而且该油印本最后附缪篆的《显道》三篇,分为（上）"道体"、（中）"道相"、（下）"道用"。

又据 1929 年 6 月出版的《厦门大学己巳年刊》插缪篆所著书购书广告：

1.《缪篆丛书》第 1 集 12 种,共 20 本,合成 4 册。(1) 原学注；(2) 原儒注；(3) 原道注；(4) 原名注；(5) 明见注；(6) 辨性注；(7) 争教注；(8) 订孔注；(9) 道本注；(10) 齐物论释前四行注；(11) 显道篇；(12) 名学十书：甲. 六征篇,乙. 九用七属篇,丙. 表仪篇,丁. 状色言声度篇,戊. 孔子观人篇,己. 曾子观人篇,庚. 荀子观人篇,辛. 尹文子,壬. 人物志,癸. 士纬。

2.《老子古微》附《显道》篇,共 5 本。

3.《齐物论释注》附《显道》篇,共 26 本。

并有言："以上三书,为厦门大学哲学系教授缪篆所著,系油印本,原为遍藏各国图书馆而设,本非卖品,尚余数部,亦可出售……"

---

① 章太炎、缪篆：《齐物论释注：外一种》,上海：上海大学出版社 2018 年版,第 4 页。

1929年6月8日出版的《厦大周刊》第207期刊登了由四川华阳罗运贤于1928年10月为缪篆《老子古微》所作之叙。此前，罗运贤曾在章太炎主持的《华国》1925年第2卷第8期和1926年第2卷第11期上发表《老子余谊》。罗运贤《老子古微叙》的结尾说道："今年春，泰县缪君子才，邮以所著《老子古微》，上自周秦，下讫李唐，凡一言一词关联聊书者，一是钩用，其穷搜旁罗，亦云广矣……君曩见拙著《老子余谊》，乃邮书万里，索叙于愚。因举治道家言当观其会通，及籀绎故籍之术，与夫君书愔意之所寄，而识其大凡如此。戊辰十月望后七日华阳罗运贤孔昭甫叙。"

从1931年缪篆的《显道》油印本可以看出，这一时期，缪篆的《显道》三篇，或单独成书，或作为《老子古微》的卷首、《齐物论释注》的附录。

1933年缪篆的《老子古微》上篇油印本，应当看作是正式定稿。该油印本前有蔡元培题词"道通为一"，又有华阳罗运贤所作《老子古微叙》，书稿包括：卷首《显道》三篇、正文《老子古微》上篇37章，以及《老子古微》上篇附录。

自1935年起，缪篆《老子古微》的正文，陆续在《制言》上发表。《制言》由章太炎主编，于1935年创刊。1936年6月14日章太炎逝世，同年7月1日出版的《制言》第20期起，改由章氏国学讲习会编印。缪篆《老子古微》在《制言》上的连载，从《制言》1935年第1期载《老子古微》第1章开始，至《制言》1937年第47期载《老子古微》第51—57章止。《制言》1939年第50期载《老子古微上下篇引用书目》，其中说："《老子古微》将于次期续完。"但经查，此后各期并没有继续刊载。也就是说，依据《老子》共81章，《老子古微》也应当有81章，而《制言》的连载只有57章，还差24章。

尚需指出的是，1938年，马相伯为缪篆《老子古微》作序，称："老夫之役有缪篆者，行年六十矣而色若孺子。既辑《道德经古微》，又著《道论》《德论》，复谓道德所以未坠于地者在人，乃辑注《礼人十一书》殿于后。教授闽、粤大学廿年。欧西学会曾译其书，高材弟子有传其学于法美大学校者。其持论谓周秦书道德二字连文、德行二字连文者甚鲜；道乃三公所职，德乃大司徒所职，行乃乡长、乡大夫所职。道乃哲学，属知难类；德乃伦理，属行易类。观其所著，斯而析之，至于无伦，在《法言》《中说》等书上矣。"①

由此可见，早在1923年，缪篆《老子古微》就已有完成的书稿，到1933年，《老子古微》上篇有了正式定稿；自1935年起，《老子古微》陆续发表，至1939年缪篆逝世。也就是说，《老子古微》是缪篆至晚年仍不断修改，并没有完整出版的书稿。而且，根据1933年缪篆的《老子古微》上篇油印本，正文之后有附录，可以推断，《老子古微》应当有下篇，或中、下篇，并且都应当有附录。

（二）《老子古微》的内容概要

1933年缪篆《老子古微》上篇油印本，继蔡元培题词"道通为一"、罗运贤《老子古微叙》之后，有卷首、正文、附录三部分。

卷首为《显道》三篇，有言："惟初太极，道立于一。六玉之方，有泽有光。澹无不治，曰为无为。百家同轨，爰立纲纪。述体、相、用三篇。"②

《显道》（上）"道体"，说："老子五千言，无道体名称，而第言得一。圣谟洋洋，其规摹宏远矣。"③ 又说："道体标识，既已为一画矣，且得有言乎？既已谓之一画矣，且得无言乎？欲以言显，此不可名言之道体……老子道体之说，著在'德经'，曰：'昔之得一者，天得一以清，地得一以宁，神得一以灵，谷得一以盈，万物得一以生，侯王得一以为天下贞。'德者，得也。万变亿化，皆各得其所得。故曰：'同于道者，道亦乐得之；同于德者，德亦乐得之；同于失者，失亦乐得之。'……老子者，穷则思变，变乃辟通，以一画定天等所得之标识，则得一者，得所以为万变亿化之道体也。"④

《显道》（中）"道相"，说："知佛家性相之说，则知儒、道所称道与仁智之说矣。大道不称，有名者，未必有形。无相之相也，总相也，道是也。"⑤ 又说："道实有相，不易觉，不易言。能觉德相，即觉道相；能言德相，即言道相。"⑥

《显道》（下）"道用"，说："秉要执本者，以虚无为本，以因循为用是；清虚以自守者，有之以为利，无之以为用是；卑弱以自持者，反者道之动，弱者道之用是；一谦而四益者，

---

① 范曾：《南通范氏诗文世家》第17册，石家庄：河北教育出版社2004年版，第224页。
② 缪篆：《老子古微》，厦门：厦门大学图书馆藏油印本，1933年，第7页。
③ 同上书，第7—8页。
④ 同上书，第13—17页。
⑤ 同上书，第29页。
⑥ 同上书，第33页。

道冲而用之或不盈,保此道者而不欲盈是。老子所务,则在定神以治天下,尊身以应寄托,治人事天、积德久国而已矣。"① 又通过论证老子"为无为则无不治""不尚阴谋"以阐释老子之道用,并认为,老子之道用,"关系国家大计至巨,故有为之局定,则政治责任明,机变之念消,则良善政群起……庶几开物成务,与民同患矣"②。

《显道》最后说:"昔老子谓孔子曰:'夫道,窅然难言哉!将为汝言其崖略。'篆尝试议,夫其将《逍遥游》之'无待'、《齐物论》之'自取',盖言道体也;《养生主》为正报、《人间世》为依报,盖言道相也;德充于内,应符于外,内圣则《大宗师》,外王则《应帝王》,盖言道用也……《淮南子·原道训》曰'夫道者,覆天载地,廓四方,柝八极',乃至'麟以之游,凤以之翔',盖说道体也;'无为为之而合于道,无为言之而通乎德,恬愉无矜而得于和,有万不同而便于性,神托于秋毫之末而大与宇宙之总',盖说道相也;'是故圣人内修其本,而不外饰其末,保其精神,偃其智故,漠然无为而无不为也,澹然无治也而无不治也',盖说道用也。此三垠咢者,布在方策,万目莫不比方,然亦上下无常,刚柔相易,不可为典,要唯变所适。"③ 应当说,《老子古微》卷首《显道》三篇,是缪篆解读《老子》的基本思想。

正文为《老子古微》上篇37章,开宗明义,说:"解释《老子》之书,理证则《韩非·解老》《淮南·原道训》是;事证则《韩非·喻老》《淮南·道应训》是。然仍不晐不偏也。窃考始自姬周,迄于李唐,散见诸子,未经纂辑者,尚有多家,足供证明《老子》之用。萃而录之,得如干条,名曰:《老子古微》。庶有达者,理而董之。"④ 《老子古微》依据《老子》各章,通过引述相关诸子文献,予以解读,并由此阐发经典原文之意。

如《老子古微》上篇第1章解《老子》"道可道,非常道。名可名,非常名。无名天地之始,有名万物之母……"缪篆通过解读《韩非·解老》云:"道者,万物之所然也,万理之所稽也。理者,成物之文也;道者,万物之所以成也。故曰:'道,理之者也。'……"⑤ 阐发《老子》经典原文之意,同时又解读《庄子》《淮南子》《文子》等相关篇章。

又如《老子古微》上篇最后第37章解《老子》"道常无为而无不为。侯王若能守之,万物将自化……"⑥ 缪篆通过解读《庄子》《吕氏春秋》《淮南子》《史记》等相关篇章,阐释《老子》经典原文之意。

《老子古微》上篇附录,依据《老子》各章,分别引述清末民初学者的相关论述,进行辨析和阐释。如附录第1章,引述章太炎《菿汉微言》以及清王筠《说文释例》卷十六《存

---

① 缪篆:《老子古微》,厦门:厦门大学图书馆藏油印本,1933年,第93—94页。
② 同上书,第121—122页。
③ 同上书,第122—124页。
④ 同上书,第125页。
⑤ 同上书,第125—126页。
⑥ 同上书,第483页。

疑篇》的相关论述；最后第37章，引述严复的相关论述，并做出解释，以阐发《老子》经典原文之意。

中国《老子》研究源远流长，至20世纪初到了新旧交替的时期，一方面仍然用传统的研究方式解读《老子》文本，另一方面又要采用新的研究方法特别是吸取各种学术资源阐发《老子》。缪篆的《老子古微》正是这种新旧交替的产物。需要指出的是，缪篆的《老子古微》以"道体""道相""道用"概念展开对于《老子》"道"的阐释，是有新意的。马一浮的《老子注》注"道可道，非常道。名可名，非常名"曰"诸法实相，缘生无性。以缘生，故可道；无性，故非常道。一切言教，假名无实。以假名，故可名；无实，故非常名。真常之体，不可名邈"①，显然是用佛学的"相""缘""性"阐发老子的"道"。熊十力的《十力语要》说"老子所谓道，绝不是超脱现象界之外而别有物，乃谓现象界中一切万有皆道之显现。易言之，一切万有皆以道为其体"②，显然是用他的"体用不二"概念阐发老子的"道"。应当说，缪篆的《老子古微》以佛学的"体""相""用"阐发老子的"道"，与马一浮、熊十力是一致的。

然而，由于种种原因，缪篆的《老子古微》虽得到不少学者的高度评价，且有部分内容已在民国时期的学术杂志连续刊载，但至今尚未能得到正式出版，并因而被忽视，甚至为当今老子学界所遗忘，这不能不说是学术界的一大憾事。厦门大学百年校庆选定出版缪篆《老子古微》，不仅有助于展现厦门大学百年来的学术成就，而且对于今人了解民国时期的学术发展，尤其是《老子》研究的发展，乃至推动当今的《老子》研究，应当都会有所助益。

---

① 马一浮：《老子注》，武汉：崇文书局2016年版，第2页。
② 熊十力：《十力语要》，长沙：岳麓书社2011年版，第132页。

憨山德清《老子道德经解》章内注结构特色

赵彩花[*]

内容提要：憨山德清一生研读道家著作。本文从总结构、章与章之间、一章之结构三方面厘清其所著《老子道德经解》章内注的文章学表征，探索注文对八十一章整体、前后章、每一章句与句之间的结构关注和行文表现，揭橥憨山注《道德经》具有以贯通结构来显豁老子原书宗旨的显著特征。

关键词：憨山德清；《老子道德经解》；结构；贯通

憨山德清（1546-1623），明代著名僧人，晚年自号憨山老人，世称"憨山大师"，与云栖袾宏、紫柏达观、蕅益智旭合称晚明"四大高僧"。憨山大师不但佛学精深，同时兼通儒、道，一生著述颇丰。万历三十五年（1607），憨山被明朝政府安置在曹溪即今韶关南华寺，"得为诸弟子说法，是年注道德经成"。憨山曾描述写书的缘起和经过说："予幼读老子，以文古意幽，切究其旨，有所得。俗弟子，请为之注。始于壬辰（1592）属意，每参究透彻，方落笔，苟一字有疑而不通者，决不轻放，因此用功十五年，携于行间，至今方完。"[①] 幼好老子，参究有得，因俗弟子恳请而开始作注，对《道德经》原文一字不肯轻放，一直随身携带，用功15年，于万历三十五年（1607）完稿于韶关南华寺。

学界一致认为憨山德清《老子道德经解》是汗牛充栋的老子《道德经》注解中非常重要的一部著作，而现有研究对它的关注度不够，研究成果也较少，已开展的研究，多与憨山德清的《观老庄影响论》《庄子注》《道德经解发题》等著作混在一起泛泛而论或被附带论及，

---

[*] 赵彩花，女，1967年生，湖南邵阳人，博士，广东韶关学院文学与传媒学院教授，研究方向：中国古代文学与文化。

[①]（明）憨山德清：《憨山大师梦游全集》卷五十四《憨山老人自序年谱实录》下册，《大藏新纂卍续藏经》第73册，石家庄：河北省佛教学会印行，2006年，第843页。

缺少专门而深入地研究。本文意欲对憨山大师《老子道德经解》八十一章章内注解予以探析，偶尔兼及他的《注道德经序》。至于他的《道德经解发题》《观老庄影响论》将另撰文予以讨论。

一、全篇总结构之贯通

憨山德清对《道德经》八十一章逐章进行了注释解析，每一章首起第一句话，都是概括本章的宗旨，然后串讲本章字词、文句，指出意义所在，有时候还在尾句再次强调全章主旨或老子八十一章精神所在。正如他的《注道德经序》所言："以文太简，故不厌贯通，要非枝也。"① 虽然《道德经》原文只有五千文字，但在憨山大师看来，文简字奥的《道德经》是一个完整的意义整体，注解时他"不厌贯通"，不但关注章内文句之间的逻辑关系，更关注八十一章章与章之间的结构、意义关联，以及总八十一章的大的逻辑关系，下面试分析其总结构"贯通"的特点。

憨山德清注解《道德经》第一章开首便指出："此章总言道之体用，及入道工夫也。老氏之学，尽在于此。其五千余言，所敷演者，唯演此一章而已。"② 认为《道德经》主旨在阐述"无为"之体和"无用"之用，以及忘怀物我的入道工夫；第一章已囊括全篇八十一章大旨，后八十章所言，都是在敷陈第一章的内容。也就是说，憨山大师认为《道德经》第一章与后八十章构成总分关系。

憨山德清对《道德经》内在结构的体悟并不止于此，他在注解《道德经》第七十章"吾言甚易知，甚易行。天下莫能知，莫能行。言有宗，事有君。夫惟无知，是以不我知。知我者希，则我者贵，是以圣人被褐怀玉"末尾这样总结："此一章书，当在末后结束。盖老子向上一往所言天人之蕴，至此已发露太尽，故著此语。后章只是要人在日用著力做工夫，以至妙悟而后已。"③ 指出这一章文辞只需到"吾言甚易知易行，天下莫能知，莫能行"就可结束。憨山大师认为前六十九章已经讲完道体道用，老子于篇章之中反复譬喻，多方演说，"向上一往所言天人之蕴"已经发露无遗，至"吾言甚易知易行，天下莫能知，莫能行"，憨山大师认为"至此已发露太尽，故著此语"，第七十章仅是老子论道完成之后的感喟，至此向上一路言道之"体用"已经结束，从"言有宗"至"是以圣人被褐怀玉"应该归入下一章，讲的全是日常运用。由此可知，憨山大师认为此后第七十一至八十一章也都是讲日常生活中用道悟道。

后人常以憨山大师指出"此一章书，当在末后结束"而推赞憨山高识卓见、慧眼如炬。

---

① （明）憨山德清：《憨山大师梦游全集》卷十九《注道德经序》，《大藏新纂卍续藏经》第73册，石家庄：河北省佛教学会印行，2006年，第601页。
② （明）憨山德清著，梅愚点校：《老子道德经解》，武汉：崇文书局2015年版，第11页。
③ 同上书，第140页。

而正于此处，我们可以看到憨山大师"贯通"《道德经》所做的苦心孤诣地求索，他认为由第一章至第七十章，"贯通"至此可以做一绳结，老子的情感"已发露太尽"，"向上一路"的内容至此结束，后面转为落实到向下一路的日常运用。

但憨山大师并非就此推断自第七十一章之后就可以删除不要，他仍然认为后十一章是有机组成部分，八十一章是一不可拆开的整体。注解中，他指出第七十一章"此承上言惟无知，是以不我知"，第七十一章内容承第七十章而来，继续为"无知"立言；第七十二章"此章教人遗形去欲，为入道之工夫，以造圣人无知之地也"①，此章的内容仍然在讲"无知"这个话题，同时指出"后三章互相发明此章之旨"，即第七十三、七十四、七十五章仍在论说第七十三章的主题，其实也是第七十、七十一、七十二章的主题。第七十六、七十七、七十八章都在申明"柔弱"，憨山大师在第七十八章指出章意是"此结通篇柔弱之意，欲人知而能行也"，从总八十章着眼认为此章在总结全篇"柔弱"的主旨；而第七十九、八十章则在重申"无为"，所以第八十章憨山大师特申"此结通篇无为之益，施于治道，可复太古之化也"②，指出此章意在总结前八十章通篇"无为"的主旨。

经过反复求索，憨山大师体味出《道德经》第七十至八十章这十章都是逐一做小结，第七十、七十一、七十二、七十三、七十四、七十五章在人伦日用层面重申全文"无知"的主旨，第七十六、七十七、七十八章小结通篇"柔弱"主旨，第七十九、八十章总结前面通篇所言"无为"的主旨。总之，这十章分别在为前六十九章《道德经》主旨"无知""柔弱""无为"做收结。

在全文最后一章即第八十一章，憨山大师指出"此结通篇立言之旨，以明老氏立教之宗也"，认为这一章是全书的总结："以明道本无言，因言显道之意也。首章云'道，可道，非常道'，以可道之道，乃言说也，老子自谓道若可言，即非真道矣。今上下五千余字，岂非言耶？既已有言，则道非真矣。因于终篇以自解之，以释后世之疑耳……老子学问工夫，真实直捷处，尽在于此。故结全书立言之旨，妙尽于是矣。学者勉哉。"③ 指出最后一章是总结全文，再申立言之主旨，以消除后世疑虑，同时再一次呼应八十一章的开篇第一章。

经过憨山大师的注解阐析，老子《道德经》八十一章的总体架构浑然一体。第一章为总起，亮出全书观点，第二至六十九章分论，第七十至八十分别对全篇主旨"无知""柔弱""无为"做小结，第八十一章对全篇做一总说以收尾，可谓条分缕析，结构谨严。

二、上下章结构之贯通

憨山大师不但关注《道德经》八十一章总结构的大关联，同时还关注章与章之间意义联

---

① （明）憨山德清著，梅愚点校：《老子道德经解》，武汉：崇文书局2015年版，第143页。
② 同上书，第156页。
③ 同上书，第158—159页。

结构成的上下章的结构关系。下面试就憨山大师在注中明言有关联的章段序号及注解言语用表格（见表1）罗列出来，以便开展论述。

表1

关联章	《道德经》憨山注解具体言论
第一、二、三章	此章总言道之体用及入道工夫也。老氏之学，尽在于此。其五千余言，所敷演者，唯演此一章而已。（第一章） 此释前章可名非常名，以明世人居有为之迹，虚名不足尚。（第二章） 此言世人竞有为之迹，尚名好利嗜欲之害，教君人者治之方。以释上章处无为之事，行不言之教之实效也。（第三章）
第五、六章	此言天地之道，以无心而成物。圣人之道，以忘言而体玄也。（第五章） 此言道体常存，以释上章虚而不屈，动而愈出之意也。（第六章）
第十五、十六章	此言圣人体道深玄，故形神俱妙。人能静定虚心，则故有常存也。（第十五章） 此承上章要人作静定功夫，此示功夫之方法也。（第十六章）
第十七、十八、十九、二十、二十一、二十二章	此言上古无知无识，故不言而信。其次有知有识，故欺伪日生。老子因见世道日衰，想复太古之治也。（第十七章） 此承上章言世道愈流愈下，以释其次亲之誉之之意也。（第十八章） 此承前章而言智不可用，亦不足以治天下也。（第十九章） 此承前二章言圣智之为害，不但不可用，且亦不可学也……前章绝圣弃智，乃无用之用。此章绝学无忧，乃无学之学。后章孔德之容一章，乃无形名之形名耳。（第二十章） 此章言道乃无形名之形名也。（第二十一章） 此承前章言圣人所以道全德备众美皆具者，盖由虚心体道，与物无竞，故众德交归也。（第二十二章）
第二十三、二十四、二十五章	此章言圣人忘言体道，与时俱化也。（第二十三章） 此承前章言好辩者不能持久，犹如跂跨之人不能立行，甚言用智之过也。（第二十四章） 此承前言世俗之士，各以己见己是为得。曾不知大道之妙，非见闻可及。（第二十五章）
第二十七、二十八、二十九、三十、三十一、三十二、三十三章	此言圣人善入尘劳，过化存神之妙也。（第二十七章） 此承上章行道之妙，而言圣人不以知道为难，而以守道为要妙也。（第二十八章） 此言圣人道全德备，应运出世，为官为长。当任无为无事，而不可有为太过也。由上章云，朴散则为器。圣人用之则为官长。故老子因而诫之曰，将欲取天下者，当任自然，不可有心为之。而有心为者，吾见其必不可得已。（第二十九章） 此承上言圣人不为已甚，故诫之不可以兵强天下也。（第三十章） 此承上言不以兵强天下，故此甚言兵之不可尚也……上二章，通言人臣不能以道佐人主，而返以兵为强者，故切诫之。（第三十一章） 此承上章不以兵强天下，因言人主当守道无为，则万物宾而四海服，天地合而人民和，自然利济无穷也。（第三十二章） 此因上言侯王当守道无为，故此教以守之之要也。（第三十三章）
第三十四、三十五章	此言道大无方，圣人心与道合，故功大无外，以实前侯王能守之效也。（第三十四章） 此明前章未尽之意也。（第三十五章）
第三十九、四十章	此言道无为而无不为，以明无用之用为大用。（第三十九章） 此承上章以明道为天地万物之本也。（第四十章）

续表

关联章	《道德经》憨山注解具体言论
第四十一、四十二、四十三章	此言道出常情，而非下愚小智之所能知，必欲上根利智可能入也。(第四十一章) 此承前言道体冲虚，而为天地万物之本，诫人当以道为怀，以谦自处也。(第四十二章) 此承上言无为之益，以明不言之教也。(第四十三章)
第四十四、四十五、四十六、四十七、四十八章	此言名利损生，诫人当知止足也。(第四十四章) 此言圣人法天制用，与道为一，故能胜物而物不能胜。以申明前章不言之教，无为之益也。(第四十五章) 此承上清净无为之益，甚言多欲有为之害，以诫人君当以知足自守也。(第四十六章) 此承上言圣人所以无为而成者，以其自足于己也。(第四十七章) 此承上言无为之德，由日损之功而至也。(第四十八章)
第五十四、五十五章	此言圣人所以功德无穷，泽及子孙者，皆以真修为本也。(第五十四章) 此承上言圣人善建善抱，而不为外物之所摇夺者，以其所养之厚也。(第五十五章)
第五十七、五十八章	此言治天下国家者，当以清净无欲为正，而不可用奇巧以诱民也。(第五十七章) 此详言上章有为之害，而示之以无为之方也。(第五十八章)
第六十三、六十四章	此言圣人入道之要妙，示人以真切工夫也。(第六十三章) 此释上章图难于易、为大于细之意，以示圣人之要妙，只在为人之所不为，以为学道之捷径也。(第六十四章)
第六十七、六十八、六十九章	此章老子自言所得之道至大，世人不知，其实所守者至约也。(第六十七章) 此言圣人善于下人，以明不争之德，释上三宝之意也。一章主意，只在善用人者为之下一句……此章主意，全在不用气上做工夫……(第六十八章) 此重明前章不争之德，以释上三宝以慈为本之意也。(第六十九章)
第七十、七十一、七十二、七十三、七十四、七十五章	此章示人立言之指，使知而行之，欲其深造而自得也……此一章书，当在末后结束。盖老子向上一往所言天人之蕴，至此已发露太尽，故著此语。后章只是要人在日用著力做工夫，以至妙悟而后已。(第七十章) 此承上言惟无知，是以不我知。恐人错认无知，故重指出无知之地也。(第七十一章) 此章教人遗形去欲，为入道之工夫，以造圣人无知之地也……后三章互相发明此章之旨。(第七十二章) 此言天命可畏，报应昭然，教人不可轻忽也。(第七十三章) 此承上章天道无言，而赏罚不遗，以明治天下者当敬天保民，不可有心尚杀以伤慈也。(第七十四章) 此释上章民不畏死之所以，教治天下者当以淡泊无欲为本也……又当通前四章反复参玩，方见老子吃紧处。(第七十五章)
第七十六、七十七、七十八章	此章伤世人之难化，欲在上者当先自化，而后可以化民也。结句乃本意，上文皆借喻以明之耳。(第七十六章) 此言天道之妙，以明圣人法天以制用也。(第七十七章) 此结通篇柔弱之意，欲人知而能行也。(第七十八章)
第七十九、八十章	此言圣人无心之恩，但施而不责报，此为当时计利者发也（第七十九章） 此结通篇无为之益，施于治道，可复太古之化也。(第八十章)

憨山大师在注释文中直接指出上下章结构关联的有第一、二、三章，第五、六章，第十五、十六章，第十七、十八、十九、二十、二十一、二十二章，第二十三、二十四、二十五

章，第二十七、二八、二十九、三十、三十一、三十二、三十三章，第三十四、三十五章，第三十九、四十章，第四十一、四十二、四十三章，第四十四、四十五、四十六、四十七、四十八章，第五十四、五十五章，第五十七、五十八章，第六十三、六十四章，第六十七、六十八、六十九章，第七十、七十一、七十二、七十三、七十四、七十五章，第七十六、七十七、七十八章，第七十九、八十章，共五十四章，或两两关联，或三五六七章结构连通。具体关联章见上表所列，表中除显示关联章序号外，还列出了憨山注解中体现章与章之间关联的语句。

憨山大师对《道德经》八十一章的注解，无一例外都是每章注解开篇便总结本章主旨，上表所列基本是每章第一句注解，也是全章的概括。他在每章第一句概括中便指出上下章的关系，如第二章开篇注解"此释前章'可名，非常名'，以明世人居有为之迹，虚名不足尚"①；第三章开篇概括"此言世人竞有为之迹，尚名、好利、嗜欲之害，教君人者治之之方，以释上章'处无为之事，行不言之教'之实效也"②。又如第三十章第一句便指出"此承上言圣人不为已甚，故诫之不可以兵强天下也"③。再如第四十二章第一句指出"此承前言道体冲虚，而为天地万物之本，诫人当以道为怀，以谦自处也"④。

基本在每章第一句以"前章""上章""承上言""承前言"这样的显性字词体现该章与上章的意义结构关联。其中，两章相关联者，有第五章与第六章，第十五章与第十六章，第三十四与第三十五章，第三十九章与第四十章，第五十四章与第五十五章，第五十七与第五十八章，第六十三章与第六十四章，第七十九章与第八十章。三章相关联者，有第一、二、三章，第二十三、二十四、二十五章，第四十一、四十二、四十三章，第六十七、六十八、六十九章，第七十六、七十七、七十八章。五章结构关联者，有第四十四、四十五、四十六、四十七、四十八章。六章结构关联者，有第十七、十八、十九、二十、二十一、二十二章，第七十、七十一、七十二、七十三、七十四、七十五章。七章结构关联者，有第二十七、二十八、二十九、三十、三十一、三十二、三十三章。

结构关联主要表现为几种情况。一种是后章是对前章整体意义的补充。如第十五章与第十六章，憨山大师在《道德经》第十六章注释中指出："此承上章要人作静定功夫，此示功夫之方法也。"⑤第十五章讲人要"作静定功夫"，第十六章则是承前章指出作静定工夫的方法，第十六章是承第十五章而来的意义递进、逻辑承接关系。再如第三十九、四十章，第三十九章"此言道无为而无不为，以明无用之用为大用"⑥，第四十章憨山认为"此承上章以

---

① （明）憨山德清著，梅愚点校：《老子道德经解》，武汉：崇文书局2015年版，第14页。
② 同上书，第16页。
③ 同上书，第66页。
④ 同上书，第86页。
⑤ 同上书，第38页。
⑥ 同上书，第81页。

明道为天地万物之本也"①。第四十章在第三十九章的基础上进而指出具有上章所言无为无用的"道"是万物之根本。又如第三十四、三十五章,第三十四章言"此言道大无方,圣人心与道合,故功大无外,以实前侯王能守之效也"②,第三十五章"此明前章未尽之意也"③,指出第三十五章是对前章整体意义的进一步生发完善。

另有一种情况是后一章是对前一章某一句话的进一步发挥。如第五章与第六章,第五章老子原文是"天地不仁,以万物为刍狗。圣人不仁,以百姓为刍狗。天地之间、其犹橐籥乎,虚而不屈,动而愈出。多言数穷,不如守中"④,第六章憨山大师注释开篇便指出"此言道体常存,以释上章'虚而不屈,动而愈出'之意也"⑤,认为第六章是对第五章原文中"虚而不屈、动而愈出"一句的进一步阐释。

三章相关联者则有其中的第二章是对前一章中某句原文的进一步阐释,第三章则是对第二章中的某一句原文进行阐释。如第一、二、三章,憨山第二章注释指出"此释前章可名非常名,以明世人居有为之迹,虚名不足尚",认为《道德经》"天下皆知美之为美"章是对第一章中"名可名,非常名"这一句原文的进一步阐释和发挥,第三章"不尚贤,使民不争"章则是对第二章中的"是以圣人处无为之事,行不言之教"一句的生发:"此言世人竞有为之迹,尚名、好利、嗜欲之害,教君人者治之之方,以释上章'处无为之事,行不言之教'之实效也。"第四十一、四十二、四十三章关联结构也是如此,后一章是对前一章某句话的进一步阐释,如第四十二章憨山大师认为"此承前言道体冲虚,而为天地万物之本,诫人当以道为怀,以谦自处也",是承前一章的"明道若昧,进道若退,夷道若类,上德若谷,大白若辱,广德若不足"一句而进一步告诫人该如何依道自处。第四十三章"此承上言无为之益,以明不言之教也"⑥,是对第四十二章中的"强梁者不得其死,吾将以为教父"进一步生发而来。

五章意义结构相关联者,有第四十四、四十五、四十六、四十七、四十八章,它们之间均是意义递进的关联。第四十五章是对前一章内容的进一步生发,第四十六章从反面对前一章第四十五章的内容进一步阐述,第四十七、四十八章各是对各自的前一章内容的进一步申说。

六章结构意义关联者,有第十七、十八、十九、二十、二十一、二十二章,憨山仔细梳理了它们之间的关系。第十八章"此承上章言世道愈流愈下,以释'其次亲之、誉之'之意也"⑦,指出第十八章是对第十七章中"其次亲之,誉之"一句原文的进一步阐释;第十九章"此承前章而言智不可用,亦不足以治天下也"⑧,是承第十八章"大道废,有仁义。智

---

① (明)憨山德清著,梅愚点校:《老子道德经解》,武汉:崇文书局2015年版,第83页。
② 同上书,第74页。
③ 同上书,第75页。
④ 同上书,第20页。
⑤ 同上书,第22页。
⑥ 同上书,第88页。
⑦ 同上书,第42页。
⑧ 同上书,第44页。

慧出,有大伪。六亲不和,有孝慈。国家昏乱,有忠臣"整章的意义递进。第二十章注释样式非常独特,憨山大师在这一章指出:"此承前二章言圣智之为害,不但不可用,且亦不可学也。"① 开头不是说承前章,而是"承前二章",认为第二十章与第十八、十九两章意义结构又构成复线关联。而且,与一般开篇指出全章主旨及关联不同,憨山在注释此章结尾时候又一次申言:"前章'绝圣弃智',乃无用之用;此章'绝学无忧',乃无学之学;后章'孔德之容'一章,乃无形名之形名耳。"② 又指出第二十章与第十九章及后面的第二十一章这三章又构成平行并列意义结构,共同证明"世人以增益知见为学,圣人以损情绝欲为学","无用之用""无学之学""无形名之形名"乃为合"道"表现。第二十二章憨山注释说"此承前章言圣人所以道全德备、众美皆具者,盖由虚心体道,与物无竞,故众德交归也"③,认为第二十二章是对第二十一章意思的进一步阐释,其实也是对第十九、二十、二十一章意旨的强调。如此,则这六章结构勾连表现出几种样态,一是后一章是对前一章某一句话的进一步阐述,如第十八章是对第十七章中"其次亲之,誉之"这一句原文进一步阐释;二是后一章是对前一章的进一步深化,如第十九章是对第十八章、第二十二章是对第二十一章的意义阐发;三是三章意义勾连者,如第十九、二十、二十一构成平行关系,第二十章是承第十八、十九章而来的进一步阐述。

第二十七、二十八、二十九、三十、三十一、三十二、三十三章七章意义结构关联者,憨山大师如此厘清它们之间的结构联络,认为第二十八章"此承上章行道之妙,而言圣人不以知道为难,而以守道为要妙也"④,第二十八章是对第二十七章意旨"行道之妙"的进一步阐释,指出圣人行道即守道的路径。第二十九章则是对第二十八章中的"朴散则为器,圣人用之则为官长"一句的意义顺接,憨山指出"由上章云'朴散则为器,圣人用之则为官长',故老子因而诫之曰:'将欲取天下者,当任自然,不可有心为之。而有心为之者,吾见其必不可得已。'"⑤ 第三十章是对第二十九章整章意义的递进:"此承上言圣人不为已甚,故诫之不可以兵强天下也。"⑥ 第三十一章又是顺接第三十章的意义递进:"此承上言不以兵强天下,故此甚言兵之不可尚也。"⑦ 第三十二章是对第三十一章意义的顺进,"此承上章不以兵强天下,因言人主当守道无为,则万物宾而四海服,天地合而人民和,自然利济无穷也"⑧,人主不以兵强天下能赢来利济人民、四海、天下的大福利。第三十三章是对第三十

---

① (明)憨山德清著,梅愚点校:《老子道德经解》,武汉:崇文书局2015年版,第46页。
② 同上书,第48页。
③ 同上书,第51页。
④ 同上书,第62页。
⑤ 同上书,第64页。
⑥ 同上书,第66页。
⑦ 同上书,第68页。
⑧ 同上书,第70页。

二章意旨的递进:"此因上言侯王当守道无为,故此教以守之之要也。"① 第三十二章老子论证侯王要守道无为,第三十三章进一步指出守道无为的要领所在。如此,此七章中,第二十九章是对第二十八章中的"朴散则为器,圣人用之则为官长"一句进一步阐释,其余第二十八、三十、三十一、三十二、三十三章则都是对前一章整体的意义深化。

由上分析可见,憨山大师认为老子《道德经》章与章之间多有关联,有下一章对上一章整体意义的递进,有下一章对上一章其中一句话的意思进一步生发,有后一章对前两章的意义承接,有多章意义结构相互勾连者。憨山大师用贯通的视角对老子《道德经》八十一章中章与章之间的意义结构予以分析,极大地帮助了读者把握《道德经》每章的主旨及八十一篇整体的逻辑结构。

三、每章句段结构之贯通

憨山认为老子《道德经》八十一章,每一章都有主旨,他在注释每一章的开篇便对一章内容进行概括,然后再解字词,析文句,贯通句意,指出句段意旨所在。为方便起见,我们且以《道德经》第一章、第二十四章为例来具体考察一番,以管窥憨山注解《道德经》每一章的结构特征。

表2

《道德经》原文	《道德经》憨山注
[1] 道可道,非常道。名可名,非常名。[2] 无名,天地之始;有名,万物之母。[3] 故常无,欲以观其妙;常有,欲以观其徼。[4] 此两者同,出而异名,同谓之玄,玄之又玄,众妙之门。(第一章)	此章总言道之体用,及入道工夫也。老氏之学,尽在于此。其五千余言,所敷演者,唯演此一章而已。[1] 所言道,乃真常之道。可道之道,犹言也。意谓真常之道,本无相无名,不可言说。凡可言者,则非真常之道矣,故非常道。且道本无名,今既强名曰道,是则凡可名者,皆假名耳,故非常名。此二句,言道之体也。[2] 然无相无名之道,其体至虚,天地皆从此中变化而出,故为天地之始。斯则无相无名之道体,全成有相有名之天地,而万物尽从天地阴阳造化而生成。此所谓一生二,二生三,三生万物,故为万物之母。此二句,言道之用也。[3] 此下二句,乃入道之工夫。常,犹寻常也。欲,犹要也。老子谓,我寻常日用安心于无,要以观其道之妙处。我寻常日用安心于有,要以观其道之徼处。徼,犹边际也。意谓全虚无之道体,既全成了有名之万物。是则物物皆道之全体所在,正谓一物一太极。是则只在日用目前,事事物物上,就要见道之实际,所遇无往而非道之所在。故庄子曰,道在稊稗,道在屎尿。如此深观,才见道之妙处。此二观字最要紧。[4] 此两者同已下,乃释疑显妙。老子因上说观无观有,恐学人把有无二字看作两边,故释之曰,此两者同……恐人又疑两者既同,如何又立有无之名,故释之曰,出而异名。意谓虚无道体,既生出有形天地万物。而有不能生有,必因无以生有……至此恐人又疑既是有无对待,则不成一体,如何谓之妙道,故释之曰,同谓之玄……老子又恐学人工夫到此,不能涤除玄览,故又遣之曰,玄之又玄。意谓虽是有无同观,若不忘心忘迹,虽妙不妙……

---

① (明)憨山德清著,梅愚点校:《老子道德经解》,武汉:崇文书局2015年版,第72页。

续表

《道德经》原文	《道德经》憨山注
[1] 跂者不立，跨者不行。[2] 自见者不明，自是者不彰，自伐者无功，自矜者不长。其在道也，曰余食赘行，物或恶之，故有道者不处也。（第二十四章）	此承前章言好辩者不能持久，犹如跂跨之人不能立行，甚言用智之过也。[1] 跂，足根不著地也。跨，阔步而行也。盖跂者只知要强高出人一头，故举踵而立。殊不知举踵不能久立。跨者只知要强先出人一步，故阔步而行。殊不知跨步不能长行。以其皆非自然。[2] 以此二句为向下自见自是自伐自矜之譬喻耳。自见，谓自逞己见。自是，谓偏执己是。此一曲之士，于道必暗而不明。自伐，谓自夸其功。自矜，谓自恃其能。此皆好胜强梁之人，不但无功，而且速于取死。然此道中本无是事。故曰其在道也，如食之余，如形之赘，皆人之所共恶。而有道之士，以谦虚自守，必不处此。故曰有道者不处。以其不能合乎自然也。

为显示出憨山注的结构分层，我们把原文与憨山注文对应的文字加标相应的数字序号。憨山把《道德经》第一章分为四个大句段来解释。一二句"道可道，非常道。名可名，非常名"为一个完整意义的句段，"无名，天地之始；有名，万物之母"为第二大句段，"故常无，欲以观其妙；常有，欲以观其徼"为第三大句段，"此两者同，出而异名，同谓之玄，玄之又玄，众妙之门"为第四大句段。第一句段先解释关键字词"道"与"名"，然后串讲句意，再总结"此二句，言道之体也"。第二句段先着重解释"母"字，然后总结"此二句，言道之用也"。第三句段，憨山先总结"此下二句，乃入道之工夫"，然后再解释重点字词"常""欲""徼"，并串讲文句，最后特别强调要注意文句中的两个"观"字"最要紧"。第四句段，憨山先总说"此两者同已下，乃释疑显妙"，然后进行阐释。因为第四句段会通文意最难最紧要，所以憨山在串讲文句之时，主动站出来用讲解员的身份从老子写作思考的角度用"恐人又疑两者既同""至此恐人又疑既是有无对待，则不成一体，如何谓之妙道""老子又恐学人工夫到此，不能涤除玄览，故又遣之曰"，不断深化思考，引导读者理解第四句段。临到收句时，注释者憨山又站出来感叹一番："似此一段工夫，岂可以区区文字者也之乎而尽之哉。此愚所谓须是静工纯熟，方见此中之妙耳。"进一步引导读者把握《道德经》的宗旨，不要仅仅当文字轻易放过。憨山在其《道德经注》中很多地方都是如此主动站出来赞叹或表达情感，现身说法。

表2中的第二个例句取《道德经》第二十四章为例，憨山认为此章可分为两个句段。其中"跂者不立，跨者不行"为一句，从"自见者不明"到这一章结束为第二句段。憨山认为第一句与第二句的关系是"跂者不立，跨者不行"这两句话"为向下自见自是自伐自矜之譬喻耳"，是后面"自见者不明，自是者不彰，自伐者无功，自矜者不长"这几句话的譬喻辞，读者在前两句话的基础上，展开类比联想，顺推就能理解后面几句话表达的意旨。通过憨山的解析，这一章的结构十分清楚，文义随之豁然明白。

除此之外，对《道德经》某些章文中看似毫无关联的文句，憨山大师做了卓有成效的结构贯通，使之文意连贯，胜见迭出，犹如庖丁解牛，切中肯綮，文意随之豁然而解。这种范例很多，下面试以《道德经》第十五章为例，先把老子原文与憨山注解并列排出，用表格显示，再用文字说明。为方便叙说，原文与憨山注对应的地方都标了相同数学序号。

表3

《道德经》原文	《道德经》憨山注
……[1]豫若冬涉川，犹若畏四邻。[2]俨若客，[3]涣若冰将释，[4]敦兮其若朴，[5]旷兮其若谷，[6]浑兮其若浊……（第十五章）	……[1]然形容其行动也，豫若冬涉川。犹若畏四邻。犹豫，行不进貌。冬涉川，谓不敢遽进。畏四邻，谓不敢妄动。此乃从容不迫之意。[2]其威仪也，俨若客。俨，谓肃然可观。若客，谓谦退不敢直前。[3]其气也，涣若冰将释。庄子谓暖然似春。又云冰解冻释。谓其气融和，使可亲爱之意。[4]其外貌也，敦兮其若朴。敦，敦厚。朴，无文饰也。[5]其中心也，旷兮其若谷。旷，空也。谷，虚也。外体敦厚朴素，而中心空虚寂定也。[6]其迹也，浑兮其若浊。浑，与混同。谓和光同尘也……

在第十五章，老子为描绘得道之人，连用七个"若"字比喻描绘。历史上注解《道德经》者，对这一段话各有注解，但均不能如憨山注这般显豁明白。憨山对七个"若"字句从结构上断成五句话，其中第一、第二个"若"字句为一句，"形容其行动也"，重在描写得道之人的动作特征是不遽进、不妄动，从容不迫；第二句即第三个"若"字句，形容得道之人的威仪；第三句即第四个"若"字句，形容得道之人的气息融和如春；第四句即第五个"若"字句，描绘得道之人的外貌特征；第五句即第六个"若"字句，描绘得道之人内心冲虚；第六句即第七个"若"字句，描绘得道之人和光同尘的行迹表征。憨山大师从动作、威仪、气息、外貌、内心、行迹影响六个方面来解读老子此章的七个"若"字句，使晦涩难懂、不好把握文义的篇章体现出严谨的结构章法和清晰明白的字词语义。

同时，憨山大师还每每在篇章之中直接指出文法、句法、章法结构特点。这样的情况很多，如第三章"不尚贤，使民不争"章憨山注指出：

> 老子文法极古，然察其微意，盖多述古。或述其行事，或述其文辞。似此"为无为，则无不治"，乃述上古圣人之行事者。至若"是谓"等语，皆引古语以证今意，或以己意而释古语者。且其文法机轴，全在结句，是一篇主意。盖结句，即题目也。读者知此，则思过半矣。至其句法，有一字一句、二字一句、三字一句者极多。人不知此，都连牵读去，不但不得老子立言之妙。而亦不知文章之妙也。①

憨山大师在注解第三章原文之后，紧接着就第三章的文法、句法、章法进行总结。他首先指出"老子文法极古"，或讲述古人行事，或引用古人言语，通过述古以证明自己的观点，或用自己的观点去解释古人的言语。老子"述古"全在证明一章的意旨或全篇的主旨，这是老子的文法特点。至于憨山此处所言的"文法机轴"即章法，憨山指出主题句在结句，即本章的最后一句"为无为，则无不治"，结句是对全章的意义提炼和主旨体现，认为读者假如能体会到主题句与前面语句的关系，则对老子此章的大义已然把握。接着，憨山谈到老子《道德经》的

---

① （明）憨山德清著，梅愚点校：《老子道德经解》，武汉：崇文书局2015年版，第17页。

句法,总结有一字句,有二字句,有三字句,同时针对第三章"不尚贤""虚其心""实其腹""弱其志""强其骨"等三字句,指出"三字一句者极多"。在这里憨山没有直接指出《道德经》其他句式,是因为怕读者总是依照散文的长句式来断句,容易失去老子原文断句的妙趣,或将无法领会老子《道德经》的主旨,所以特别在三字句较多的第三章拈出句法特别指明,引导读者往下读八十一章的时候,要注意句法特点,它是理解全文的助力器之一。

憨山大师八十一章注解还有不少地方谈及文法修辞。如"或、似,皆不定之辞。老子恐人将言语为实,不肯离言体道,故以此等疑辞以遣其执耳"①,指出老子本意不希望人们因言语意义固定而忘却对道的探寻,所以用"或、似"等疑问文辞,表达不确定之义。又如:"'若肖'作一句,'久矣其细'作一句,倒文法耳。"②指出正确的句法断句,其中"久矣其细"是"倒文法",即语序倒置中的宾语前置。再如:"《笔乘》谓老子文法多什韵,盖'清''生''盈''成',一韵耳。若言徐动,徐应,则不什矣。"③根据老子文法多押韵的特点,推出该如何断句。

憨山大师还常常从读者的角度关注《道德经》一章或全文的读法。主要表现为:一是斟酌旧注,如"旧注'取'字训为摄化之意,应如《春秋》'取国'之取,言得之易也"④,"此章旧解多在用兵上说,全不得老子主意。今观初一句,乃借用兵之言,至轻敌丧宝,则了然明白"⑤,旧注正确的可以吸取,但错误的地方不少,需要读者擦亮眼睛;二是"后之学者"许多习气要改正:"此老氏修养功夫,源头盖出于此。而后之学者,不知其本,妄构多方傍门异术,失老氏之指多矣!"⑥"此老子言言皆真实工夫,切于人事,故云'甚易知易行'。学人视之太高,类以虚玄谈之,不能身体而力行,故不得其受用耳。惜哉!"⑦"噫,老氏此言,可谓破千古之重昏,启膏肓之妙药,昭然如揭日月于中天也。而人不察乎此,惜哉!"⑧反复强调要读者认真体会老子《道德经》原旨:"此圣人示人入道之真切工夫也。志道者勉之。"⑨"此语大可畏哉!"⑩提醒读者以敬畏之心体道行道,才能得入道的"真切工夫"、正确门径。此外,理解《道德经》文义,提示要多参读《庄子》:"当熟读庄子《养生主》《马蹄》《胠箧》诸篇,便是注解。又当通前四章,反复参玩,方见老子吃紧处。"⑪ 更有,憨山大师还多处现身说法,讲自己是如何读《道德经》:"余少诵'图难于易,为大于

---

① (明)憨山德清著,梅愚点校:《老子道德经解》,武汉:崇文书局2015年版,第18页。
② 同上书,第133页。
③ 同上书,第37页。
④ 同上书,第94页。
⑤ 同上书,第138页。
⑥ 同上书,第108页。
⑦ 同上书,第134页。
⑧ 同上书,第89页。
⑨ 同上书,第125页。
⑩ 同上书,第151页。
⑪ 同上书,第150页。

细'二语,只把作事看。及余入山学道,初为极难,苦心不可言。及得用心之诀,则见其甚易。然初之难,即今之易;今之易,即初之难。然治心如此,推之以及天下之事皆然。"① 憨山大师以自己体悟《道德经》的经历,告勉读者"老氏之学,岂矫世绝俗之谓哉"②,既不是矫世超俗之言,也不要把《道德经》当作一场话说或是一些实事经验,而应该从"心"上去做工夫,才可以认识到老子《道德经》"所以治推上古,道合无为,全篇所论,不出乎此,盖立言之本旨也"③。学者以此为基础,方可得向上一路工夫。

憨山大师认为老子《道德经》五千文"字字皆有指归"。他在每一章的注解中通过字词、语句解释,意义贯通,兼及指出文法、句法、章法及开示研读心得,从而使每一章之中句与句之间的注解大义明晰;又特别注意八十一章整体、上章与下章、前后几章关联贯通,同时处处注意提挈住全文的宗旨来解析,从而使读者对《道德经》全篇立言宗旨和每一章的章法主旨都能豁然明白,从而成就了《道德经》憨山注不同于其他注解本的章法特色和文本特征。当然,憨山德清作为明代著名高僧,其佛学修为难免会反映到他的《老子道德经注解》一书中,本文因专论其结论特色,故此不做讨论。

---

① (明)憨山德清著,梅愚点校:《老子道德经解》,武汉:崇文书局2015年版,第125页。
② 同上书,第157页。
③ 同上。

由出土文献再论《老子》"不尚贤"

龚伟**

内容提要：从晚近出土的《老子》早期传本来看，马王堆帛书《老子》中已有"不尚贤"的表述，郭店楚简《老子》中亦有老子讲求礼让的表述。另外新近出土公布的柞伯簋铭文看，西周春秋时期的"贤"字古义可确证为"多"，亦训作："愈、胜、过、大"。从出土简帛文献可知《老子》早期传本的年代大致不晚于春秋，故《老子》早期文本中的"不尚贤"应从"贤"字古义释，表示老子不尚争胜、重谦让、礼让的态度，亦是西周礼学精神的反映。

关键词：《老子》；不尚贤；不争

《老子》一书宗旨是否倡导"礼学"，学界有两种观点：一派主张《老子》是反对"礼学"，提倡"知礼乃其学识，薄礼是其宗旨"①；另一派则认为老子曾任周之守藏史，对于礼学十分谙熟，如朱熹便说："（老子）他曾为柱下史，故礼自是理会得。"② 其实对于《老子》与礼学的关系应当充分结合《老子》一书思想内涵与时代背景来考察。关于《老子》思想与礼学关系，近来学界已有不少人开始对《老子》思想与"周礼"关系提出辩证之说。宁镇疆先生撰文认为，《老子》一书中的"不争""处下""绝学"以及对待财富态度等方面都体现与周代礼学强调"辞让""处下"及反对聚敛财富基本倾向相合。说明周代礼学是《老子》

---

* 本文系国家社科基金重大项目"出土简帛文献与古书形成问题研究"（项目编号 19ZDA250）、教育部人文社科重点研究基地四川师范大学巴蜀文化研究中心 2020 年重点项目"二十世纪'巴蜀古史'学术史整理与研究"（BSYB20－07）成果。

** 龚伟，男，历史学博士，教育部人文社科重点研究基地四川师范大学巴蜀文化研究中心特聘副研究员、四川师范大学历史文化与旅游学院讲师，研究方向为先秦史、巴蜀史。

① 吕思勉：《先秦学术概论》，上海：上海书店 1992 年版，第 25 页。
② （宋）黎靖德编：《朱子语类》第四编，长沙：岳麓书社 1997 年版，第 2705 页。

思想最基础的知识背景①。谢扬举先生也说："老子论'士仪'说明他的确深通周礼，他的士仪论实际上是对礼的外在行为的反思，是对礼内在行为方面的复归。老子思想与周礼有着潜深的关系。"② 这些说法都十分具有启发性。其实，结合近来新出文献也可以对《老子》思想的礼学内涵有新的揭示，比如通过对"贤"字古义的循证，亦可以发现《老子》"不尚贤"的主张是西周礼学精神的反映。

《老子》"不尚贤"的问题，以往研究较多地与《老子》成书年代问题纠缠在一起。疑古史家认为"不尚贤"是针对《墨子》的"尚贤"而提出的，因而主张《老子》成书于战国晚期③。而唐兰、黄方刚则认为《老子》成书于春秋时期（中晚期）④。不过他们都把《老子》中"尚贤"看作是尚贤政治。实际上老子所说的"尚贤"是否指尚贤政治，犹有待进一步研究。晚近以来马王堆帛书《老子》甲、乙本，以及郭店楚简《老子》的面世，给探讨《老子》成书和《老子》思想提供了新史料。另外，随着西周青铜器材料的日渐丰富，关于"贤"字古义的解释开始出现新的契机。在新材料背景下重新审视《老子》一书思想尤为必要，特别是对准确认识《老子》书中"尚贤"问题恰逢其时。易言之，对于《老子》中"不尚贤"的认识亟须反思，这对于准确认识《老子》一书思想很有助益。

一、《老子》早期传本与今本中关于"贤"记载的差异

为了系统梳理《老子》早期传本⑤与今本中"贤"的问题，我们需要对相关文本进行比较。今本（王弼注）《老子》云：

  不尚贤，使民不争；不贵难得之货，使民不为盗；不见可欲，使民心不乱。是以圣人之治，虚其心，实其腹，弱其志，强其骨。常使民无知无欲。使夫智者不敢为也。为无为，则无不治。（第三章）

  民之轻死，以其上求生之厚，是以轻死。夫唯无以生为者，是贤于贵生。（第七十五章）

---

① 宁镇疆、赵争：《周代礼学：〈老子〉思想最基础的知识背景》，《商丘师范学院学报》2015年第1期，第2页。
② 谢扬举：《老子论士的修养与古礼》，《孔子研究》1997年第3期，第85页。
③ 梁启超《论〈老子〉书作于战国之末》、钱穆《关于〈老子〉成书年代之一种考察》、冯友兰《〈老子〉年代问题》、罗根泽《老子及〈老子〉书的问题》、顾颉刚《从〈吕氏春秋〉推测〈老子〉之成书年代》及《论〈诗经〉经历及〈老子〉与道家书》，《古史辨》第4册，上海：上海古籍出版社1982年版，第207—308页。
④ 唐兰《老聃的姓名和年代考》、黄方刚《〈老子〉年代之考证》，《古史辨》第4册，上海：上海古籍出版社1982年版，第225、239页。
⑤ 《老子》"早期传本"经宁镇疆先生提出，大意是在今本《老子》结构形态形成以前，《老子》的结构尚处在发展演变的阶段，结构上与今本存在或多或少差异的《老子》传本。（参见宁镇疆：《〈老子〉早期传本结构及其流变研究》，上海：学林出版社2006年版，第5页。）因此本文所借用的《老子》"早期传本"参照郭店楚简《老子》和马王堆帛书《老子》。

是以圣人为而不恃，功成而不处，其不欲见贤邪。（第七十七章）

帛书《老子》云：

民之轻死，以其求生之厚也，是以轻死。夫唯无以生为者，是贤贵生。（甲本）①
是以圣人为而弗有，成功而弗居也，若此其不欲见贤也。（乙本）②
不上贤，使民不争。不贵难得之货，使民不为盗。不见可欲，使民不乱。是以圣人之治也，虚其心，实其腹；弱其志，强其骨。恒使民无知、无欲也，使夫知不敢。（乙本）③

以上粗略对比可知，帛书《老子》与今本（王弼注本）《老子》十分相近，但他们与郭店楚简《老子》的记载有较大的差异④。那么是否可以把帛书本、今本《老子》中"贤"的记载内容看作是后人在郭店简《老子》基础上所作的窜入呢？事实未必这般简单。我们先看学界对郭店楚简本《老子》传本性质的讨论。对于这一问题，学界主要分为两种看法。一派主张简本《老子》是当时的足本。主要学者有郭沂、刘荣贤、崔仁义诸先生。他们大致认为帛书本和今本都是在简本的基础上发展而来，或径直认为今本不见于简本的部分为后人所增⑤。第二派主张简本《老子》并非为当时的足本。代表学者有裘锡圭、王博、聂中庆等先生，但各家之间仍有一定差异，如裘先生认为郭店简本《老子》三部分是对当时流传《老子》"五千言"的"摘抄"。除了郭店简本之外，还有篇幅与今本相同的简本⑥。王博认为郭店简本属于"摘抄"本，而且是分别依据三个不同的传本"摘抄"而来。并说在郭店简本之前就有一个类似于通行本规模次序的《老子》书⑦。聂中庆先生说："从简本《老子》的文本结构上看，当时尚未形成一个数量上相当于今本五千言的《老子》全本，简本《老子》正处在老子的语录缀合到编辑成书这样一个过渡形态。"⑧ 由上可知，简单地把郭店简本视作是当时流行的足本《老子》，再进而认为帛书本和今本《老子》是在郭店简本的基础上发展

---

① 高明：《帛书老子甲本勘校复原》，《帛书老子校注》，北京：中华书局1996年版，第447页。
② 高明：《帛书老子乙本勘校复原》，《帛书老子校注》，北京：中华书局1996年版，第472页。
③ 同上书，第473页。
④ 目前看郭店楚简本《老子》年代最早，其中却不见"贤"相关记载，这与帛书本《老子》和今本《老子》差异明显。
⑤ 郭沂：《从郭店楚简〈老子〉看老子其人其书》，《哲学研究》1998年第7期，第50页；刘荣贤：《从郭店楚简论〈老子〉书中段落与章节之问题》，《中山人文学报》（台湾）2000年第10期；崔仁义：《荆门郭店楚简〈老子〉研究》，北京：科学出版社1998年版，第33—34页。
⑥ 王博《美国达慕思大学郭店〈老子〉国际讨论会纪要》、裘锡圭《郭店〈老子〉简初探》，陈鼓应主编：《道家文化研究》第十七辑，第6、27—28页。
⑦ 王博：《关于郭店楚墓竹简〈老子〉的结构与性质》，陈鼓应主编：《道家文化研究》第十七辑，第162—163页。
⑧ 聂中庆：《郭店楚简〈老子〉研究》，北京：中华书局2004年版，第52页。

而来的,这种认识难免有先入为主的嫌疑。而且这一论证思路是以线性思维方式为主,在具体论证上并不坚实。李锐先生曾指出,在研究古书成书问题时,不能斤斤计较于今天所见的"同文"之间的早晚关系,应该关注于古书的思想内容,不能让形式来决定内容,更不能通过推导形式的先后而推定内容的时代先后①。李氏的意见很有启发性,在讨论《老子》早期传本与今本中"同文"现象时,亦不能简单、静止地根据所谓"事实"而认为两则"同文"之间必定有或先或后或同时的逻辑关系。事实上,《老子》的成书问题十分复杂。近来宁镇疆先生已从郭店简本、帛书本材料出发,认为《老子》的成"书"走的是一条由松散材料到汇编成结构严谨的"书"的道路,郭店简本《老子》虽属于早期传本,但其时《老子》成书还尚未定型②。综上所析,帛书本和今本《老子》中关于"贤"问题的记载既然相当一致,就可以说明老子关于"贤"问题的认识渊源有自,未必一定晚于尚未定型的郭店简本《老子》。特别是考虑到《老子》早期传本亦属多元系统③,所以尽管在郭店楚简本《老子》不见"贤"的记载,但是犹不能机械或线性地看待早期传本之间的差异。事实上,帛书本和今本中的"贤"相关材料与老子思想内涵相当一致,这一思想的渊源并非晚出,甚至可以追溯到西周时期。下文,将细论《老子》"不尚贤"思想的内涵与渊源。

二、《老子》"不尚贤"正诂

学界对于《老子》"不尚贤"的看法,可分为两派。一派认为"不尚贤"就是不尚贤能的政治主张,如王弼注云:"贤,犹能也。尚者,嘉之名也……尚贤显名,荣过其任。"④ 很显然王弼是把"尚贤"当作"尚贤能",所谓"不尚贤"就是不超过一个人所担之责任。今人陈鼓应先生注引河上公《老子章句》注、释德清《道德经解》注、彭好古《道德经》注,主张是"标榜贤才"之意⑤。此派学者意见一直是学界的主流认识,影响深远⑥。另一派学者另辟蹊径,主张从"贤"字古义出发而做相关训释,认为"不尚贤"是"不尚多财"之义,如晚近注老子的学者引《说文》段注"贤"之本义为"多财"⑦。比如就有学者认为

---

① 李锐:《"同文"分析法评析》,《同文与族本——新出简帛与古书形成研究》,上海:中西书局2017年版,第156—173页。
② 宁镇疆:《〈老子〉早期传本结构及其流变研究》,上海:学林出版社2006年版,第252—253页。
③ 裘锡圭先生精到地指出:"简本同于帛书本而异于今本之处很多,但同于今本而异于帛书本之处也颇有一些……从先秦到汉代,《老子》的不同本子显然已经很多了。今本的异文当然有很多是在汉代以后才产生的,但也有很多是从较早的时代的不同本子流传下来的。"(参见裘锡圭:《郭店〈老子〉简初探》,《道家文化研究》第十七辑,第46—48页。)
④ (魏)王弼:《老子注》,四库全书本(武英殿聚珍版)。
⑤ 陈鼓应:《老子注译评价》,北京:中华书局1984年版,第71页。
⑥ 历来主流学者都将《老子》第三章的"不尚贤"解释为"不举贤才"。(参见许抗生:《帛书老子注译与研究》,杭州:浙江人民大学出版社1982年版,第69页;任继愈:《老子新译》,上海:上海古籍出版社1985年版,第66页。)
⑦ "贤"据《说文解字》云:"多才也"。后段玉裁注云:"多财也,贤本多财之称,引申之凡多皆曰贤,人称贤能,因习其引申之义而废其本义。"(参见(清)段玉裁:《说文解字注》,郑州:中州古籍出版社2006年版,第279页。)晚近学人把"贤"本义释为"多财"亦承袭自段氏。

《老子》"不尚贤"与"尚贤"政治无涉，仅是"不贪爱聚敛财富"之义①。后一派意见并不占主流，未能得到学界重视。实际上他们依据段玉裁《说文解字注》，把"不尚贤"径释为"不多财""不贪爱聚敛财富"，于义不免扞格。尽管如此，他们主张以"贤"字古义来对《老子》中的"尚贤"进行训释，且不以"尚贤"政治含义来解释《老子》"不尚贤"，是有一定借鉴意义的。

"贤"之古义，实际上并非是段玉裁所说的"多财"之义。近来西周中期铜器柞伯簋铭："王曰：'小子，小臣敬又（有），则取。'"②为我们追寻"贤"之古义提供了绝佳材料。陈剑先生对铭文中"![]"字补释为"贤"，断句为："小子，小臣，敬又则取。"以""一词与《仪礼·乡射礼》中"贤获"绝类。陈剑注意到古文中从又之"贤"字大多可训作"多于""胜过"。另外，陈氏认为"![]"在《说文》手部之"挈"有"牵引"之义，与"掔""牵""搴"相通，读音是后来"贤"字的声符③。陈剑的训读实际上是对"贤"字的初文、发展、分化进行了充分的补充说明，故"贤"字初文为"又"，引申义即"掔""牵"，以声符相近与"臤""坚""掔""贤"相通。另外，陈剑先生文中还列举不少传世文献中将"贤"训为"多""愈"的材料④。

前已提示，将"贤"字古义说成与"财"相关实始自段玉裁。实际上，"贤"字有"多"义，不唯金文可证，文献犹多。如《诗经·北山》云："我从事独贤。"《毛传》云："贤，劳也。"《正义》曰："以此大夫怨已劳于事，故以贤为劳。"⑤ 这里的贤训为劳，实际上表示服事劳役之多。此即西周时"贤"古义为"多"的明证。又《国语·晋语》"敬贤于请"，注："愈也"⑥。《仪礼·乡射礼》载"若右胜，则曰右贤于左。若左胜，则曰左贤于右"，注曰："贤犹胜也。"⑦ 由此可知，先秦时人将"贤"看作"多""愈""胜"乃是常义。故《小尔雅·广诂》也载："贤，多也。"《广雅·释诂一》云："贤，大也。""贤，劳也。"⑧ 于此，结合西周的柞伯簋、《诗经·北山》、春秋时期《国语》以及礼书中的证据，我们可以看出西周春秋时期的"贤"之古义为"多"，可训为"愈""胜""大"，这都是渊源有自，不可无视之。

---

① 冯达甫：《老子译注》，上海：上海古籍出版社 1991 年版，第 7 页；辛战军：《老子译注》，北京：中华书局 2008 年版，第 17 页。
② 李学勤：《柞伯簋铭考释》，《文物》1998 年第 11 期，第 67 页。
③ 陈剑：《柞伯簋铭补释》，《传统文化与现代化》1999 年第 1 期，第 52 页。
④ 陈剑所举《吕氏春秋·顺民》"则贤于千里之地"，《论语·阳货》"为之，犹贤乎已"，《淮南子·说山》"无以岁贤昔、日愈昨也"，《仪礼·乡射礼》"司射复位，释获者遂进取贤获，执以升，自西阶，尽阶，不升堂""司射释弓视算如初；释获者以贤获与钧告如初"。
⑤ （清）阮元校刻：《十三经注疏·毛诗正义》，北京：中华书局 2009 年版，第 994 页。
⑥ 徐元诰：《国语集解》，北京：中华书局 2002 年版，第 268 页。
⑦ （清）阮元校刻：《十三经注疏·仪礼注疏》，北京：中华书局 2009 年版，第 2166 页。
⑧ （清）王念孙：《广雅疏证》，上海：上海古籍出版社 2016 年版，第 156 页。

事实上《老子》作为春秋时期就已经流传的文献①,《老子》"不尚贤"之"贤"也应当用西周春秋时"多""愈""胜""大"诸义进行训释,引申释为"不尚争胜""不尚凌人"是较为贴切的。其中"不尚贤,使民不争"(第三章)与"夫唯无以生为者,是贤于贵生"(第七十五章)以及"圣人为而不恃,功成而不处,其不欲见贤邪"(第七十七章)中的"贤",都可以用"贤"之古义"多""愈""胜""大"来做训释。因此,"不尚贤"即"不尚争多","贤于贵生"即"胜过于贵生","不欲见贤"即"不想表现出功劳巨大"。联系上下文,《老子》中涉"贤"三句话都表示老子不主张争强好胜、提倡谦让、礼让的态度。值得注意的是,老子讲求礼让的精神在郭店简本《老子》中也有相应的反映,如:

(1) 甚爱必大费,厚藏必多亡。②
(2) 功遂身退,天之道也。③
(3) 以其不争也,故天下莫能与之争。④
(4) 万物作而弗始也,为而弗恃也,成(功)而弗居。夫唯弗居也,是以弗去也。⑤

(1) 又见于帛书本(甲)与今本第四十四章,作"甚爱必大费,多藏必厚亡",这里的"甚、大、厚、多"都是同义副词,形容的是一种争上、争多的状态,简本、帛书本和今本内容也都反映出老子不主张争多的态度。(2) 又见今本第九章,而帛书本(乙)作"功述身芮",整理者认为"述"通"遂","芮"通"退"⑥。(3) 同于今本第六十六章而与帛书本稍异,帛书本(乙)作"夫唯不争,故莫能与之争",都是主张不争。(4) 同于帛书本(乙)和今本第二章,也都是讲不恃功自居,要谦让、卑下处之的道理。

值得注意的是,近来已有学者将《老子》"不尚贤,使民不争"与周代礼让精神联系起来说。如宁镇疆先生认为"不尚贤"与"不争"含义相当,其强调礼让的旨意多见《老子》其他章⑦。而除了《老子》一书之外,《左传》《礼记》等书中所记述的春秋时人倡导之礼,都饱含礼让之态度。如:

---

① 晚近以来出土文献如马王堆帛书《老子》甲乙本的面世,给探讨《老子》成书和《老子》思想提供了新的材料。李学勤先生认为"《老子》、帛书《黄帝书》、《文子》《淮南子》之间沿袭递嬗的顺序",依此申论老子长于孔子,且《老子》成书于春秋当属事实。实际上随着郭店楚简《老子》的面世,对于《老子》早期传本的流传,几乎可以坐实在春秋晚期。
② 荆门市博物馆编著:《郭店楚墓竹简》,北京:文物出版社1998年版,第113页。
③ 同上。
④ 同上书,第111页。
⑤ 同上书,第112页。
⑥ 国家文物局古文献研究室编:《马王堆汉墓帛书》,北京:文物出版社1980年版,第68页。
⑦ 《老子》"夫唯不争,故无尤"(第八章),"夫唯不争,故天下莫能与之争"(第二十二章),"以其不争,故天下莫能与之争"(第六十六章),"不争而善胜"(第七十三章),"为而不争"(第八十一章)。

让，礼之主也。（《左传》襄公十三年）

公孙挥曰："让不失礼。"（《左传》襄公二十六年）

卑让，礼之宗也。（《左传》襄公二十六年）

其卿让于善……君明臣忠，上让下竞。（《左传》襄公九年）

信让以求役礼，不自尚其事，不自尊其身……让于贤卑己尊而人。（《礼记·表记》）

宁先生综合文献的内外证据，认为《老子》"不尚贤"不能做"尚贤"政治来解读，而应遵从周代礼学讲求礼让、不争的精神来释读①。宁氏虽然没有系统讨论"贤"的古义问题，但是从老子思想内涵出发，已正确地指出"不尚贤"的真实含义，此说值得珍视。

结论

由上所论，晚近以来的出土文献如马王堆帛书《老子》、郭店楚简本《老子》中都有了"不尚贤""不争"的表述内容。这不仅让我们充分认识到今本《老子》"不尚贤"内容的文本渊源久远，而且也可以启发我们进一步去思考春秋时期以来的《老子》早期传本中"不尚贤"的本义。根据新近出土公布的西周青铜器柞伯簋铭文，可以确证"贤"的古义是"多"，可以训释为"愈、胜、过、大"。因而春秋时期的《老子》早期传本"不尚贤"之"贤"亦应从其古义训释，表示"不争"。这恰好又与《老子》早期传本和今本《老子》中都有不争、礼让内容的表述相符合。"不尚贤"反映的是老子倡导礼让，是老子对西周礼学精神的继承。

---

① 宁镇疆、赵争：《周代礼学：〈老子〉思想最基础的知识背景》，《商丘师范学院学报》2015年第1期，第2页。

《道德经》"反向而动"的哲学指向钩沉

田 湖[*]

内容提要："反向而动"是《道德经》中一个非常重要且具有特色的哲学思想。它揭示了"道"具有反向、返本和往复的运动特征。它是一种"物极必反"的自然法则。当它显现在人事上，则表现为"相对待事物"的转化。这种法则的内在结构是一种"负阴抱阳"的"态势"。老子更强调这种态势的"处阴向阳"的维度，依之而行才可以于事亨通。然而，老子的哲学理念在当今时代也面临着意涵误读与价值背驰的困境。我们通过语言层级的区分来解决这种冲突，从而有利于重新考量"反向而动"思想在《道德经》中的真实意指，发掘其在当代的现实价值。

关键词：道德经；反向而动；哲学指向；价值冲突；当代困境

《道德经》在中国哲学史上有着极大的影响，仅就其为中国哲学贡献的"道""无""无为""自然"等哲学意义上的范畴，就足以让这部经典光耀千古。在历史上，哲人智者对该经的注释书汗牛充栋，这为中国哲学增添了无数有价值的文献。《道德经》提出的很多哲学范畴不仅被后来的哲人智者注解与发挥，从而形成丰富多彩的哲学思想观点，而且在佛教传入中土初期，一些佛学家用"道""无为""无"等中国哲学范畴去"格"佛学经典中的"义"，这为文化的交流及外来文化本土化提供了便捷途径。佛学中那些形而上的思想范畴能被中土人士理解并接受，这与《道德经》以来的本土文化本身具有形而上的思想基础是分不开的。这可以从中土佛学家解读佛典的著述中窥斑见豹。《道德经》包含了丰富的传统文化思想，政治家用其治国，兵家用其制胜，修道者用其修行。其思想富足犹如月印万川，人们可以随器取量。在这些富足的思想中，"反向而动"的哲学思想极具特点。它是贯穿老子哲学的一大法则，并有丰富多样的表现形式。那么《道德经》中"反向而动"的核心观点是什

---

[*] 田湖，男，1985年生，江西宗教问题研究中心（江西省哲学社会科学重点研究基地）、宜春学院宗教文化研究中心（江西省高校人文社会科学重点研究基地）讲师。

么？它在该经中是如何具体表现的？人们能否深入理解"反向而动"的哲学思想呢？该思想在现代社会又有何特殊价值？我们将通过澄清该经"反向而动"的核心观点、辨明其展开形式和揭示其在当代价值世界中的困境，来回答以上诸问题。

一、"反向而动"哲学指向的核心观点

"道"的"反向而动"哲学指向包含了反向、返本和往复等几个维度，它指向一种"物极必反"的自然法则。这种思想在《道德经》中有很多表述形式。其核心表述在王弼释本中为："反者，道之动。"① 郭店本"老子甲组"作："反也者，道之动也。"② 帛书甲本作："〔反也者〕，道之动也。"③ 帛书乙本作："反也者，道之动也。"④ 甲本阙三字，据乙本补充则文句趋同。从现有的诸本子来看，该思想的语句表述形式基本相当，没有出现歧义的字句差异。那么，这句话的究竟意指是什么呢？是否确切表达了"反向而动"的意涵？在历史上对该句做过解释的人可谓不胜枚举，其中王弼等人属于流行的注释家。王弼释云：

> 高以下为基，贵以贱为本，有以无为用，此其反也。动皆知其所无，则物通矣。故曰（反者，道之动）也。⑤

王弼指出，"高"以"下"为基础，"贵"以"贱"为根本，"有"以"无"为大用。若知"万物"运动变化的根本在于"无"，则能明白万物通同。他强调"相对待事物"之"反面"的作用。如果没有"下""贱"和"无"等基础的、根本的和本具全体大用的存在，就不能达成"高""贵"和"有"的存在。没有作为根本的"无"，也无所谓万物的运变。

许抗生在研究《帛书老子》中"反也者，道之动也"思想时，指出"反"即"复"之义。他的理由是：

> 反，复也。《周易·杂卦》："复，反也。"王弼说："复，反本之谓也。"（《周易·复卦》注）即其证。⑥

---

① （魏）王弼注，楼宇烈校释：《老子道德经注校释》，北京：中华书局2008年版，第110页。以下该书皆出自此版本。
② 李零：《郭店楚简校读记》，北京：北京大学出版社2002年版，第4页。
③ 高明：《帛书老子校注》，北京：中华书局1996年版，第26页。以下该书皆出自此版本。
④ 同上。
⑤ 楼宇烈校释：《老子道德经注校释》，第110页。
⑥ 许抗生：《帛书老子注译与研究》（增订本），杭州：浙江人民出版社1985年版，第13页。以下该书皆出自此版本。

《周易·杂卦》在阐释"复卦"之"复"时谓:"复,反也。"① 王弼在诠释《周易·复卦》之"复"时谓:"复者,反本之谓也。"② 许抗生是综合二者,从而得出"反"即"复"之义。根据以上等价意涵,我们还可以推出"复即反""复即反本",故"反即反本"。又"反本即返本","返本即返归本原或返本归根",故"反即返归本原或返本归根"。我们可以把这种等价形式,看作是不同概念对同一存在状态的刻画。因此,在王弼的理解中,"反"具有"指向对待面"或"返归本原"的意谓。另一阐释《道德经》的名家河上公,其解"道者反之动"谓:

  反,本也。本者道(之)所以动,动生万物,背之则亡。③

这里直谓"反"即"本",即可视为二者等同。在河上公的解读中,"反"不是"动态的返本过程"或"在对待态势中指向根本",而是指"本"自身。进一步理解,"本"即是"道"动的原因(所以动),"动"能使"万物"得生,若违背它,必然会消亡。可见,河上公认为"反"即是"道运动的原因"而非"对待中返本的态势"。可见,河、王二者在理解上还是存在差异。

除"反者,道之动"外,在《道德经》中多处提到了"反"与"复"的思想。如《道德经》第二十五章在阐释"道"(因"字之曰道,强为之名曰大"④,故这里"道"即"大")的运行方式时谓:

  大曰逝,逝曰远,远曰反。⑤

先天地之混成物最大,其"周行而不殆",穷极而后返之。王弼解:

  逝,行也。不守一大体而已,周行无所不至,故曰"逝"也。远,极也。周(行)无所不穷极,不偏于一逝,故曰"远"也。不随于所适,其体独立,故曰"反"也。⑥

即谓此大道周遍一切处,穷极于一切,不随所化,独立不改。王弼于此解"反",指道体独立,不随所化。其指向"道"自身的特性,或者说是一种"属性"。张岱年则解为:

---

① (魏)王弼撰,楼宇烈校释:《王弼集校释》,北京:中华书局1980年版,第588页。
② 楼宇烈校释:《王弼集校释》,第336页。
③ 王卡点校:《老子道德经河上公章句》,北京:中华书局1993年版,第161页。
④ 楼宇烈校释:《老子道德经注校释》,第63页。
⑤ 同上。
⑥ 同上书,第63—64页。

道即是变之所以,由道乃有逝,既逝而愈远,远乃终于反。反是由道而有之动。道亦即反之所以。一切变化莫不反。①

根据张先生所解,"道"是变化的原因,亦是"反"的原因。因为有"道"的存在,所以才有"反"的运动。道运行远,至极而反。又《道德经》第十六章谓:

万物并作,吾以复观。夫物芸芸,各复归其根。归本曰静,是谓复命,复命曰常。②

这里指明观万物反复之动,则万物各自归其虚静之根本,亦即归复性命之恒常。王弼指出:

以虚静观其反复……唯此复,乃能包通万物,无所不容。③

王弼极力强调"反复"之功用,以其能包纳万有,不失于道。张岱年谓:

万物虽然都生长变动,但最后都返归原始。返归于原始,乃是常。④

这里强调"万物返归到原始"所呈现出来的功用,"返归"是其保持长久的必要途径。此外,还有《道德经》第二十八章的"复归于婴儿……复归于无极……复归于朴"⑤等几种"复归"运动,强调其能达成返还于无造作、复归于无穷极和返归于璞真的德性。

对于这种"反复"思想,张岱年认为它是宇宙中一切变化的规律。他说:

一切都是依循反复的规律而变化。何谓反复?就是:事物在一方向上演变,达到极度,无可再进,则必一变而为其反面,如是不已。事物由无有而发生,既发生乃渐充盈,进展以致极盛,乃衰萎堕退而终于消亡;而终则有始,又有新事物发生。凡事物由成长而剥落,谓之反;而剥落至极,终而又始,则谓之复。反即是否定。复亦即反之反,或否定之否定……一反一复,是事物变化之规律。⑥

---

① 张岱年:《中国哲学大纲》,《张岱年全集》(增订版),北京:中华书局2017年版,第159页。以下该书皆出自此版本。
② 楼宇烈校释:《老子道德经注校释》,第35页。
③ 同上书,第35—36页。
④ 张岱年:《中国哲学大纲》,第159页。
⑤ 楼宇烈校释:《老子道德经注校释》,第73—74页。
⑥ 张岱年:《中国哲学大纲》,第158页。

可见，张岱年的基本观点是："反复"是事物变化的"规律"。这种"反复"的变化是有方向的，先朝着一个方向变化、推进，当其变到最后，进到极处，就会变为其反面。所谓盛极而衰，终而复始，物极必反等即是其义。他对"反"与"复"二字的理解是："反"是"事物由成长而剥落"，亦即哲学上的"否定"；"复"是"剥落至极，终而又始"，是"反的反"，亦即哲学上的"否定之否定"。但张先生不承认这种"反复"的规律是"简单的循环论"。他指出：

> 中国古代哲学中所谓"复"有两层意义，一为终则有始，更新再始；二为复返于初，回到原始。二义不同。但古代思想家往往将此二义混为一谈，以为更新再始就是复返于初，因而陷入于简单的循环论。①

作为"否定"之后"再否定"的"复"（更新再始），与"否定"之后"返回原初"（复返于初）是有本质区别的。张先生做了严格的区分。因此，"反向而动"并非"简单线性方向的返回"，而是在新的维度（新的性质）上进行的复返。

对于《道德经》中的"反向而动"哲学思想，冯友兰将之归纳为"物极必反"这一原则，并指出它是老子哲学中的一大基本法则。例如，他在阐释"《老子》的朴素的辩证法思想"时断言：

> "物极必反"是贯穿《老子》整个思想的一个原则。②

他又在《新理学》中讨论"反、复、日新"等哲学概念时，将《道德经》中的相关思想与《易传》对比，并指出：

> 《老子》与《易传》有一共同意思，即所谓"物极则反"。一事物如果发展至其极，例如一事物如发展至……乾卦所表示之阶段，则即将变为其反。但若至……坤卦所表示之阶段，则又将变为其反之反，反之反即复。一切底事物，永远照此周律，变化不已。此即是大化流行，或大用流行，此亦即是道……道包罗一切事物，所以谓之富有；道体即是大化流行，所以谓之日新。③

如《易传》的乾坤互变，相互转化，即是"物极则反"的思想。万物不出此规律。《易

---

① 张岱年：《中国哲学大纲》，第158页。
② 冯友兰：《中国哲学史新编》上卷，北京：人民出版社1998年版，第324页。
③ 冯友兰：《贞元六书》，北京：中华书局2014年版，第88页。

传》的"富有之大业"即指"道"的包容特性,其"日新之盛德"即指"道"的"大化流行"(万物按反复规律运变)。在冯友兰看来,"反复""卦象运变"与"盛德日新"具有相同的意指。他所理解的"反"是指事物发展至极而后的"反面",而非张岱年所解的"否定";其所理解的"复"即是"反之反",是指一事物发展至极而后成为其"反面",而后事物又以此"反面"为基底向另一端发展,即"反面的反面",而非张岱年所解的"否定之否定"。冯友兰强调"周而复始"的"往复运变",而张岱年则更强调"至极而更新",而后"更新再始"。冯先生在《老子哲学》一文中同样强调:

> 事物变化之一最大通则,即一事物若发达至于极点,则必一变而为其反面。此即所谓"反",所谓"复"。①

此表明老子之"反复"思想的规律,即是"物极则反"。又其在揭示老子哲学中的"自然的不变规律"时指出:

> 万物变化所遵循的规律中最根本的是"物极必反"。这不是老子的原话,而是中国的成语,它的思想无疑是来自老子。老子的原话是"反者道之动"(第四十章)和"逝曰远,远曰反"(第二十五章)。意思是说,任何事物的某些性质如果向极端发展,这些性质一定转变成它们的反面。②

又说:

> 所有这些学说(按指:成缺、盈冲、直屈、巧拙、辩讷、曲全、枉直、洼盈及敝新等),都可以从"反者道之动"这个总学说演绎出来。著名的道家学说"无为",也可以从这个总学说演绎出来。③

可见,在冯友兰看来,事物"反复"变化的规律是《道德经》中的一大"通则",具体归集于"道者反之动"这个"总学说",亦可以用"物极必反"一词归纳它们。与张岱年强调"反复"是事物发展的"否定"与"否定之否定"的进路不同,冯友兰用"物极必反"来总括《道德经》中"反向而动"的哲学思想。他指出该成语源于老子哲学思想,意指事物发展到"极端"而后必然会转换为它的"反面"。他强调"反"到其反面,"复"到其反面,并

---

① 冯友兰:《中国哲学史补二集》,北京:中华书局 2017 年版,第 197—198 页。
② 冯友兰著,涂又光译:《中国哲学简史》,北京:北京大学出版社 2013 年版,第 95 页。以下该书皆出自此版本。
③ 同上书,第 98 页。

未指明在更高层次或新的维度上的"否定之否定"变化进路。他更关心的是"物极必反"的"极端界限"问题,事物到底发展到什么程度而后转变为其反面。他说:

> 或可问:假定有一物,到了极端,走向反面,"极端"一词是什么意思?任何事物的发展,是不是有一个绝对的界限,超过了它就是到了极端?在《老子》中没有问这样的问题,因而也没有做出回答。但是如果真要问这样的问题,我想老子会回答说,划不出这样的绝对界限,可以适合一切事物,一切情况。①

可见,冯友兰追问这样的问题,在《道德经》中是找不到答案的。同时,他也认为老子不会认为有这样"极端界限"存在。他认为:

> 就人类活动而论,一个人前进的极限是相对于他的主观感觉和客观环境而存在的。以艾萨克·牛顿为例,他感觉到,他对于宇宙的知识与整个宇宙相比,简直是一个在海边玩耍的小孩所有的对于海的知识。牛顿有这样的感觉,所以尽管他在物理学中已经取得伟大的成就,他的学问距离前进的极限仍然很远。可是,如果有一个学生,刚刚学完物理教科书,就感觉到凡是科学要知道的他都已经知道了,他的学问就一定不会有所前进,而且一定后退。老子告诉我们:"富贵而骄,自遗其咎。"(第九章)骄,是人前进到了极端界限的标志。骄,是人应该避免的第一件事。②

冯友兰为了证明没有所谓"绝对的极端界限",而只有"相对的界限",而此"界限"要取决于人的"主观感觉"和"客观环境",因而以有伟大成就而谦逊的牛顿和刚学完教科书而自满的学生为例。因此,他认为"骄傲"是"人前进到了极限"的"标志"。虽然冯友兰认为《道德经》中没有关于"极端界限"的划分,但通过《道德经》中"富贵而骄,自遗其咎"的表述,以揭示出"骄傲自满"在"极限"中充当的角色。"自满"是"主观感觉","不进则退"则是"客观环境"所限。冯先生并没有试图去为客观事物的"极限边界"寻找一个客观标准(即"反"成立的客观依据),而是把一个"自然原则"下化到"人事法则"上,去寻找一种主观的界限。这具有一种从"自然"向"人文"转化的态度。那么,"反者道之动"的"反"到底何所指呢?陈鼓应指出:

> "反者道之动"。在这里"反"字是歧义的(ambiguous):它可以作为相反讲,又可以作返回讲,"反"与"返"通。但在老子哲学中,这两种意义都被蕴涵了。它蕴涵

---

① 冯友兰著,涂又光译:《中国哲学简史》,第96页。
② 同上。

了两个观念：相反对立与返本复初。这两个观念在老子哲学中都很重视的……老子认为任何事物都在相反对立的状态下形成的，任何事物都有它的对立面，也因它的对立面而显现。他还认为"相反相成"的作用是推动事物变化发展的力量。老子重视事物相反对立的关系和事物向对立面转化的作用。但老子哲学的归结点却是返本复初的思想。事物的本根是虚静的状态。老子认为纷纭的万物，只有返回到本根，持守虚静，才不起烦扰纷争。①

陈鼓应认为老子哲学中的"反"范畴蕴涵了"相反"和"返回"双重意涵。虽然老子承认事物的存在是"相反相成"力量作用的结果，但其归结点在于"万物"返回"虚静的本初"。从这个意义上来看，陈鼓应更强调老子哲学"返本复初"的思想。

综上，《道德经》"反向而动"哲学思想的意指，可用经中"反者道之动"的断言来总括。关于"反"字的理解，王弼认为《道德经》中的"反"是指"对待反指"或"返本复初"，河上公则认为"反"即是道之"本"。冯友兰强调"物极则反"的"周而复始"的运动，张岱年则强调"否定"而后"否定之否定"的更新再始路径。陈鼓应主张老子的哲学归结点在于"返本复初"，即回到原初状态。笔者倾向认为《道德经》所揭示的"道"的运动特征，既是向着自己的反面运动，又是一个"周而复始"的过程。虽然"反"字有反向、反复的意涵，但在其中蕴含着一种"动态的势能"。若无此"势"，则其成为僵死的冥顽存在物，谈不上"大用流行"，当然也违反的事物运动变化的本性。事物以"一极"为起点，其"势"的状态是朝向"另一极"的。当这种"势能"达到极限时，即向着自己的反面转化，又开始新的"态势"。此即是所谓"物极必反"的自然律则。但笔者不赞同将"返归原始"理解为"简单线性的循环往复运动"。无论事物怎样从一极到另一极进行变化，其每一次的运动变化一定是不一样的存在状态，是具有新性质的存在物，只不过是与原初相似而已。相对相待的存在物，其一极的存在是以另一极的存在为基础的，是在一极的基础上"朝向"另一极的"态势"下存在着。如果我们将《道德经》中的"对待范畴"用"阴阳二极"来表示，那么这些对待范畴更强调"阴极"朝向"阳极"的一种"态势"。这种"反向而动"的"态势"在《道德经》中有很多展开形式。老子指出它遍含于"天道自然"和"人事法则"之中。

二、"反向而动"哲学指向的表现形式

"反向而动"哲学指向在《道德经》中有许多具体的表现形式。这些表现形式大多通过相互对待的哲学范畴呈现出来。我们从以下几个方面来分析。

---

① 陈鼓应：《老子注译及评价》，北京：中华书局1984年版，第225—226页。

第一，"有"与"无"。在"有"与"无"之间，老子更强调"无"的功用。他指出"无"比"有"更为根本。为了强调这一点，老子从总体上对二者的关系做了断言。如《道德经》第四十章云：

> 天下万物生于有，有生于无。①

"万物"从"有"得生，而"有"生自于"无"。这里老子指出一个宇宙生成过程的逻辑，即从"无"生"有"，而后从"有"生成"万物"的次第过程。这里的"无"并非"一无所有"，而是没有任何规定性的极广外延存在，无形无相，寂寥虚无（相当于"道"）。"有"则可理解为从"没有一切规定性"到"有最初规定性"的存在（相当于"道"生出的"一"），而后分殊万物生成变化（相当于从"一"次第生"三"，而后生万物）。从这里可以看出"无"具有根本性的作用。王弼的理解是：

> 天下之物，皆以有为生。有之所始，以无为本。将欲全有，必反于无也。②

王弼认为"天下万物"皆因"有"而生，然"有"的原始，乃是以"无"作为"根本"或"根据"的。若欲让"有"成立，则必寻找"无"这个根本的原因。王弼这种解法，是将老子那个具有"宇宙生成论"倾向（时间次第）的表述转换为"宇宙存在论"（逻辑根据）的理解模式。从文句上理解，老子的表述是从"万物"（万有）反推到"有"，然后又从"有"反推到"无"。作为诠释者，对于这个"有"与"无"的关系，我们既可以理解成"时间上的生成关系"，也可以理解成"逻辑上的先后关系"。然而，冯友兰认为老子的"万物生于有，有生于无"是"万物的存在蕴涵'有'的存在"③，这是逻辑上的蕴涵关系，不是时间上的先后关系。他指出：

> 老子这句话，不是说，曾经有个时候只有"无"，后来有个时候"有"生于"无"。它只是说，我们若分析物的存在，就会看出，在能够是任何物之前，必须先是"有"。"道"是"无""名"，是"无"，是万物之所从生者。所以在是"有"之前必须是"无"，由"无"生"有"。这里所说的属于宇宙本体论，不属于宇宙发生论。它与时间，与实际，没有关系。因为在时间中，在实际中，没有"有"，只有万有。④

---

① 楼宇烈校释：《老子道德经注校释》，第110页。
② 同上。
③ 冯友兰著，涂又光译：《中国哲学简史》，第94页。
④ 同上。

冯友兰是把"有"作为存在论概念理解的。"有"是从"万有"中抽离出来独立于"万有"的存在概念。因此,它是与时间、实际无关的。然而这样的解法,是否是老子的原意,不得定论。就概念世界与实际世界相结合起来看,老子此句也可以理解为,据"无"以成"有"的"存在态势"("无"是使"有"成为"有"的根据),或从"无"而到"有"的"生成态势"(这是从原始的"无"到生发的"有"的"反向而动")。相较于"有",老子更强调"无"的功用,具体表现为"有"因"无"而有其用。如《道德经》第十一章云:

  三十辐共一毂,当其无,有车之用。①

用三十根车辐(从车轮外圆到中心圆的支撑辐条)汇集到一个车轴,只有车轮中心装置(毂)有空洞之处,才能构成车的作用。因为这样才能够放置车轴使之运转。这里强调"无"的作用。王弼解云:

  毂所以能统三十辐者,无也。以其无能受物之故,故能以(实)〔寡〕统众也。②

王弼强调"无"具有"以寡统众"的功能。因为"无分之无形"能驭"有分之众形",所以更显其功用的特殊。以上都具有立足于"无"而朝向于"有"的"态势",二者不是孤立的,而是相互对待的存在。

第二,"善"与"恶"。老子哲学中"处'阴极'向'阳极'"的"反向而动态势",还表现在很多自然之理方面。老子剖析了"水"这一自然物的特性。《道德经》第八章云:

  上善若水,水善利万物而不争,处众人之所恶,故几于道。③

水不与万物争而能泽利万物,能处众人所厌恶的卑下之处,故而近于"道用"。强调处"恶"而向"道"(即"处阴向阳")之"态势"。当然,"水"非"道"本身,所以只能相似于"道"的功用。用王弼的话说就是"道无水有,故曰'几'也。"④ 亦即楼宇烈所谓"水虽然善利万物而处卑下,但还是'有',而道则是'无',所以说水只是近于道之善而已"⑤。又《道德经》第六十六章云:

---

① 楼宇烈校释:《老子道德经注校释》,第26页。
② 同上。
③ 同上。
④ 同上书,第20页。
⑤ 同上。

> 江海之所以能为百谷王者，以其善下之，故能为百谷王。①

这里也揭示了水的"处阴向阳"态势。朱谦之解谓："'王'，往也。'百谷王'，谓为百川之所归往，故能为百谷长也。"②此解合于《说文解字》之意。《说文解字》云"王，天下所归往也"③，即其所指。陈鼓应解云："'百谷王'，百谷所归往。'百谷'，即百川……'王'，说文：'王，天下所归往也。'这里的'王'有归往的意思。"④江海善处卑下之处，故能为百谷（河川流水）之王。处"卑下"才能拥有"百谷所归往"的"态势"。老子强调的是"江海"善处卑下，故反而具有"超越"众流的性质。

第三，"刚强"与"柔弱"。老子强调"柔弱"的功用更甚。如《道德经》第四十章云：

> 弱者，道之用。⑤

指明"柔弱"乃"道"之大用特征。为何强调"柔弱"之功用呢？用王弼的话来说即"柔弱同通，不可穷极"⑥，即虚无柔弱能够通达无碍、包纳无有穷极。"柔弱"有胜"刚强"之能。如《道德经》第四十三章云：

> 天下之至柔，驰骋天下之至坚，无有入无间，吾是以知无为之有益。⑦

"至柔"驰骋于"至坚"，故而由此而知"无为"的大益。王弼解云：

> 气无所不入，水无所不（出于）经。虚无柔弱，无所不通。无有不可穷，至柔不可折。以此推之，故知无为之有益也。⑧

因为虚柔之特性，所以没有不能通达的；没有实质限定之有，则不可穷极；至极虚柔，则不可折损之。"气"即具有这样的特性。老子用此以拟"道"所具有的一些性质。《道德经》第七十八章又云：

---

① 楼宇烈校释：《老子道德经注校释》，第169页。
② 朱谦之：《老子校释》，北京：中华书局2000年版，第267页。
③ （汉）许慎撰，（宋）徐铉校定：《说文解字》，北京：中华书局1963年版，第9页。
④ 陈鼓应：《老子注译及评价》，第316页。
⑤ 楼宇烈校释：《老子道德经注校释》，第110页。
⑥ 同上。
⑦ 同上书，第120页。
⑧ 同上。

天下莫柔弱于水，而攻坚强者莫之能胜，其无以易之。①

水在天下万物中最为柔弱，而在攻坚强之物方面，又没有什么胜过水，因为没有什么物可以改易它本身。这里即是在强调"柔弱"之"功用"。这些处"柔"向"强"而胜"强"的态势，符合"道"的法则。

然而，老子对这种"反向而动"自然法则的揭示，并非为求得宇宙真理。他不是以寻求"自然真理"为目的的"科学家"，而更像是关切"社会人生"的"人文关怀者"，强调人应该遵循"道性德性"而行。《道德经》"反向而动"的逻辑路向是立足于"人事"而后反求于"天道"。老子是在为"人事法则"寻求"天道律则"的客观理论支撑，因而广言天道自然规律。根据许抗生的研究，"《老子》的较早传本（按：诸如帛书甲乙本、《道德真经指归》等），《德篇》是在前的"②。这些先"德篇"而后"道篇"的顺序安排，也可理解为先"德"而后求"道"。或可为其中一佐证。此外，《道德经》中的"人法地，地法天，天法道，道法自然"③的表述亦是典型的例证。王弼对此解为：

> 法，谓法则也。人不违地，乃得安全，法地也。地不违天，乃得全戴，法天也。天不违道，乃得全覆，法道也。道不违自然，乃得其性，〔法自然也〕。法自然者，在方而法方，在圆而法圆，于自然无所违也。自然者，无称之言，穷极之词也。④

在王弼的理解中，"法"是"法则"。此应作动词理解，是"效法其规则"之意，不应是名词意义上的"法则"（即天道规律）。从"人"到"地"再到"天"，而后至"道"，最后达"自然"（此中"自然"乃"道"的一种特性。"道"效法"自然"，即是"道"澄明自身的法度，显现其本身的功用。"自然"并非是一个独立的存在，它只是在以上序列中，被抽离出来当作次第的最后一步）⑤。可见，这个序列是一个从"人"出发的次第效法或者说不违背的过程。老子在立足于"人事"的基础上，通过素朴的逻辑推求，最后溯本到"天道自然"上。

当找到"天道法则"作为依据后，在下化人事上就可同理得知。从对待之属性来看，阴阳两极相互转化，老子强调应据守"阴极"而朝向"阳极"。例如，《道德经·第二十二

---

① 楼宇烈校释：《老子道德经注校释》，第187页。
② 许抗生：《帛书老子注译与研究》（增订本），第136页。
③ 楼宇烈校释：《老子道德经注校释》，第64页。
④ 同上。
⑤ 对于"自然"一词，张岱年认为："前人多解自然为一名词，谓道取法于自然，此大误。自然二字，老子书中曾数用之，如'功成事遂，百姓皆谓我自然''希言自然''道之尊德之贵，莫之命而常自然'。所谓自然，皆系自己如尔之意，非一名词，此处当亦同，不得视为一名词。其意谓道更无所取法，道之法是其自己如此。"（张岱年：《中国哲学大纲》，第61—62页。）可见，张先生主张"自然"是"其本自如此"之意，非一专有之名词。

章》云：

  曲则全，枉则直，洼则盈，蔽则新，少则得，多则惑。①

  根据"物极必反"法则，当处于曲、枉、洼和蔽时，却能获得全、直、盈和新的"态势"。少则能获得根本，多则远离根本，故而惑之。强调处"阴极"向"阳极"之"势"的功用。又《道德经》第九章云：

  金玉满堂，莫之能守；富贵而骄，自遗其咎；功遂身退，天之道。②

  金玉满堂则有失时，富贵而骄慢则自留后患，功成而身退乃天道法则，否则"过犹不及""亢龙有悔"。此即处"阳极"则向"阴极"之"势"。这也正是"物极必反"之义所在。
  若符合"道"的特性，即便是真正处于"阳极"，其亦若处于"阴极"的态势。故老子谓：

  大成若缺……大盈若冲……大直若屈，大巧若拙，大辩若讷。③

  完满反若欠缺，充盈反若空虚，正直反若弯曲，灵巧反若笨拙，善辩反若木讷。老子强调具"大道用"者，自身处"阳极"而具有"阴极"的态势。这即是"反向而动"存在的态势。
  又《道德经》第四十一章云：

  明道若昧，进道若退，夷道若类。上德若谷，大白若辱，广德若不足，建德若偷，质真若渝。④

  对于"道"的表现性质来说，其光明反若昏暗，其前进反若后退，其平坦反若坎坷，其至高反若低谷，其洁净反若污垢，其广大反若不足，其刚健反若怠惰，其纯朴反若混浊。这也是"道"自身的"反向而动存在态势"。
  《道德经》中这种"正言若反"⑤的思想是老子思想的一大特色，它也正是"处阴向阳

---

① 楼宇烈校释：《老子道德经注校释》，第55—56页。
② 同上书，第21页。
③ 同上书，第122—123页。
④ 同上书，第111—113页。
⑤ 同上书，第187页。

态势"(反向而动)的具体体现。对于这种"正言若反"的语句形式,牟宗三认为,这是通过"反"的形式来达到"正"的作用。其谓:

> 什么叫作正言若反呢?譬如说好、恶,这是正言,无有作好、无有作恶,这不是对好恶那个正言的反吗?这个反正好可以把好、恶真实而自然显示出来。这个好恶就是老子所说的正言,而这个正言是从作用上透露,不是从分析上肯定。①

牟宗三认为老子的"正言若反"句式,是从"作用"上透露而非"分析"上来肯定,亦即为了到达诸如"好恶"之意,先从否定上透露,通过"否定的形式"来达到"肯定的作用",不是从分析推出的。他将老子这种"正言若反"的句式,称之为"诡辞"或"吊诡"。其谓:

> 从反面上透露这个正言,这不是诡辞吗?诡辞亦即奇怪、诡异的意思。西方人用paradox,有逻辑上的,譬如罗素《数学原理》一书中有一种 logical paradox。道家的诡辞不属于 logical paradox,乃是属于 dialectical paradox,是辩证的诡辞,不是逻辑的诡辞。辩证的诡辞,用老子的话,就是正言若反。黑格尔辩证法里边那些话,譬如正反对立、否定的否定、矛盾的统一,这种方式在老子里边早就有了。不过不用黑格尔那些名词,但是表示得很活泼,若要展开,就是黑格尔那些名词,这就是辩证的诡辞。这种诡辞在《道德经》里边很多。这个诡就是庄子所说的"是其言也,其名为吊诡"。吊诡就是诡谲,"吊"字没有意义……所谓吊诡有两种,一种是逻辑上的吊诡,一种是辩证的诡辞。逻辑上的吊诡,很正常,从逻辑推理可以推出来,一定有这么一种命题,这是个 tautology。"正言若反"所示是辩证的诡辞。正因为它不给我们知识,它把我们引到一个智慧之境。②

牟宗三认为老子等道家的"诡辞"或"吊诡"不是西方逻辑哲学(诸如罗素、怀特海《数学原理》等)中的"逻辑悖论"(logical paradox),而是具有黑格尔的"正反对立、否定的否定、矛盾的统一"等哲学句式意义上的"辩证逻辑"(或称"辩证的诡辞" dialectical paradox)。"逻辑的吊诡"是能从逻辑上推导获得的,诸如逻辑上的"重言式"("套套逻辑",tautology);"正言若反"是"辩证的诡辞",其所揭示的是"天道自然法则",不是从语言规律上推导出来的。因此,虽然它不能给予我们某些特殊的知识,但可以引导我们进入"智慧的境域"。

---

① 牟宗三:《中国哲学十九讲》,上海:上海古籍出版社 2005 年版,第 112 页。
② 同上书,第 112—114 页。

这种"辩证的吊诡"即是老子哲学中"天道法则"的"处阴向阳态势"。当其表现在"人事道理"上,就有一个固定的轨则,即不能占据"阳极"而朝向"阴极"(呈现"退堕态势")。人们应当"处阴向阳",避免锋芒毕露。《道德经》言:

> 挫其锐,解其纷,和其光,同其尘,是谓玄同。①

含质除争,敛光同尘,即是玄妙之同。"道"的特性决定了人事亦应当挫锐解纷、和光同尘。这种处"阴极"向"阳极"的"动态势能"符合"道"的特性,依循此法,故能"返璞归真",而后合于"道"。《道德经》第二十八章云:

> 知其雄,守其雌,为天下谿。为天下谿,常德不离,复归于婴儿。知其白,守其黑,为天下式。为天下式,常德不忒,复归于无极。知其荣,守其辱,为天下谷。为天下谷,常德乃足,复归于朴。②

知雄而守雌,故能为天下谿而常德不离,而后能复归于婴儿之自然状态。知白而守黑,则能为天下之楷模轨则,故而常德不会有差错(忒),而能复归于无穷极。知荣而守辱,为天下卑下之所,而后常德乃汇聚满足,而后复归于本真。这即是阐明处于"阴极"而趣向"阳极"的"态势",从而能够满足成就"道"的律则。

最后要说明的是:老子极力强调"处阴向阳态势"的功用,不是基于"学"的层面,而是在"道"的层面来说的。老子所谓"为学日益,为道日损"③ 即是其基本态度。同时,"为道"就必须一直减损至"无为",方可能任运自然而无不能为。在当今时代,若人们不还原到老子"道用"层面来理解他指陈的哲学范畴,势必会导致这种"反向而动"的哲学思想与当今时代的大多数价值观之间存有一定张力。

余论

老子的"反向而动"哲学思想在当代既有其积极的面向,同时又面临着困境。这个困境主要体现在人们对"反向而动"哲学的理解上。人们喜欢通过语言直观理解文本,很少有人去深究"反向而动"的深层意涵。当人们用"日常理解"去凌驾语言的"哲学意涵"时,误读也就随之发生。当今日常语言中的"无用""柔弱""卑下""黑""辱"及"不敢为天下

---

① 楼宇烈校释:《老子道德经注校释》,第148页。
② 同上书,第73—74页。
③ 同上书,第127—128页。

先"等词汇都可以从负面去理解其含义,而它们在《道德经》里却是具有哲学深义的范畴。如果人们站在日常语言层级上,就容易认为老子的目标在于让人们崇尚现代价值观普遍不赞赏的"无用"(没有用处)、"柔弱"(不够有力)、"黑"(不光明)、"卑下"(无尊严气节)、"不敢为天下先"(退缩、不努力作为)等所谓"消极范畴",并刻意将它们美化。此类认识大多是对老子哲学做通俗化理解的结果。

语言层级的混用问题,我们可以通过分辨其结构和澄清其关系来解决。老子尚"无",乃在于"无"是"有"之本,"无"本有大机大用①,并非消极崇尚"无"。他揭示江海能处众人之所恶,方能海纳百川而成其广大,并非单向度地崇尚众人之所恶的卑下。他揭示"功遂身退"的天道法则,乃在于避免"物极必反"。他把"柔弱"上升到哲学意涵的层级,旨在强调"至柔"能驰骋于"至坚","虚无柔弱"能够包纳万象,至远极、无拘碍。如果能弄清楚"文本语言"所使用的范限与境域,那么可以避免将语言的日常意义和哲学意涵等价使用所致的误读。

总而言之,"反向而动"是贯穿《道德经》全文的重要哲学理念。其核心表述是"道者反之动",历代学者对此文句的诠释略有差异,但它总体指向"道"的反向、反本与反复运动意涵。在这种哲理的贯穿下,《道德经》中有一系列的展开表述形式。笔者认为"处阴向阳态势"是老子"反向而动"哲学思想所要强调的特殊维度。然而,因语言层级的差异的影响,"处阴向阳"哲学理念在当今时代面临着语义解读和价值接受的困境。我们通过区分哲学范畴与日常语言,"反向而动"哲学理念或许能为人们的生存与发展提供某些启示,进而突破困境并发挥其积极的作用。

---

① 牟宗三认为老子的"无"并非是一个"形而上学"问题,它是一个"实践问题",它来自于"无为"(人事法则,不是一切"非自然"的虚伪造作)。他说:"从无为再普遍化、抽象化而提炼成'无'。无首先当动词看,它所否定的就是有依持、虚伪、造作、外在、形式的东西,而往上反显出一个无为的境界来,这当然就要高一层。所以一开始,'无'不是一个存有论(ontological concept),而是一个实践、生活上的观念;这是个人生问题,不是知解的形而上学之问题。"(《中国哲学十九讲》,第72页。)"无为"相对于"有为",去有为之造作、虚伪、形式等而达到"自然无为"之境,由此上升而抽象以成"无"。若从这个向度理解,那么"无"是指向大机大用,而非一无所有。

"老子"称谓由来诸说

蒋波　潘淑萍**

内容提要：关于道家学派创始人"老子"这一称谓的由来，学界众说纷纭，有"老"为氏、"老"为姓、"老"代表长寿、"老"是字、"老子"称谓来源于神话传说等多种观点。其中"老"为氏、"老"为姓的说法可信度较高，但由于目前文献不足征，这两种观点哪一个更接近事实，还难以定论。

关键词：老子；称谓；由来；综述

老子是我国古代伟大的哲学家，道家学派创始人。关于老子的身份信息，较早见于司马迁的记载，《史记·老子韩非列传》曰："老子者，楚苦县厉乡曲仁里人也，姓李氏，名耳，字聃，周守藏室之史也。"[①] 班固的《汉书·艺文志》也曾写道："《老子邻氏经传》四篇。姓李、名耳，邻氏传其学。"[②] 然而由于文献不足征等原因，老子的其他具体信息不得而知，因而给后世留下不少悬案，比如"老子"这一称谓的由来，古往今来众说纷纭。

一、"老"为氏

古今不少学者认可司马迁等人的记载，并进一步指出，"老"应为李耳之氏。因为先秦姓、氏并存，"老子"一称可能就是因为老子之氏为"老"。

早在清代，姚鼐就在《老子章义》中说"夫老子，老其氏也，聃其字也……然则老子其

---

* 本文为湖南省教育厅重点项目"秦汉时期湖湘文化研究"（19A490）阶段性成果。
** 蒋波，男，1979年生，汉族，湖南永州人，史学博士，湘潭大学碧泉书院历史系副教授，主要从事先秦秦汉史的研究。潘淑萍，女，1996年生，汉族，湖南武冈人，湘潭大学碧泉书院历史系硕士研究生，主要从事秦汉史研究。
① 司马迁：《史记·老子韩非列传》，北京：中华书局1959年版，第2139页。
② 班固：《汉书·艺文志》，北京：中华书局1962年版，第1729页。

宋人子姓耶，子之为李，语转而然"①，认为老子本是宋国人，以"老"为氏，以"子"为姓。

近代以来，持上述观点的不少，如萧公权的《中国政治思想史》指出，老子的祖先本为宋国人，以"子"为姓，后来由于发音的转变而改姓"李"了，"老"字则可能是老子的"氏"②。邵炳军的《老聃行状事迹汇考》一文，也认为老子以"子"为姓、以"老"为氏③。王红和吴战洪的《司马迁"老子姓氏名字说"研究》（上），认为老子姓"李"氏"老"，因为这符合司马迁《史记》中的行文体例，且"老"氏由"李"姓逐渐演变而来④，等等。

总之，以上学者认为先秦姓、氏并存，"老"是氏，与老子姓什么并不矛盾。那么在"老"后面缀以"子"字，符合春秋战国的惯例。

二、"老"为姓

与老子姓李（子姓）的说法不同的是，学术界还有另一种推测，即认为老子不姓李，而可能姓"老"。在姓后面加一个尊称"子"字，比在氏后面缀以"子"字更合情合理。

唐兰的《老聃的姓名和时代考》，依据先秦时期人们称呼诸子时在姓后加"子"的习惯，指出："据当时人普通的称谓，老聃的老字是他的氏族的名称，因为当时称子的，像孔子、有子、曾子、阳子、墨子、孟子、庄子、惠子以及其余，都是在氏族下面加子字的。"⑤并对老子姓"李"之说提出质疑，因为在先秦古籍中没有老子姓李的记载，《史记·老子传》中的内容可能曾被篡改，而且东汉经学大师郑玄为《礼记·曾子问》做注之时并没采用"姓李"一说，可见《史记》中的记载可疑。郭沫若认可唐兰的观点，"我的见解是以唐说为近是"⑥。陈独秀同样认为"李耳"之名不符合当时诸子姓氏的惯例，老子应该姓"老"⑦。台湾学者陈鼓应分析，《史记》关于老子姓名的记载是汉代学者的说法，在春秋最基本的文献《左传》等书中，并没有发现"李"姓，所以老子姓"老"无疑⑧。

然而，为什么汉代之后有人会得出老子姓李，或者说为什么出现李、老混杂不清的情况呢？有学者对此给出了解释。胡适指出，在古代有姓和氏的区别，如普通民众一般可被称为"百姓"或"万姓"，但是出身贵族的话，不仅有姓，还会有氏。老子可能出身于大族，所以

---

① 熊铁基、陈红星主编：《老子集成》第9卷，北京：宗教文化出版社2011年版，第780页。
② 萧公权：《中国政治思想史》，北京：商务印书馆2017年版，第162页。
③ 邵炳军：《老聃行状事迹汇考》，《诸子学刊》第八辑，第95—96页。
④ 王红、吴战洪：《司马迁"老子姓氏名字说"研究》（上），《商丘师范学院学报》2019年第2期，第18—25页。
⑤ 罗根泽：《古史辨》第4册，上海：上海古籍出版社1982年版，第332页。
⑥ 郭沫若：《青铜时代》，北京：中国人民大学出版社2005年版，第177页。
⑦ 强重华、杨淑娟等编：《陈独秀被捕资料汇编》，郑州：河南人民出版社1982年版，第245页。
⑧ 陈鼓应：《中国哲学创始者：老子新论》，北京：中华书局2015年版，第7页。

就以"老"为姓、以"李"为氏,但后世由于没有弄清姓与氏的区别,便产生了混淆①。

高亨结合前人的研究,在《〈老子正诂〉前记》中认为,老子本姓"老",之所以变成"李"是由于"老""李"二字字音的转变。文中还详细给出四点理由:第一,先秦古籍中只见"老子"而不见"李子";第二,"古有老姓而无李姓"②,"李"姓出现的时间晚于"老"姓,而且在老子生活的时代还未见有李姓;第三,"古人姓氏,多无本字,借同音字为之,所借各异,故一姓往往歧为数姓……故老之变李,亦语转而然"③;第四,依据"老""李"二字所在的上古韵部,其发音很是相近,所以在古代可能没有进行仔细的区分。孙次舟也认为后世由于"老""李"二字的转变,所以才会将老子附会成姓"李"④。

孙以楷支持老子姓"老"说,但对高亨提出的"老""李"二字发音转变之说表示怀疑,认为"李耳"之名是老子的小名,其理由是:老子的出生年份可能为公元前571年,这一年在十二生肖中当属虎年,便取小名为"小虎",江淮地区的"虎"字被称呼为"狸儿","狸儿"与"李耳"二词发音是很接近的,所以人们都称老子小名"李耳",一直到"李"姓的出现,"李耳"就由小名转变为老子的正式称呼了⑤。

李延良的《破译千古之谜——以民族学诠释老子的姓氏、身世与归宿》,从民族学的角度考证老子的姓氏问题,赞成老子本姓"老",并对"老""李"二字发音转变之说的缘由进行了新的阐释:羌族、彝族等少数民族都将"虎"作为图腾,"老""李"二字由彝族语言中的罗、牢、喇等字发音转变而来,"老""李"二字之间的转变也是如此;老子可能是以"虎"为图腾的某个少数民族的首领,"虎"可以称作"狸儿","李耳"由此音近转变而来⑥。刘尧汉也从民族学角度做了分析,指出"老聃"一词由彝族语系中的"喇他""拉塔"转化而来,有"虎首""虎辰"之意,"老聃"可能为老子的别名,也可能指老子出生在虎年或虎日。"虎"字在楚地被称为"李","李耳"在发音上则与母虎的称呼"李尼"是相近的⑦。

龚维英的《老聃新考》认为,"老"是老子的姓,"聃"不一定是老子的字,而应为"耽"字。因为老子本为陈国人,陈国位于淮河流域,这一带方言体系中,"虎"可以被称作"李耳","耽"也有虎视眈眈之义,正与"李耳"相对应。正由于这一原因,"李耳"应当是老子的绰号,后人误以为老子姓"李"了⑧。

---

① 胡适:《中国哲学史大纲》,北京:中华书局2015年版,第39页。
② 罗根泽:《古史辨》第4册,上海:上海古籍出版社1982年版,第352页。
③ 同上。
④ 罗根泽:《古史辨》第6册,上海:上海古籍出版社1982年版,第95页。
⑤ 孙以楷:《老子之谜》,《安徽大学学报》(哲学社会科学版)1991年第1期,第16—17页。
⑥ 李延良:《破译千古之谜——以民族学诠释老子的姓氏、身世与归宿》,《西南民族学院学报》(哲学社会科学版)1998年第5期,第112—113页。
⑦ 刘尧汉:《中国文明源头新探——道家与彝族虎宇宙观》,昆明:云南人民出版社1985年版,第114—117页。
⑧ 龚维英:《老聃新考》,《社会科学辑刊》1988年第1期,第146页。

此外，吴光的《老子其人其书刍议》①，李承烈的《老子考辨》②，王树民的《〈古史辨〉评议》③，谢俊涛的《老子其人其书考辨》④，张松辉、王乐的《老子姓氏考》⑤，陈成吒的《老子身份信息辨证》⑥，都支持老子本姓"老"的观点。可见，"老"姓说在目前学术界几乎成了主流。

三、"老"为长寿的意思

郑玄曾在《礼记·曾子问》注中写道"老聃，古者寿考之号也"⑦，将"老聃"之"老"视作古代长寿者的称呼。近现代从这一角度分析的论著也有不少。

钱穆先生《庄老通辨》一书，对《史记》中老子姓李、名耳、字聃的说法进行了考证，认为老子是一位有着长耳朵的老人，"老聃""李耳"这些称呼符合老子长寿、白眉毛的相貌⑧。萧兵、叶舒宪指出老子并不姓"老"，只是由于老子长寿，所以被人们称为"老先生"，"老"字逐渐演变为姓氏了⑨。

吴龙辉的《说"老子"》也认为"老子"之名与老子的长寿、学说高深是有关的，因为"老"字在先秦时期备受尊崇⑩。刘雁翔指出"老"字与老子的姓氏没有关系，应与老子的年龄以及学问有关⑪。马文增的《〈史记·老子列传〉新解——兼及老学源流及其与"郭店简""清华简"等新出土文献之关系》指出，"老子"这一称呼由李耳长寿而得，如同清华简《殷高宗问于三寿》中的"少寿""高寿""高文成祖"这样的称呼一样⑫。

四、其他各种说法

"老"为字。胡适主张老子姓"老"的同时，还提出了一个大胆猜想，认为古人除了姓、名之外，还有字、号，"老"可能既不是老子的姓，也不是氏，而是老子本人的字，"子"是后缀。因为在春秋战国时，经常会把一个人的"字"放在"名"前面，比如"孔父嘉"这一

---

① 吴光：《老子其人其书刍议》，《人文杂志》1984年第5期，第64—69页。
② 李承烈：《老子考辨》，《周口师专学报》1996年第1期，第59—60页。
③ 王树民：《〈古史辨〉评议》，《河北师院学报》（社会科学版）1997年第2期，第46—48页。
④ 谢俊涛：《老子其人其书考辨》，《牡丹江师范学院学报》（哲学社会科学版）2012年第5期，第65—66页。
⑤ 张松辉、王乐：《老子姓氏考》，《湖南大学学报》（社会科学版）2013年第5期，第32—34页。
⑥ 陈成吒：《老子身份信息辨证》，《广西社会科学》2016年第7期，第168—170页。
⑦ 孔颖达：《礼记正义》卷十八，《十三经注疏》下册，影印本，北京：中华书局1980年，第1393页。
⑧ 钱穆：《庄老通辨》，北京：生活·读书·新知三联书店2002年版，第20页。
⑨ 萧兵、叶舒宪：《老子的文化解读》，武汉：湖北人民出版社1994年版，第939—948页。
⑩ 吴龙辉：《说"老子"》，《湖南大学学报》（社会科学版）2004年第1期，第9—13页。
⑪ 刘雁翔：《老子姓名籍贯考实》，《天水师范学院学报》2010年第4期，第83—85页。
⑫ 马文增：《〈史记·老子列传〉新解——兼及老学源流及其与"郭店简""清华简"等新出土文献之关系》，《老子学刊》2019年第1期，第15页。

称呼中,"父"为字,"嘉"为"名"。老子名聃、字老,名与字并用,所以在先秦古籍中都称之为老聃。古人除了在姓后面加一个"子"尊称有名望的学者外,还有在字后面加"子"的习惯。例如,孔子的学生冉求字"有"(一说"子有"),人们不叫他冉子,而称他为"有子"。所以,"老子"一名很可能属于同类情况①。

尊称说。陈景超《老子新证》一书认为,孔子尊重老师,称呼老子为"老聃",而且这一称呼流传久远,所以"老子"这一名称源自儒家人士对老子的尊称②。

自称说。江瑔的《读子卮言》一书,在考论老子的姓名时认为"老子"是自称,"老子者,世为楚子,姓李名耳,字曰聃,自号老子,因称曰老聃,又曰老眈,曰老儋"③。

职官说。杨向奎的《论"道"》一文,依照《国语·楚语》中有关史老的记载,并根据古代学者不少以所任官职名称为姓氏这一常例,对老子的姓名进行考证,主张"老子"是由老子所任职"史老"而得。同时对老子姓李的说法持否定态度,认为这可能是后人附会之说④。张丹梅、房国栋的《从"天子之老"到"老子"——刍议李耳为何被称为"老子"》,从"天子之老""最为老师""道的光辉"这三个方面解释"老子"称谓由来,认为李耳被称为"老子"与老子曾担任"周守藏之史"、学识资历、"道"的学说是有关的⑤。

神话传说。相传老子母亲怀胎八十一年才生下老子,他一出生胡须眉毛都是白的,而且是从胳肢窝里生出来的,如唐代张守节《史记正义》引《玄妙内篇》曰:"李母怀胎八十一载,逍遥李树下,乃割左腋而生。"⑥三国时期葛玄在《老子道德经序诀》中说:"生即皓然,号曰老子。"⑦老子出生时就已经有八十余岁,头发发白,属于年纪很大的孩子,"老子"由此得名。

道教道号说。道教人士认为老子并不是一个名,而是道号。《史记正义》引唐代道士张君相的说法,"老子者是号,非名。老,考也。子,孳也。考教众理,达成圣孳,乃孳生万物,善化济物无遗也"⑧。换句话说,老子是道教的开山祖师,其广博的学说恩泽了历朝历代的道教人士。

---

① 胡适:《中国哲学史大纲》,北京:中华书局2015年版,第38—39页。
② 陈景超:《老子新证》,詹石窗主编:《百年道学精华集成》第一辑,上海:上海科学技术文献出版社2018年版,第321页。
③ 江瑔著,张京华点校:《读子卮言》,上海:华东师范大学出版社2012年版,第91页。
④ 杨向奎:《论"道"》,《云南社会科学》1991年第4期,第32页。
⑤ 张丹梅、房国栋:《从"天子之老"到"老子"——刍议李耳为何被称为"老子"》,《潍坊学院学报》2019年第3期,第73—75页。
⑥ 司马迁:《史记·老子韩非列传》,北京:中华书局1959年版,第2139页。
⑦ 张继禹主编:《中华道藏》第9册,北京:华夏出版社2004年版,第185页。
⑧ 司马迁:《史记·老子韩非列传》,北京:中华书局1959年版,第2139页。

五、结语

　　总之，目前关于老子称谓由来的说法，不下十余种。其中流传至今、为大家熟知的神话传说，虽然美丽动人，但完全违背了正常的生理知识，荒诞无稽。"老子"为道教道号的说法，起源较晚，也不可信。有的如胡适关于"老"是字的说法，观点新颖，但尚属"大胆假设"，证据还显不足。至于"老"为姓，还是氏，或者为长寿的意思，哪一种说法与当时的情况更吻合，目前还难以断定，因为连身处西汉的司马迁为老子做传，都无法确定老子的身份，"或曰：老莱子亦楚人也，著书十五篇，言道家之用，与孔子同时云。盖老子百有六十余岁，或言二百余岁，以其修道而养寿也……或曰儋即老子，或曰非也，世莫知其然否"①。所以，上述诸说谁为定论，仍无法判别，需要继续寻找证据。此外，我们还期待将来有早于太史公的相关文献出土，或许可以解决这一千古疑案。

---

① 司马迁：《史记·老子韩非列传》，北京：中华书局1959年版，第2141–2142页。

从字用角度再论《老子》"水善利万物而有静"

高艺鹏[*]

内容提要：马王堆帛书《老子》甲本中有"水善利万物而有静"一句，与今本不同。学者都承认此句最后一字存在文字通假现象，但是"静"和"争"哪一个是本字，哪一个是通假字，学者并未给出客观的判断依据。本文通过对比帛书《老子》甲乙本、北大简本相关字的用字情况，分析马王堆帛书以及郭店简、上博简、清华简三种楚简中相关字的用字情况，认为帛书《老子》甲本当中"有静"应该读为"有争"。至于帛书本、北大简本的"有争"和通行本的"不争"之间的关系，本文认为刘殿爵的"连读说"有一定合理性，通行本"不争"可能是后人重新断句后改动的结果。

关键词：帛书；《老子》；字用；"有静"；"有争"

一、引言

《老子》一书流传至今，版本纷纭，批注众多。自20世纪70年代以来，马王堆帛书甲乙本、郭店简本、北大简本陆续出现在世人面前，这使我们能够有幸目睹战国至西汉的《老子》古本。随着对新材料的深入分析、解读，许多长时间悬而未决的问题终成定案。但新材料也带来了诸多意想不到的新问题，"水善利万物而不争"即是其中一例。出土与传世文献当中此句分别作：

> 上善治（似）水，水[①]善利万物而有静……夫唯不静，故无（无）尤。（帛甲本）
> 上善如水，水善利万物而有争……夫唯不争，故无（无）尤。（帛乙本）

---

[*] 高艺鹏，中国人民大学国学院硕士研究生在读，研究方向为汉语言文字学。
[①] 此处两个"水"字在帛甲本中用重文号表示，帛乙本也如此。

上善如水，水善利万物而有静……夫唯不争，故无尤。（北大简本）
上善若水，水善利万物而不争……夫唯不争，故无尤。（傅奕本）
上善若水，水善利万物而不争……夫唯不争，故无尤。（河上公本）
上善若水，水善利万物而不争……夫唯不争，故无尤。（王弼本）①

分歧之处在于传世本均作"而不争"，但帛甲本作"而有静"，帛乙本、北大简本作"而有争"。学者们围绕此句展开了充分讨论，却仍无定论。各家观点在细节上虽稍有差别，但就其主旨而言可以总结为三大类。因对此句进行研究的专家学者就笔者所见已不下数十家，此处仅在每种观点下略举数家。

（一）"有静"读为"不争"

文物出版社于1976年②和1980年③先后出版了帛书《老子》的释文。在这两版释文中，整理者均将"静"读为"争"，并认为结合上下文意，认为"疑通行本是"。张岱年认为从上下文以及全书来看，通行本不误，并进一步推测帛书"有"字可能为"弗"字之误④。韩禄伯（Robert G. Henricks）认为此处当作"争"。并且与张岱年相同，韩氏推测"有"可能是"弗"的笔误。值得注意的是韩禄伯已经提到通过排比字用来推断此处是"争"还是"静"⑤。

（二）"有静"读为"有（又）争"

罗尚贤认为乙本"有争"为是，意为"争着施利"，而下文"夫唯不争"乃"不争夺"⑥。刘殿爵同样赞同"有争"，但他并不以"争"字为句，而与下文"居众人之所恶"连

---

① 本文所引《老子》各版本依据如下：帛书甲乙本依据湖南省博物馆、复旦大学出土文献与古文字研究中心编纂，裘锡圭主编：《长沙马王堆汉墓简帛集成》第1—7册，北京：中华书局2014年版（下简称《集成》）。北大简本依据北京大学出土文献研究所编：《北京大学藏西汉竹书》第2册，上海：上海古籍出版社2012年版（下简称《竹书》第2册）。傅奕本依据汤一介主编《道书集成》卷三，北京：九洲图书出版社1999年影印明正统道藏本。河上公本依据王卡点校：《老子道德经河上公章句》，北京：中华书局1993年版。王弼本依据王弼注，楼宇烈校释：《老子道德经注校释》，北京：中华书局2008年版。下文引用《老子》原文及注文时不再一一标明页码。
② 马王堆汉墓帛书整理小组编：《马王堆汉墓帛书·老子》，北京：文物出版社1976年版，释文第20页，注释第30页。
③ 国家文物局古文献研究室编：《马王堆汉墓帛书》第1册，北京：文物出版社1980年版，释文第10页，注释第14页。
④ 张岱年：《中国哲学史史料学》，北京：生活·读书·新知三联书店1982年版，第43页。
⑤ ［美］韩禄伯（Robert G. Henricks）著，邢文改编，余瑾翻译：《简帛老子研究》，北京：学苑出版社2002年版，释文第186页，注释第223页。他提到帛乙本通篇"静""争"二字区分分明，通行本中的"静"与"争"在乙本中也分别作"静"与"争"。
⑥ 罗尚贤在1989年出版的《老子通解》当中认为帛甲本"有静"、帛乙本"有争"，均与下文"不静""不争"矛盾，"原文如何，有待更多文物出土而断"。而在1996年出版的增订本当中以乙本为是。而在2014年出版的《老子精讲》中对"有争"又有新的阐发。（罗尚贤：《老子通解》，广州：广东高等教育出版社1989年版，第75页；罗尚贤：《老子通解》（增订本），广州：广东高等教育出版社1996年版，第89页；罗尚贤：《老子精讲》，广州：广东经济出版社2014年版，第74—75页。）

读,意为"水不但善利万物,而且又争居众人所恶之处"①。崔晓姣以北大简本为依据,认为原文作"有争"的可能性更大,帛甲本之"静"乃假借字,并以《老子》"正言若反"的表达方式为切入点,对"有争"和下文"夫唯不争"进行了统一解释②。与韩禄伯相似,崔文中也对字用进行了简要分析。

(三)"有静"确为"有(又)静"

高明一方面认为整理者以今本为是的观点可从,又认为帛书用字不严,乙本"有争"可读为"有静",并将"有"训为"求取","有静"意即"取于清静"③。鲍则岳(William G. Boltz)在对比帛书甲乙本、通行本、想尔注本之后认为帛甲本为是,意为"显露静默"(manifests quiescence),并认为通行本作"不争"乃后世所改以合文意④。北大简整理者认为北大简之"有争"当如帛甲本读为"有静","不争"乃后人误解而改⑤。朱怀清通过排比帛书《老子》记录{争}和{静}的用字规律,认为帛甲本此处前一个"静"为本字,后一个"静"为借字⑥。

综上所述,学者们在这一问题上可谓各抒己见,其观点均有各自的依据,但也都面临需要解释的问题,现略述如下:

第一种观点将"有静"读为"不争",主要依据是上下文意(特别是下文"夫唯不争"一句)以及全书思想。其说最大问题在于如何解释帛书本的肯定表述(即"有")是如何变成传世本中的否定表述(即"不")。对此,学者或认为有讹误,或认为有脱漏,但终归是推测之语。特别是北大简本问世之后,早期传本中竟又多一"误写",似乎令人难以信服。

第二种观点将"有静"读为"有争",肯定了"有"字,就面临着如何解释"有争"与下文"不争"之间的矛盾。对此,学者从思想、训诂、句读等角度给出了数种处理方式。其中从思想或句读的角度进行阐释的观点,为我们提供了理解《老子》的新思路。

第三种观点认为"有静"确为"有静",与第二种观点类似,也面临着"有静"与下文

---

① 刘殿爵:《马王堆汉墓帛书〈老子〉初探》(上),《明报月刊》1982年第8期,第17页。
② 崔晓姣:《"水善利万物而有争"——从北大汉简〈老子〉看〈老子〉第八章及〈老子〉文本的发展与演变》,《中国哲学史》2015年第1期,第5—11页。文章指出"在北大《老子》中,所有使用'静'字之处皆用本字,未曾使用假借字",并认为"而在'水善利万物而有争'一句中,'有争'并不是一种与'无争'相对立的行事方式。相反,它蕴含在'无争'之中,所代表的是一种通过'无争'而达到的最终状态",并认为《老子》这种"正言若反"的表达方式使得表层意思显示出矛盾,导致文本在流传过程中被修改成传世本的样子。
③ 高明:《帛书老子校注》,北京:中华书局1996年版,第253—258页。
④ William G. Boltz, *The religious and philosophical significance of the 'Hsiang erh' Lao Tzu* 相尔老子 *in the light of the Ma-wang-tui silk manuscripts*, Bulletin of the School of Oriental and African Studies, No. 1 (1982), p. 100. 他认为乙本"争"为"静"之假借,此句原本并无"不"字,当作"争"的乙本流传于世且人们不再知晓其本来面目之后,为了使文意顺畅才将"有"改为"不"。此文经卜宪群、孙晓翻译成中文,题为《从马王堆帛书看老子想尔注的宗教与哲学意义》,收录于《简帛研究译丛》第一辑,中国社会科学院简帛研究中心编:《简帛研究译丛》第一辑,长沙:湖南出版社1996年版,第97页。
⑤ 《竹书》第2册,第147页。
⑥ 朱怀清:《〈老子〉楚简本、帛书本和王弼本之异文研究》,成都:四川大学出版社2015年版,第59—61页。

"夫唯不静"之间的矛盾。对此,多数学者将"夫唯不静"理解为"夫唯不争"的通假。这样处理之后,"有静"和"不争"不再冲突,但这就导致帛书本的用字成了任意解释的对象,失去了文本的客观性。

我们认为,无论采取哪种观点,都要面对如何解释古本与今本之间存在的客观差异。要想解决这一问题,首先要确定古本与今本之间的关系,而学界对此尚无定论①。因此我们不妨先将目光锁定在帛书本本身,则我们首先需要判断的就是此处记录的词究竟是{静}还是{争}。通过上文对前人观点的梳理我们可以看到,学者对于此处究竟何为本字、何为借字实际上是取决于自身的观点立场,而我们希望找到一个更为客观、独立的标准来判断这一问题。

文字,作为记录语言的符号,其形、音、义、用均处在发展变化的过程当中,汉字自然也不例外。裘锡圭曾指出:"文字的用法,也就是人们用哪一个字来代表哪一个词的习惯,古今有不少变化。"② 这提示我们在判断某个字形记录的是哪个词的时候,要充分了解当时人们的用字习惯。本文即通过对马王堆帛书以及部分战国楚简当中"静""争"及其他相关字的字用情况进行分析,从字用角度为解决通假问题提供更为合理、客观的依据③。

二、帛书《老子》甲乙本相关字字用情况分析

有关马王堆帛书中的通假字的研究,前人已有不少论述,包括期刊文章④、学位论文⑤以及专著⑥。这些文章或专著选取了马王堆帛书中的某一部分内容(如帛书《老子》、帛书《周易》,或整理出版的某一册、某几册),对其中的通假现象进行了综合研究。其内容多数为对通假现象按照不同标准进行分类,然后从文字演变、音韵等角度进行分析,虽有提到"争""静"等字,但仅是作为基础材料出现,并未对它们进行针对性研究。而上文提到的韩禄伯、崔晓姣、朱怀清三位学者均从字用角度进行了初步考察,但得出的结论却各不相同。下文将在前人的基础上进行更深一步的讨论和分析。

首先我们将王弼本中除"水善利万物而不争"和"夫唯不争,故无尤"两句之外含有

---

① 相关讨论可参见李存山:《〈老子〉简、帛本与传世本关系的几个模型》,《中国哲学史》2003年第3期,第70—74页。
② 裘锡圭:《考古发现的秦汉文字资料对于校读古籍的重要性》,《中国社会科学》1980年第5期,第24页。
③ 由于本文关注点在于字用,因此"静""争"等字的本义究竟为何对我们没有影响,故不做过多涉及。
④ 如徐莉莉:《论〈马王堆汉墓帛书〉(肆)的声符替代现象及其与"古今字"的关系》,《华东师范大学学报》1997年第4期,第90—96页;姚一斌:《帛书〈老子〉假借字考》,《云南师范大学学报》2001年第3期,第94—98页。其中姚一斌认为此处"静"为本字,见其文第97页。
⑤ 吴云燕:《马王堆汉墓帛书通用字研究》,华东师范大学硕士学位论文,2006年,第22页。文中将"水善利万物而有静"的"静"字看作"争"的通假,但并未给出这样处理的理由,而此处通假是需要论证的内容。
⑥ 沈祖春:《〈马王堆汉墓帛书[壹]〉假借字研究》,成都:巴蜀书社2008年版,第58页。书中将此处"静"看为"争"的通假字,但同样没有给出这样处理的理由。

"静""争"的句子列出，括号内为王弼本章数：

1. 孰能浊以静之徐清？（十五章）
2. 致虚极，守静笃。（十六章）
3. 归根曰静，静曰复命。（十六章）
4. 重为轻根，静为躁君。（二十六章）
5. 不欲以静，天下将自定。（三十七章）
6. 躁胜寒，静胜热，清静为天下正。（四十五章）
7. 我好静而民自正。（五十七章）
8. 牝常以静胜牡，以静为下。（六十一章）

1. 不尚贤，使民不争（三章）
2. 夫唯不争，故天下莫能与之争。（二十二章）
3. 以其不争，故天下莫能与之争。（六十六章）
4. 是谓不争之德。（六十八章）
5. 天之道，不争而善胜。（七十三章）
6. 圣人之道，为而不争。（八十一章）

以上王弼本当中的 8 句 11 个"静"字以及 6 句 8 个"争"字在释读方面应当不存在争议。为行文方便，我们用"静"或"争"加序号代指该字，如一句内有两个"静"或"争"字则分 a、b。如"静 3b"指第十六章"静曰复命"的"静"字。

在分析帛书本之前，我们先来看同为古本的北大简本用字情况：

表 1-1　北大简本记录｛静｝所使用字形

静 1	静 2	静 3a	静 3b	静 4	静 5	静 6a	静 6b	静 7	静 8a	静 8b
静	—①	静	静	静	静	静	静	静	静	静

表 1-2　北大简本记录｛争｝所使用字形

争 1	争 2a	争 2b	争 3a	争 3b	争 4	争 5	争 6
争	争	争	争	争	争	争	争

从表格中我们可以看出，北大简本此处的用字习惯和王弼本是完全相同的，"静"与"争"分用划然。

---

① 此句北大简本作"至（致）虚，极；积正，督（笃）"，并未使用｛静｝或｛争｝这两个词中的一个。

接下来再看帛乙本用字情况：

表 2-1　帛乙本记录〔静〕所使用字形

静1	静2	静3a	静3b	静4	静5	静6a	静6b	静7	静8a	静8b
靜	靜	靜（字下有重文符）		靜	靜	缺	缺	靜	靜	靜

表 2-2　帛乙本记录〔争〕所使用字形

争1	争2a	争2b	争3a	争3b	争4	争5	争6
争	争	争	争	争	争	—①	争

从表格中我们可以看出，帛乙本在〔静〕和〔争〕这两个词的用字上已经形成了严整的对立关系，二者并无相混，只是记录〔静〕的字形与后世稍异。以上分析说明帛乙本和北大简本在〔静〕和〔争〕的用字上有着严格的区别，而这两种版本在"水善利万物而有争"和"夫唯不争，故无尤"两句中均使用了"争"字。依照其用字情况，我们应该可以推断在帛乙本和北大简本当中，"水善利万物而有争"和"夫唯不争，故无尤"两句里的"争"不太可能是"静"的通假字②。

接下来再看帛甲本的用字情况：

表 3-1　帛甲本记录〔静〕所使用字形

静1	静2	静3a	静3b	静4	静5	静6a	静6b	静7	静8a	静8b
情	情	缺	缺③	清	情	靓	靓	静	靓	靓④

表 3-2　帛甲本记录〔争〕所使用字形

争1	争2a	争2b	争3a	争3b	争4	争5	争6
缺	争	争	净	净	净	缺	缺

---

① 此句帛乙本作"天之道，不单（战）而善朕（胜）"，并未使用〔静〕或〔争〕这两个词中的一个。
② 马王堆帛书中确实有一例使用"争"记录〔静〕（见后文讨论），则我们不能完全排除帛乙本与北大简本中这两处"争"记录〔静〕的可能性。但是从整体比例上看，帛乙本与北大简当中的"争"，记录〔争〕的可能性更大。
③ 张艳：《帛书〈老子〉甲乙本性质试探》，《语言研究》2017年第4期，第79页脚注3，认为此处为"静"字，但查图版可知此处作 ▨，仅保留重文符号，原文如何，不得而知。图版见《集成》第1册，第100页。沈祖春：《〈马王堆汉墓帛书［壹］〉假借字研究》，第39页，列出"情"通"静"有四例，分别在图版第121、122、123、169列。沈书以文物出版社1980年出版的《马王堆汉墓帛书》第1册为研究材料。查此书图版可知，第121列为我们的静1，第122列为我们的静2，第169列为我们的静5，所谓第123列并无"情"字。实际上第123列最上即为保留下来的重文符。《马王堆汉墓帛书》第1册整理者释文有误，见此书《老子》甲本释文部分第11页，沈书可能因此而误。吴云燕：《马王堆汉墓帛书通用字研究》，第27页，也认为"情"通"静"有四例，可能也是受到整理者释文的影响。《集成》释文不误，见《集成》第4册，第41页。
④ 此处图版作 ▨，仅留"青"字左上角的一部分，整理者认为是"靓"。图版见《集成》第1册，第97页，第48列。

从表格中我们可以看出，比起帛乙本和北大简本，帛甲本在记录｛静｝和｛争｝时用字较为混乱，似乎没有经过统一规范。就现存部分来看，帛甲本在记录｛静｝时，可以使用"情""清""靓""静"，而帛乙本只用"靜"；帛甲本在记录｛争｝时可以使用"争""诤"，而帛乙本只用"争"。帛甲本的这一特点在记录其他词的用字选择中也可见一斑，见下表：

表 4—1　帛甲本与帛乙本部分字词关系对应情况对照表

被记录词	帛甲本用字	帛乙本用字	王弼本文本	王弼本章数
｛终｝	冬	冬	故飘风不终朝	二十三章
	冬	冬	骤雨不终日	二十三章
	众	冬	是以圣人终日行不离辎重	二十六章
	—①	—②	以其终不自为大	三十四章
	终	冬	终身不勤	五十二章
	终	冬	终身不救	五十二章
	终	冬	终日号而不嗄	五十五章
	冬	缺	是以圣人终不为大	六十三章
	故终于无（无）难	（缺）	（故终无难矣）③	（六十三章）
	终	冬	慎终如始	六十四章
｛圣｝	声	耴	是以圣人处无为之事	二章
	声	耴	是以圣人之治	三章
	声	耴	圣人不仁	五章
	声	耴	是以圣人后其身而身先	七章
	声	耴	是以圣人为腹不为目	十二章
	声	耴	绝圣弃智	十九章
	声	耴	是以圣人执一	二十二章
	—④	—⑤	是以圣人终日行不离辎重	二十六章
	声	耴	是以圣人常善救人	二十七章
	缺	耴	圣人用之则为官长	二十八章
	声	耴	是以圣人去甚	二十九章

---

① 此句帛甲本作"以其不为大也"。
② 此句帛乙本作"以亓（其）不为大也"。
③ 帛甲本此句所处位置相当于王弼本的"为大于其细"与"天下难事必作于易"之间，但王弼本、帛乙本、北大简本、郭店甲本此处均无此句，而均在章末有类似句。王弼本作"故终无难矣"，帛乙本仅存一"故"字，北大简本作"故终无难"，郭店甲本作"古（故）夂（终）亡（无）堇（难）"。因此表格中用（）表示。郭店甲本见丁四新：《郭店楚竹书〈老子〉校注》，武汉：武汉大学出版社2010年版，第96页。
④ 此句帛甲本作"是以君子众（终）日行，不离其甾（辎）重"。
⑤ 此句帛乙本作"是以君子冬（终）日行，不远亓（其）甾（辎）重"。

续表1

被记录词	帛甲本用字	帛乙本用字	王弼本文本	王弼本章数
{圣}	声①	耴②	以其终不自为大，故能成其大	三十四章
	缺	缺	是以圣人不行而知	四十七章
	缺	耴	圣人无常心	四十九章
	圣	耴	圣人在天下歙歙	四十九章
	圣	耴	圣人皆孩之	四十九章
	缺	耴	故圣人云	五十七章
	缺	—③	是以圣人方而不割	五十八章
	圣	耴	圣人亦不伤人	六十章
	圣	缺	是以圣人终不为大	六十三章
	缺	耴	是以圣人犹难之	六十三章
	缺	耴	是以圣人无为	六十四章
	缺	耴	是以圣人欲不欲	六十四章
	圣	耴	是以欲上民④	六十六章
	—⑤	—⑥	是以圣人处上而民不重	六十六章
	圣	耴	是以圣人被褐怀玉	七十章
	圣	耴	圣人不病	七十一章
	缺	耴	是以圣人自知	七十二章
	—⑦	—⑧	是以圣人犹难之	七十三章
	缺	耴	是以圣人为而不恃	七十七章
	圣	耴	是以圣人云	七十八章
	圣	耴	是以圣人执左契	七十九章
	圣	耴	圣人不积	八十一章
	缺	—⑨	圣人之道	八十一章

① 此句帛甲本作"是【以】声（圣）人之能成大也，以其不为大也，故能成大"。"【】"表示"文字已完全残失者，凡能根据上下文例参照他本或其他古书确切补出的，一般在释文中补入"。（《集成》第1册的整理凡例第八条）
② 此句帛乙本作"是以耴（圣）人之能成大也，以亓（其）不为大也，故能成大"。
③ 此句帛乙本作"是以方而不割"。
④ 此句王弼本无"圣"字，帛甲本作"是以圣人之欲上民也"，帛乙本作"是以耴（圣）人之欲上民也"。
⑤ 此句帛甲本作"居上而民弗重也"。
⑥ 此句帛乙本作"故居上而民弗重也"。
⑦ 此句帛甲本无。
⑧ 此句帛乙本无。
⑨ 此句帛乙本作"人之道"。

由上表可以看出，帛甲本在记录｛终｝时，可以使用"冬""众""终"，帛乙本只用"冬"；帛甲本在记录｛圣｝时，可以使用"声""圣"，帛乙本只用"耶"。由此观之，帛乙本的用字应当受到了某一规范的制约，与帛甲本较为随意的用字情况不同。这可以进一步说明帛乙本中"水善利万物而有争"以及"夫唯不争"两句中的"争"字，应当记录的就是｛争｝这个词。而从以上表格中可以看出，帛甲本与帛乙本的差异仅是用字不同，记录的词却是一个。以此推算，帛甲本"水善利万物而有静"以及"夫唯不静"的"静"字，记录的词为｛争｝的可能性似乎更大一些。

但在表格3-1中我们看到，帛甲本确有一处使用"静"字记录｛静｝，似乎给问题句的两个"静"可能记录｛静｝提供了证据。然而当我们对帛甲本的用字情况进行进一步的分析之后，就会发现这样的可能性也是很小的。

张艳已经注意到"帛书《老子》甲本的特殊情况在于：书'圣'字时，上篇全用通假字'声'，下篇全用本字"①。我们认为这样的划分是有道理的。根据表格3-2的统计，我们可以发现：上篇记录｛圣｝全用"声"字，下篇记录｛圣｝全用"圣"字；上篇记录｛终｝2次用"冬"，1次用"众"，下篇记录｛终｝5次用"终"，1次用"冬"。虽然存在个别例外，但是上下篇用字不同的趋势大体还是明显的②。

那么帛甲本在我们关注的问题上是否也存在这样的倾向呢？请看下表：

表5-1　帛甲本上下篇记录｛静｝｛争｝两词用字情况

｛静｝		｛争｝	
上篇	下篇	上篇	下篇
靓4 静1	情3 清1	诤3	争2
备注：帛甲本上篇共出现｛静｝5次，保留完整。下篇共出现｛静｝6次，残缺2处。		备注：帛甲本上篇共出现｛争｝5次，残缺2处。下篇共出现｛争｝3次，残缺1处。	

从表中我们可以看出在记录｛静｝和｛争｝这两个词的时候，帛甲本的上篇和下篇仍然显示出不同的用字倾向。这样的倾向至少说明在记录某些词时，帛甲本的上下篇有着不同的用字习惯。而｛静｝这个词恰好就属于这样的情况——在帛甲本的上下篇中选择不同的字来记录。而表格3-1显示的用"静"来记录｛静｝的情况属于帛甲本上篇，而我们要讨论的问题句属于帛甲本下篇，二者应当分别对待，不能用上篇的用字情况来推测下篇的用字情况。

---

① 张艳：《帛书〈老子〉甲乙本性质试探》，第80页。
② 王弼本一至三十七章为上篇，三十八至八十一章为下篇；帛书《老子》甲乙篇的上下篇的顺序与传世本正好相反。

三、马王堆帛书除《老子》外其余部分相关字字用情况分析

在对帛书本《老子》的字用情况进行分析过后，有必要将材料范围扩大到整个马王堆竹简帛书，分析相关字在整体环境中的使用情况。我们考察的重点在于记录｛静｝｛争｝两词的用字情况。我们的目的有二：一是验证《老子》乙本当中存在的"䶂"与"争"分用划然的现象是否存在于整个帛书当中；二是判断《老子》甲本在记录｛静｝时上下篇中的用字习惯哪一种与帛书整体更为接近，哪一种需要与其他材料进行比对。

（一）记录｛静｝的用字情况

根据我们的统计，在除《老子》甲乙本之外的马王堆竹简帛书所有可识别的字当中，｛静｝共出现73次，62次用"䶂"字记录，9次用"静"记录，1次用"积"记录，1次用"争"记录。

62例"䶂"字当中，《二三子问》1例，《系辞》3例，《衷》11例，《缪和》1例，《经法》19例①，《十六经》17例②，《称》1例，《道原》2例，《刑德》乙篇3例，《相马经》2例，《胎产书》2例。《二三子问》《系辞》《衷》《缪和》③《经法》《十六经》《称》《道原》④与《老子》乙本抄写时间接近，《刑德》乙篇⑤、《相马经》⑥抄写时间可能比《老子》乙本略早一些，《胎产书》的抄写时间可能更早一些⑦。结合《老子》乙篇的8例，可以看出这

---

① 包括《道法》2例，《君正》1例，《四度》4例，《论》6例，《亡论》2例，《名理》4例。
② 包括《观》5例，《五正》1例，《果童》2例，《正乱》2例，《姓争》4例，《顺道》3例。
③ 张政烺认为："从字体观察，此卷盖写于汉文帝初年，约当公元前180—前170年。"（张政烺：《帛书〈六十四卦〉跋》，《文物》1984年第3期，第9页。）此文后收入张政烺著，李零等整理：《张政烺文集·论易丛稿》，北京：中华书局2012年版，引文见其第59页。需要注意的是张政烺所谓"此卷"指的是抄有《六十四卦》与《二三子问》的卷子，而《系辞》《衷》《要》《缪和》《昭力》五篇抄在另一幅卷子上，张氏并未提及。于豪亮认为"因此，帛书可称为别本《周易》，它的卦序简单，可能是较早的本子。从字体看，抄书的时代应在汉文帝初年"。（于豪亮：《帛书〈周易〉》，《文物》1984年第3期，第24页。）从于文开头将帛书《周易》分为三部分来看，此处抄写年代应该是就两幅卷子共同而言。池田知久认为帛书《周易》（笔者按：指两幅卷子的所有内容）的抄写年代当为"西汉文帝期的前半段，即公元前179—前168年，并且是在这段时间的初期"。（池田知久：《马王堆汉墓帛书〈周易·要篇〉的成书年代》，《简帛研究译丛》第一辑，第111页。）
④ 《经法》《十六经》《称》以及《道原》由于抄写在《老子》乙本之前，所以最初被整理者称为"《老子》乙本卷前古佚书"。整理者认为整卷帛书的抄写年代可能在文帝时期（前179—前169）。（《集成》第4册，第125页。）
⑤ 整理者认为，《刑德》乙篇的抄写年代应当在汉惠帝七年（前188）至汉文帝前元十二年（前168）之间。（《集成》第5册，第31页。）
⑥ 马王堆汉墓帛书整理小组认为《相马经》字体为隶书，谢成侠认为其字体"和同时出土的《老子》乙本（原注：参见《文物》1974年第7期，图版8）可说是同一手笔，虽则大部分是汉隶，其中还有不少小篆和秦隶"。（马王堆汉墓帛书整理小组：《马王堆汉墓帛书〈相马经〉释文》，《文物》1977年第8期，第17页；谢成侠：《关于长沙马王堆汉墓帛书〈相马经〉的探讨》，《文物》1977年第8期，第23—24页。但两篇文章均未对抄写时间给出论断。）贺润坤认为帛书《相马经》"字为隶书，据推断可能抄于惠帝、吕后时期"。（贺润坤：《从云梦秦简〈日书〉看秦国的六畜饲养业》，《文博》1989年第6期，第66页。）
⑦ 《胎产书》字体与睡虎地秦简类似，且未避吕雉讳，学者推测其抄写时间可能在汉高祖在位（前206—前195）以前。（陈红梅：《马王堆医书抄录年代研究概况》，《中医文献杂志》2009年第6期，第51—52页。）

些大部分抄写于西汉惠帝至文帝时期的帛书十分统一地使用"䌼"字来记录{静}，应当是文字规范的结果。

9例"静"字中，《五星占》3例，《刑德》甲篇3例，《十问》2例，《天下至道谈》1例。《刑德》甲篇抄写年代与《老子》甲篇相近①。《十问》与《天下至道谈》用隶书抄写，抄写时间可能稍晚一些②。《五星占》的抄写时间与《老子》乙本近似③。对比抄写年代略早的《胎产书》却使用"䌼"字，似乎可以说明在西汉初期，文字规范的影响力还不够强大。从下文将要分析的记录{争}的用字情况来看，即使到文帝时期，文字规范也尚未对书写习惯形成绝对有力的影响。帛书《老子》甲本用"静"来记录{静}与这9例相同。

1例"积"出现在《系辞》当中，可算作一种特殊情况④。

1例"争"出现在《十六经·姓争》当中，相比于另外60例"䌼"字，这一例更有可能是由于抄手失误而导致的例外。这一例的前三例和后一例均用"争"字记录{争}，而再往后连续4例则均为"䌼"字。这一例可能由于出现在"争"字之间，没有与其余的"䌼"字相连，因而受到影响而误写。

此外，尤其需要我们注意的是，在记录{静}时，未见一例如帛甲本下篇使用"清""情"二字，而帛甲本上篇虽然使用"靓"字与帛书其他部分不同，但是使用"静"字记录{静}可以找到相同的例子。这可以说明在记录{静}时，帛甲本上篇与帛书整体的用字习惯更为接近。由于帛甲本抄写年代在全体帛书中属于较早的一类，则帛甲本下篇用"清""情"二字记录{静}不应当是后世用字习惯的体现，而更可能是保留了更早的用字习惯。

（二）记录{争}的用字情况

根据我们的统计，在除《老子》甲乙本之外的马王堆竹简帛书所有可识别的字当中，{争}共出现48次，33次用"争"记录，8次用"诤"记录，3次用"挣"记录，1次用"䌼"记录，1次用"静"记录。

5例"诤"字当中，《战国纵横家书》4例，《九主》2例，《经法》1例（《亡论》篇），《天文气象杂占》1例。《九主》⑤抄写时间与《老子》甲本相同。《天文气象杂占》⑥抄写时

---

① 学者认为《刑德甲篇》抄写年代应当在汉高祖十一年（前196）至十二年（前195）之间。（《集成》第5册，第2页。）
② 学者认为其抄写时间约为西汉初年。（陈红梅：《马王堆医书抄录年代研究概况》，第52页。）
③ 根据《五星占》中的天象记录截止到汉文帝三年（前177）以及马王堆三号墓的下葬时间（前168），学者推定《五星占》的抄写年代约在公元前170年左右。（刘云友：《中国天文史上的一个重要发现——马王堆汉墓帛书中的〈五星占〉》，《文物》1974年第11期，第28页。）
④ 整理者："'龙蛇'下诸家释文皆据韩本拟补为'之蛰'……缀合补足此字后似可定为'积'……疑读为'静'，与'蛰'义近。'积'与'静'声母相近，韵部锡耕阳入对转；'积'以'朿'为基本声符，王弼本《老子》第五十八章'孰能浊以静之'、第十七章'不欲以静'之'静'字，郭店简《老子》甲本皆作'朿'（分别见简9、简14），是其证。"（《集成》第3册，第78页，注释3。）
⑤ 《九主》与《五行》《明君》《德圣》四篇均抄写在《老子》甲本之后，最初被整理者称为"《老子》甲本卷后古佚书"。整理者认为"其书写风格与《老子》甲本殆同，当出同人之手"。（《集成》第4册，第57页。）
⑥ 《天文气象杂占》不避高祖讳，整理者认为"可见其抄写年代至迟不晚于西汉最初的几年"。（《集成》第4册，第245页。）

间也与《老子》甲本类似。《战国纵横家书》① 抄写时间可能比《老子》甲本稍晚一些，但差距不大。《经法》与《老子》乙本抄写年代接近（见第62页脚注4）。可见《老子》甲本上篇使用"浄"字来记录｛争｝在抄写年代相近的帛书中可以找到相同的例子，并且在之后也有延续。

33例"争"字当中，《衷》2例，《缪和》1例，《昭力》1例，《战国纵横家书》4例，《九主》2例，《十六经》15例②，《称》5例，《道原》1例，《五星占》1例，《相马经》1例。其中《五星占》的抄写时间与《老子》乙本近似（见第63页脚注4）。此33例中有27例所在帛书的抄写时间与《老子》乙本相近（除《战国纵横家书》和《九主》）。如此看来，《老子》甲本下篇用"争"来记录｛争｝的习惯似乎并非很早，与上文《老子》甲本下篇用"清""情"二字记录｛静｝更可能是保留了更早的用字习惯的推测矛盾。但是我们应当注意到在28例中还有6例所在帛书抄写时间与《老子》甲本相近，属于更早的时间段。这提示我们，用"争"来记录｛争｝的用字习惯一直都存在，并且这种用字习惯可能在更早的时期已经形成，《老子》甲本下篇用"争"来记录｛争｝可能是这种习惯的延续。

3例"挣"字当中，《经法》（《六分》篇）2例，《十六经》（《姓争》篇）1例。1例"静"字出现在《经法》（《论》篇）。1例"静"字出现在《战国纵横家书》。3例"挣"字可以说明在文帝时期文字规范还未贯彻到一字一词之上。上文提到《论》中"静"字其余六次均记录｛静｝，而此例由于上下文有衍文，导致从文义上看此处"静"字读为"争"还是"静"难以定夺。即便此例读为"争"，与"静"字总共出现63次（不算《老子》乙本），62次记录｛静｝相比，也可以算作是例外了。《战国纵横家书》用字本身比较混乱，除上文提到3例用"浄"记录｛争｝、3例用"争"记录｛争｝之外，还有2例用"浄"记录｛浄｝，则此"静"字可能也是例外③。

综上所述，除《老子》甲乙本之外，帛书共使用"静"字63次，62次记录｛静｝，1次记录｛争｝；共使用"争"字34次，33次记录｛争｝，1次记录｛静｝。则《老子》乙本中"静"与"争"分用划然的现象存在于全体帛书当中。此外，经过我们比对，在记录｛争｝｛静｝的用字上，《老子》甲本上篇似乎与帛书整体关系更为密切，而下篇的用字可能保留了更早期的用字习惯。

四、楚简中相关字字用分析

首先说明选择楚简作为对比材料的理由。顾铁符早已指出，帛书中很多字形的写法都是

---

① 《战国纵横家书》字体为古隶，避高祖讳，整理者认为其抄写时间在公元前195年前后。（《集成》第3册，第201页。）
② 包括《观》2例，《五正》7例，《姓争》4例，《行守》1例，《顺道》1例。
③ 但这一例外可能是早期用字习惯的保留，见下文。

楚文字里常见的写法①。范常喜在《马王堆简帛古文遗迹述议》一文的引言当中也列举了李学勤、裘锡圭、何琳仪等学者的观点，他们均认为马王堆帛书中抄写年代较早的部分保留了一些楚文字的字形与用字习惯。范文将帛书中的古文遗迹分为"整字及偏旁古文遗迹"和"通假古文遗迹"两种，指出"后一种较多地保留在抄本较古的古书当中，而且这些古文遗迹多为战国时楚文字的遗留"②。与吴云燕相同（见第56页脚注5），范常喜也认为"水善利万物而有静"当中的"静"为"争"之通假，但也未给出理由。我们认为这是一个需要论证的观点。

此外，对于楚系简帛的用字情况前人也有相关论述③，但与马王堆帛书通假字研究情况类似，学者们多将目光放在宏观描写上，通过对通假字进行分类，从文字演变、音韵等方面进行分析。其中禤健聪对记录｛静｝｛争｝两词的字形进行了比较细致的分析。他指出"与楚简｛争｝多记写作'静'相区别，楚简｛静｝一般记写作'青'或'靑'"④。我们基本同意禤氏的观点，但从本文需要论证的内容出发，禤氏的观点还可以做更进一步的分析。

经过初步检查各楚简相关字的使用情况，我们发现郭店简、上博简、清华简中｛争｝｛静｝等词以及相关字出现次数较多，因此以之为主要材料⑤。上文我们推测《老子》甲本下篇在记录｛争｝｛静｝时保留了更早的用字习惯，本章我们要验证楚简材料是否支持我们的推测。具体而言，我们的目的有二：一是验证用"清""情"记录｛静｝，用"争"记录｛争｝的情况在楚简中是否存在；二是验证用"靓""静"记录｛静｝，用"诤"记录｛争｝的情况在楚简中是否不存在。

首先看楚简中记录｛争｝的用字情况。见下表：

---

① 唐兰、裘锡圭等：《座谈长沙马王堆汉墓帛书》，《文物》1974年第9期，第55页。
② 范常喜：《马王堆简帛古文遗迹述议》，《出土文献研究》2014年第十三辑，第175页。文中第194页"古文通假遗迹"统计简表第09条中，范氏认为"水善利万物而有静"的"静"字为"争"之假借。但文中并未给出这样看待的理由，而此处通假是需要证明的内容。
③ 张素凤：《郭店楚简借字研究》，《励耘语言学刊》2014年第2期，第277—289页；张青松：《郭店楚简通假字初探》，华南师范大学硕士学位论文，2002年；韩同兰《战国楚文字用字调查》，华东师范大学博士论文，2003年。
④ 禤健聪：《战国楚系简帛用字习惯研究》，北京：科学出版社2017年版，第424页。关于记录｛争｝的用字见第424—425页，记录｛静｝的用字见第177—178页。
⑤ 郭店简图版依据《简帛书法选》编辑组编辑的郭店楚墓竹简系列丛书，释文参见丁四新：《郭店楚竹书〈老子〉校注》，武汉：武汉大学出版社2010年版；李零：《郭店楚简校读记》（增订本），北京：北京大学出版社2002年版；刘钊：《郭店楚简校释》，福州：福建人民出版社2005年版。上博简依据马承源主编：《上海博物馆藏战国楚竹书》（一—九），上海：上海古籍出版社2001—2012年版。清华简依据清华大学出土文献研究与保护中心编，李学勤主编：《清华大学藏战国竹简》第1—7册，上海：中西书局2010—2017年版。

6-1 郭店简、上博简、清华简记录〈争〉的用字情况

字形＼简名	郭店简①	上博简	清华简	总计
静	4	5	3	12
争	1	1	6	8
鲭	1	0	0	1
婧	1	0	0	1
请	0	0	1	1
总计	7	6	10	23

从表中我们可以看出楚简中存在用"争"记录〈争〉的情况，并且"争"字只出现这 8 次，并没有被用来记录其他词。"静"字在郭店简与清华简中也只用来记录〈争〉，在上博简中还有 2 例分别用来记录〈靖〉和〈耕〉。此外，"请"字在上博简还有 8 例用来记录〈请〉，在清华简中还有 2 例用来记录〈请〉，1 例用来记录〈情〉。

接下来再看楚简中记录〈静〉的用字情况。见下表：

表 6-2 郭店简、上博简、清华简记录〈静〉的用字情况

字形＼简名	郭店简	上博简	清华简	总计
青	1	7	0	8
青	2	0	0	2
清	1	0	0	1
朿	2	0	0	2
静	0	2	0	2
倩	0	1	0	1
情	0	0	1	1
总计	6	10	1	17

较为可惜的是这三种楚简中〈静〉这个词出现的次数并不算多，用"清""情"记录的例子仅各有 1 例，但足以证明楚简中存在这样的用字情况。除表格所列情况以外，表格中的某些字形还记录了其他词。

a. "青"字在郭店简还有 1 例记录〈情〉，上博简还有 1 例记录〈轻〉。

---

① 郭店简中有一例字形为"清"，李零读为"争"，整句释为"则民弗德争将"，见李零：《郭店楚简校读记》（增订本），第 140、142 页。刘钊读为"清"，整句释为"则民淑德清壮"，"清壮"指清新豪健，见刘钊：《郭店楚简校释》，第 133、134 页。此处暂不算此例。

b. "青"字在郭店简还有21例,其中19例记录｛情｝,1例记录｛清｝,1例记录｛请｝;在上博简还有28例,其中14例记录｛请｝,10例记录｛情｝,2例记录｛青｝,1例记录｛清｝,1例记录｛精｝;在清华简还有4例,其中2例记录｛情｝,1例记录｛青｝,1例记录｛姓｝。

c. "清"字在郭店简还有5例,2例记录｛清｝,2例记录｛精｝,1例存疑;在上博简还有7例,均记录｛清｝;在清华简还有2例,1例记录｛清｝,1例记录｛情｝。

d. "情"字在郭店简还有7例,6例记录｛情｝,1例记录｛靖｝;在上博简还有28例,27例记录｛情｝,1例记录｛请｝;在清华简还有4例,1例记录｛精｝,1例记录｛情｝,1例记录｛轻｝,1例记录｛请｝。

根据以上所列数据（包括表格和其他）,"清"字共有15例,10例记录｛清｝;"情"字共有40例,34例记录｛情｝。可见用"清""情"记录｛静｝并非两字的主要职能,但是我们也要注意到楚简材料体现出来的字用的复杂性,一字记录多词的情况比较普遍,用"清""情"记录｛静｝的情况是客观存在的,更何况清华简中｛静｝只出现一次而用"情"记录。

而《老子》甲本上篇用"靓""静"记录｛静｝,用"诤"记录｛争｝的情况全然不见于楚简之中。因此,结合上一章与本章的分析,我们可以说《老子》甲本上下篇相比,上篇记录｛静｝｛争｝的用字习惯与帛书更接近,下篇记录｛静｝｛争｝的用字习惯与楚简更接近。

而我们要讨论的"水善利万物而有静"以及"夫唯不静"属于《老子》甲本下篇的范围,其用字习惯应当与楚简更为接近,从表6-1及表格后的分析可知,在我们选取的材料内,"静"字共有16例,14例记录｛争｝,1例记录｛靖｝,1例记录｛耕｝,因此"水善利万物而有静"以及"夫唯不静"两句中的"静"字,记录的词更有可能是｛争｝,与帛乙本、北大简本相同。

五、"有争"之理解

如果上文结论成立,那么我们就面临着两个问题:一是"有争"这一看上去与《老子》不争、无为的整体思想相矛盾的表述如何成立;二是古本"有争"与通行本"不争"之间的关系。

先说第一个问题,前文介绍了学者们对于如何解释"有争"的观点。一种认为"有"是"弗"的误字。对于此观点,上文已经指出帛乙本、北大简本均作"有争",根据本文论证,帛甲本之"有静"也当为"有争",那么目前出土的三个古本均作"有争"。并且"有"与"弗"形、音、义三方面均距离较远,因此我们认为"有"是"弗"的误字的可能性较小。一种观点从思想的角度将"有争"统一于"不争"之下,可备一说。另一种观点是刘殿爵所说,将"有争"与后文"居众人之所恶"连读（见前文）。我们认为刘殿爵的观点虽然目前没有十分确凿的证据可以证明,但是有其合理性,可以启发我们对传世文献进行进一步思考。

首先,从河上公注来看,我们似乎可以为"连读"说找到一些依据。此处河上公有两条注,一条为"水在天为雾露,在地为泉源也",另一条为"众人恶卑湿垢浊,水独静流居之也"。王卡点校本将前一条注系于"水善利万物而不争"下,将后一条注系于"处众人之所恶"下①。从文意来看,前一条注仅解释了"水善利万物",但并未涉及"不争",而后一条注在解释完"众人之所恶"为"卑湿垢浊"之后突然又说"静流居之",虽然文意可通,但"静流"一语却无法与经文对应。查敦煌残卷 S477② 以及宋本河上公注③,我们可以看到前一条注系于"水善利万物"之下,接着是正文"而不争处众人之所恶",再接着是后一条注文。这似乎说明河上公原本在"争"之后也是连读的。再联系注文"静流居之"之语,似乎河上公原本"不争"也应作"有静"(读为"又静"),经文注文才可对应。依照本文观点再进一步推测,一种可能是河上公依据作"有静"的本子做"静流居之"之注,而实际上经文的"有静"当读为"有争",河上公误解了"有静"的含义;另一种可能是河上公依据的原本作"有争"(读为"又争"),其注文原本也是"争流居之",在流传过程中被改为"不争"和"静流居之"④。但无论哪种推测,从注文文意以及注文在抄本、刻本当中所处的位置来看,河上公似乎在"争"(或"静")之后不断句,并且其所据经文"不"似当作"有"。

其次,从文意上看《老子》下文云"故几于道",既言"几",则有水近道而非道两重意思。"近道"在于水能利万物、处卑下、体柔弱,而"非道"或许就在于处卑下的背后是有"争"的自觉意识,而"法自然"之道不会主动去"争"处卑下。此句下王弼注云:"道无水有,故曰'几'也。"后人多将"有""无"理解为"有形""无形"⑤,但如果此处为"有争",那么"有""无"在此处是否可以理解为对"争"的自觉性而言?王弼所见之本是否仍然作"有争"(读为"又争"),今日之"不争"为后人所改?

第二个问题,"有争"与"不争"的关系。上文对之前学者们的观点也做了相关介绍,但之前的大多数观点均是不改变断句的前提下提出的,而对于从"有争"到"不争"的演变,在"连读说"下也可以得到解释。此句若连读,则属《老子》当中较长的句子,在韵律

---

① 王卡点校:《老子道德经河上公章句》,第 28、29 页。
② 李德范辑:《敦煌道藏》第 3 册,北京:中华全国图书馆文献缩微复制中心 1999 年版,第 1323 页。
③ 四部丛刊影印上海涵芬楼借常熟瞿氏铁琴铜剑楼藏宋刊本。
④ 笔者检得日本东京国立博物馆藏有应安六年(1373)老子道德经河上公章句抄本(编号 B-3110),其注文所处位置与敦煌残卷及宋刻本相同。但"众人恶卑湿垢浊,水独静流居之也"一句注文中,"静"字正作"争"。不过在"争"字右上角似有小字批注为"静",因图版不够清晰,不敢确定小字为何。但注文作"争"十分明显,则为河上公注原本作"争"提供了版本佐证。
⑤ 苏轼云:"道无所不在,无所不利,而水亦然。然而既已丽于形,则于道有间矣,故曰'几于道'。"(范应元集注:《宋本老子道德经》,北京:国家图书馆出版社 2017 年版,第 33、34 页。)朱谦之云:"'几,近也。'道者无形,而水犹有形,故水之利万物与诸生,其为可见也,未能若道之无形施与也,故曰几于道矣。"(朱谦之:《老子校释》,北京:中华书局 2017 年版,第 33 页。)不过也有人对"几于道"有不同理解。陈徽认为:"然道体广大无穷,其德亦变化无方。水德虽善,有若'道德',然尚非'道德'之全,故曰'几于道'。王《注》:'道无水有,故曰几也。'其后,学者多从此说,以有形、无形论水、道之德。似显拘泥。"(陈徽:《老子新校释译——以新近出土诸简、帛本为基础》,上海:上海古籍出版社 2017 年版,第 39 页。)

的作用下可能会驱使人重新断句。当后人在"争"字后断句之后，则出现"有争"这一看上去与《老子》整体思想不符的表述，为求文意顺畅则改为"不争"。这样因为断句改变而对文本进行改造的例子在《老子》第一章中也可找到平行例证。王弼本第一章最后一句为"此两者，同出而异名，同谓之玄，玄之又玄，众妙之门"。帛甲本作"两者同出，异名同胃（谓），玄之有（又）玄，众眇（妙）之门"。帛乙本类似①。通行本与帛书本在文意上虽无过多区别，但帛书本"出""胃（谓）"以及"玄""门"可以押韵②，当后人将"异名"属上读之后为了使文意顺畅，又在"同胃（谓）"之后补上"之玄"，导致全句有叠床架屋之感，前半部分也不再押韵。

此外，李存山在总结之前学者关于《老子》简帛本与传世本关系的诸多"模型"之后，提出了一种新的"模型"，文中称之为"演变模型（二）"，在这一模型中，"由于传世本有竹简本（原注：以及推测性的其他简本）和帛书本两个来源，所以传世本并不一定就劣于竹简本或帛书本"。"就现有的三类《老子》版本而言，它们各有所长，我们若只根据其中的某一类来探讨老子思想的原始形态（原注：或"祖本"），条件并不成熟。"③ 按此观点来看，依据现有材料，"有争"和"不争"之间可能并没有直接的传承演变关系，何者更符合《老子》的"本意"也难以定夺，须待日后进一步研究。

六、结论

经过以上分析，我们认为马王堆帛书《老子》甲本中"水善利万物而有静""夫唯不静"中的"静"字当读为"争"。理由如下：

a. 马王堆帛书《老子》乙本中用"靖"字记录｛静｝，用"争"字记录｛争｝，二者分用划然。并且这两组字词对应关系在全体帛书中均得到很好地保持，仅有两处例外。在这两句中，《老子》乙本均用"争"字。

b. 北大简本《老子》中用"静"记录｛静｝，用"争"字记录｛争｝，二者分用划然。在这两句中，北大简本《老子》均用"争"字。

c. 马王堆帛书《老子》甲本在记录某些词时，上篇和下篇显示出明显不同的用字习惯。上篇使用"靓""静"记录｛静｝，使用"诤"记录｛争｝；下篇使用"情""清"记录｛静｝，使用"争"记录｛争｝。其中上篇使用"静"记录｛静｝以及"诤"记录｛争｝的用字习惯见于帛书其余部分，而不见于楚简（指本文所选择的郭店简、上博简、清华简，下同）当中。下篇使用"情""清"记录｛静｝见于楚简而不见帛书其余部分，使用"争"记录｛争｝

---

① 帛乙本作"两者同出，异名同胃（谓），玄之又玄，众眇（妙）之门"。
② "出"，物部；"胃（谓）"，物部，物部自押。"玄"，真部；"门"，文部，真文合韵。
③ 李存山：《〈老子〉简、帛本与传世本关系的几个"模型"》，第74页。

既见于楚简又见于帛书其余部分。而之前已有学者指出帛书的字形、用字习惯受到楚文字影响颇深。因此，我们认为帛书《老子》甲本上篇在记录｛静｝｛争｝时与楚文字用字习惯远而与帛书其余部分接近，而下篇在记录｛静｝｛争｝时更多地保留了楚文字的用字习惯。而在楚文字中，"静"多数情况下用来记录｛争｝，从不记录｛静｝，因而处于下篇的"水善利万物而有静""夫唯不静"中的"静"字当读为"争"。

有关"有争"如何理解以及"上善之水"如何从"有争"演变为"不争"，本文在介绍分析学者的诸多观点的基础上，对刘殿爵的"连读说"做了进一步的分析，认为其说有一定的合理性，可与传世文献相结合，但仍有进一步讨论的空间。

七、余论

上文在分析的过程中提到古本当中帛乙本和北大简本均作"争"，不作"静"。而在众多传世本中也有一个"古本"，就是傅奕本①。通过对比我们发现，傅奕本当中所有｛静｝都用"靖"来记录，除"水善利"两句外所有｛争｝都用"争"来记录，而"水善利"两句作"争"（见前文）。傅奕本保留了较多的古字古语，而上文提到清华简中正有"静"记录｛靖｝1例。那么是否可以说明傅奕所见之古本在"水善利"两句中也作"争"而非"静"？当然，傅奕本此处与通行本同作"不争"，是"古本"如此还是傅奕校订的结果？若是"古本"如此，那"古本"与我们目前见到的简帛本以及其他传世本的关系是什么？这些问题的答案只能留待今后进一步探索了。

而传世本中还有一系作"水善利万物又不争"②，之前学者认为与"而不争"意思相同，只是表述略有差异，按本文观点来看，"又不争"之"不"是否为后人增补，原文似当为"又争处众人之所恶"。究竟是否如此，有待日后进一步研究。

---

① "唐初傅奕对于《老子》做过考订，它的本子称为古本。他所根据的古本有北齐武平五年彭城人开项羽妾冢所得的'项羽妾本'，魏太和中道士寇谦之所传的'安丘望之本'，齐处士仇岳所传的'河上丈人本'。傅奕考校诸本，校订为《老子古本篇》。其所谓'安丘望之本''河上丈人本'不一定可信。但所谓'项羽妾本'，当是出土文物，确属古本。傅奕的《古本篇》是考校多本而后写定的，不是完全依据'项羽妾本'。"（张岱年：《中国哲学史史料学》，北京：生活·读书·新知三联书店1982年版，第41页。）

② 朱谦之：《老子校释》，第32页。

老子學刊

道学研究

道教雷神崇拜与雷神图像研究

张作舟　李远国*

内容提要：宋元以来，随着道教雷法的兴起，出现了一大批名声显赫、法术甚高的雷神，他们的影响非常广泛，成为神仙谱系中最具活力的神灵。这些雷霆高真、兵将元帅，多为汉唐所未见，显为宋元时期新近出现的神灵。其形象变化多端，其神格错综复杂。

关键词：道教；雷神崇拜；图像研究

一、神霄派与雷霆九宸高真

道教雷法的盛行，与北宋神霄派的兴起有直接的关系。依据众多道经所言，神霄派在其创立之始，即以三清、三帝为其教主，神霄玉清真王为其本尊，下有神霄八帝，他们与玉清真王合称为"神霄九宸"。这是神霄派所信仰的主要尊神，亦被该派尊为历代祖师，从而在道教神系中占据了相当重要的位置。

九宸之中，又以神霄玉清真王为主尊。《无上九霄玉清大梵紫微玄都雷霆玉经》记述说："吾为高上神霄玉清真王长生大帝，其次则有东极青华大帝、九天应元雷声普化天尊、九天雷祖大帝、上清紫微碧玉宫太乙大天帝、六天洞渊大帝、六波天主帝君、可韩可丈人真君、九天采访真君，是为神霄九宸。"① 这九位大神多系神霄派的新造，为神霄派雷法之本尊，总号"雷霆九宸高真"。

从《无上九霄玉清大梵紫微玄都雷霆玉经》所载可知，作为神霄派的主尊玉清真王本是浮黎元始天尊的儿子，太上老君的叔父。经中曰："昔在劫初，玉清神母元君是浮黎元始天

---

* 张作舟，四川传媒学院助理研究员；李远国，四川省社会科学院研究员。
① 《道藏》第1册，北京：文物出版社，上海：上海书店，天津：天津古籍出版社1988年版，第752、756页。以下所引《道藏》皆出自此版本。

尊之后，长子为玉清元始之尊，其第九子位为高上神霄玉清真王长生大帝，专制九霄三十六天，三十六天尊为大帝，统领元象，主握阴阳，以故雷霆之政，咸隶焉。"① 其后诸神分治，各归真境，如玉清元始天尊"复还大罗，玉宸道君亦还真境，太上老君寻复太清，于是九天采访使者亦返紫玄景曜之府"，皓庭霄度天君、太皇万福真君"等十方诸天，与诸龙神，各领部属，趣驾九霄，往谒真王"②。

第二为青华大帝。《道法会元》卷三曰："东华青华大帝，亦名东极青玄上帝寻声救苦天尊。居东极青华宫，又名东极妙严天宫。"③他就是道教神系中出入地狱，解厄赐福的大神——太一救苦天尊。《太一救苦护身妙经》载，在东方长乐世界有大慈仁者太一救苦天尊，化身如恒沙数，神通无量，功行无穷，寻声救苦，应物随机。"此圣在天呼为太一福神，在世呼为大慈仁者，在地狱呼为日耀帝君，在外道摄邪呼为狮子明王，在水府呼为洞渊帝君。"三界万灵众生，若遇危厄苦难，比如时遭疾疫，病痛缠绵；波浪所惊，鱼龙欲伤；值雷霹雳，风雨惊怖；六亲不和，兄弟乖疏；兵火作乱，风雨不调；邪精鬼贼，妄来所伤；胎孕不安，临产艰难；频遭枷锁，屡受冤牢；流滞地狱，未得托生，"但当存思，念诵圣号，便得解脱，出离图圄"④。

自宋代以来，道教中人对太一救苦天尊的崇拜十分流行，并深入民间，得到朝廷的推重，从而成为"六御"之一。《道门科范大全集》卷二四曰："金阙虚无三清上帝，昊天六御宸尊。"⑤即在原有的"四御"之上增补了南极长生大帝玉清真王、东极青华太一救苦天尊。救苦天尊的圣相多变，或"足蹑莲花，圆光照耀，手执柳枝净水，九头狮子左右从随"，或"化一女子，身着火锦衬衣，披发跣足，蹑于莲花，手执金剑，圆光照耀，九头狮子

太一救苦天尊　清代　纸本设色
四川原道博物馆藏

---

① 《道藏》第1册，第751页。
② 同上书，第750页。
③ 《道藏》第28册，第683页。
④ 《道藏》第6册，第182页。
⑤ 《道藏》第12册，第183页。

口吐火焰,绕于身形"。

九宸天尊的第三位是雷声普化天尊。有关雷声普化天尊的记载,首见于《无上九霄玉清大梵紫微玄都雷霆玉经》。经文假托为神霄玉清真王长生大帝传授,主要论述神霄雷法。内称:神霄玉清真王统领元象,主握阴阳,掌管九霄三十六天雷霆之政。雷霆者,乃天地之枢机,能赏善罚恶,司生司杀。"上自皇天,下自地帝,非雷霆无以行其令;大而生死,小而荣枯,非雷霆无以主其政。"① 故下界安国抚民、消灾求福等事,皆隶属雷霆之政。经文说:"吾为高上神霄玉清真王长生大帝,其次则有东极青华大帝、九天应元雷声普化天尊、九天雷祖大帝、上清紫微碧玉宫太乙大天帝、六天洞渊大帝、六波天主帝君、可韩丈人真君、九天采访真君,是为神霄九宸。"② 明朱权袭用了这一说法,亦曰:"九宸,曰长生大帝、青华大帝、普化天尊、雷祖大帝、太乙天帝、洞渊大帝、六波帝君、可韩真君、采访真君,即元始九气化生也,故号九宸上帝。代天以司造化,主宰万物。"③ 这九位大神为雷法之本尊,总号"雷霆九宸高真"。

依道书所言,雷声普化天尊乃玉清真王的化身,化形而满十方,谈道而坐九凤。他主治玉霄府,"所统三十六天内院,中司东西华台,玄官妙阁,四府六院及诸有司,各分曹局,所以总司五雷,天临三界者也"④。"三十六天之上,阅宝笈,考琼书;千五百劫之先,位上真,权大化。手举金光如意,宣说《玉枢宝经》。不顺化作微尘,发号疾如风火。以清静心而弘大愿,以智能力而伏诸魔,总司五雷,运心三界,群生父,万灵师。"⑤ "恩被十方,德沾万汇,统天三十六,天天归宰制之权;历劫千五百,劫劫轸慈悲之念。苟运寸诚而称诵,当令万愿以克从。凡所希求,悉应其感。"⑥ 白玉蟾说:"玉清真王化生雷声普化天尊,天尊以历劫应化,随时示号,本元始祖劫一气分真,乃玉清真王九霄主宰,一月四辰,监观万天,浮游三界九洲万国,赏善录愆,是为普化,至大至贵也。"⑦

雷声普化天尊面容慈善,胡须飘逸,头戴紫金冠,左手掌心托剑,右手平举于胸侧,手指拈一净杯,盘脚端坐朱凤身上,朱凤九头,一大凤头居中,八个小凤头围绕两侧,颇为奇特。《九天应元雷声普化天尊玉枢宝经集注》卷上曰:"天尊所坐九凤丹霞之扆,手举金光明之如意。"⑧ 所谓"九凤",即九头朱凤。卷下又曰:"九天普化君,化形十方界。披发骑麒麟,赤脚蹑层冰。手把九天气,啸风鞭雷霆。能以智慧力,摄伏诸魔精。济度长夜魂,利益于众生。"王天君释:"天尊所统三十六天之尊,化十方之广,游诸天时披绀发而骑麒麟,破九泉时赤其脚而蹑层冰,手把九天气者即金光明之如意,啸风鞭霆乃天尊之号令也,斩鬼除

---

① 《道藏》第 1 册,第 752 页。
② 同上。
③ (明)朱权:《天皇至道太清玉册》卷五,《道藏》第 36 册,第 404 页。
④ 《九天应元雷声普化天尊玉枢宝经》,《道藏》第 1 册,第 758 页。
⑤ 《九天应元雷声普化天尊玉枢宝忏》,《道藏》第 3 册,第 550 页。
⑥ 《雷霆玉极宥罪法忏》,《道藏》第 3 册,第 552 页。
⑦ 《九天应元雷声普化天尊玉枢宝经集注》卷上,《道藏》第 2 册,第 569 页。
⑧ 同上书,第 569、572 页。

妖、济物利人，此乃天尊利益于众生也。"①

雷声普化天尊主掌雷霆三十六雷之令，"主天之灾福，持物之权衡，掌物掌人，司生司杀，检押启闭，管龠生成，上自天皇，下自地帝，非雷霆无以行其令；大而生死，小而荣枯，非雷霆无以主其政。雷霆政令，其所隶焉"。神司之下设有府院，卿师使相，列职分司，犹如一套组织严密的政府机构。"四府者，九霄玉清府、东极青玄府、九天应元府、洞渊玉府。六院者，太一内院、玉枢院、五雷院、斗枢院、氐阳院、仙都火雷院。诸有司者，天部霆司、蓬莱都水司、太一雷霆司、北帝雷霆司、北斗征伐司、北斗防卫司、玉府雷霆九司，及诸曹院子司。"②

雷声普化天尊　清代　纸本设色
四川原道博物馆藏

斗母　清代　纸本设色　北京白云观藏

雷祖大帝，居九天雷霆中宫。《太乙真雷霹雳大法》中主法神尊即为太乙雷祖大帝，"讳机，帝冠，九章玄服，执玉圭，面赤枣色，恶相。诸天帝阙，三界所发之雷，并听轰天之

---

① 《九天应元雷声普化天尊玉枢宝经集注》卷上，《道藏》第2册，第569、572页。
② 同上。

· 78 ·

令，至尊至严，不可犯也。宫在九霄丹皓琼霄之上，自夹门星路径上赤道"①。

后来的道经谓雷祖大帝亦即斗母、天母。《祈雨心章式》载法师奏章，其曰："职嗣教玄孙臣某诚惶诚恐，稽首顿首，再拜谨具心章，上奏法主九天雷祖圣德巨光天母摩利支天紫金妙相皇君御前，日宫太阳帝君圣前，月府太阴皇君圣前。"②斗母形象非常奇特，或显形为二臂，或显形为八臂："斗母紫光天后摩利支天大圣，化身四头八臂，天神相，左猪，右鬼，后狮相。八臂，两手抵日月，一手执戟，戟上有黄幡，上有金字，云九天雷祖大帝；一手剑，一手印，或曰杵；一手金绳，一手弓，一手箭。坐七猪辇。""抑斗部与雷部，有表里之义，故斗姥亦弥雷祖大帝，而雷神皆隶之。"③

概而言之，九宸诸师亦各有神司，分理所治，分掌法教。《高上神霄玉清真王紫书大法》卷一曰："当初神霄降世，三师聚议于碧霄天。如今，三师各有神霄法，惟三师便是神霄总雷，其中又有雷祖大帝，劫是昊天玉皇上帝主之。祖师高上神霄玉清真王长生保命天尊，主之晴雨。宗师青华大帝君定福天尊，主之断瘟断邪，役召万灵。真师九天益算司命好生可韩君丈人真君保福天尊，所辖度魂摄魄。外六师自有正法，各随所治。灵师应元定籍真君注命天尊，掌雷敕令牌，号动雷合奏之。玄师保命化生真君保命天尊，掌五岳江湖淮海潭洞神龙。圣师节度总监真君万安天尊，掌摄魂度亡炼度，擒邪伏祟。宝师元华保生真君储祥天尊，掌九霄法律，管三十六种横死夭亡。天师掌法主籍真君禾稼天尊，掌神霄三十六天梵炁真符，专修炼法官成道，有雷函。神师掌令降命真君吉集天尊，掌天下妖魔、山谷五魈、五酉不正之神。"④

不过，随着《九天应元雷声普化天尊玉枢宝经》问世，雷声普化天尊便成为雷霆主宰大神，而取代了神霄玉清真王的职权，成为雷霆总司的最高尊神，受到广泛的信仰。书中告诉我们，雷声普化天尊又号九天贞明大圣，主治玉霄府，"所统三十六天内院，中司东西华台，玄官妙阁，四府六院及诸有司，各分曹局，所以总司五雷，天临三界者也"⑤。他居住在"三十六天之上，阅宝笈，考琼书；千五百劫之先，位上真，权大化。手举金光如意，宣说《玉枢宝经》。不顺化作微尘，发号疾如风火。以清静心弘大愿，以智能力而伏诸魔，总司五雷，运心三界，群生父，万灵师"⑥。"恩被十方，德沾万汇，统天三十六，天天归宰制之权；历劫千五百，劫劫轸慈悲之念。苟运寸诚而称诵，当令万愿以克从。凡所希求，悉应其感。"⑦

自宋元以来，雷声普化天尊的信仰还传至日本、朝鲜等国家。在日本，亦建有庙宇。以

---

① 《道法会元》卷一三三，《道藏》第29册，第649页。
② 《道法会元》卷九十，《道藏》第29册，第375页。
③ （清）姚复庄：《玉枢经钥》卷二十注，《藏外道书》第4册，成都：巴蜀书社1994年版，第787、788页。
④ 《高上神霄玉清真王紫书大法》卷一，《道藏》第28册，第564页。
⑤ 《道藏》第1册，第758、789页。
⑥ 《九天应元雷声普化天尊玉枢宝忏》，《道藏》第3册，第550页。
⑦ 《雷霆玉极宥罪法忏》，《道藏》第3册，第552页。

供奉雷声普化天尊。周煌《琉球国志略》："雷神庙，在那霸护国寺前，祀雷声普化天尊，故俗呼天尊庙。""永乐中，贡使自京师塑像归。崇祯末，王尚质新之。其上梁文有祈通渡唐之船，冀遂懋迁之愿。徐录云：左右悬绢幡二，实书雷神号也。崇祯末，王尚质新之。其上梁文有祈通渡唐之船，冀遂懋迁之愿。旧录作三清殿，今无此称。徐录云：供玉皇，误。左右悬绢幡二，实书雷神号也。""殿廊悬大钟一，镌字曰：王大世主，庚寅庆生。兹现法王身，量大慈愿海。新铸巨钟寄舍天尊殿，以上祝万岁之宝位、下济三界之众生。"① 徐葆光《中山传信录》："天尊庙，祀雷声普化天尊。"汪录："永乐中，贡使自京师塑像归，祷必应。"②

韩国安东浚博士《论韩国医学与道教之关系》一文，论述了历史上高丽朝廷与北宋徽宗朝的交流，认为高丽曾送青牛予徽宗，徽宗回赐《玉枢宝经》等，可推定神霄雷法于其时已传入高丽。并谓高丽睿宗十三年（1118）七月，宋徽宗派遣杨宗立、秉义郎、曹谊、杜舜举、成湘迪、陈宗仁、蓝茁七名医师出使高丽，传授了两年的道教医学。由此推测出从那时起中国道教医学开始在高丽悄然传承，传入高丽的道教医学当是以神霄派《玉枢经》为中心的治疗法。通过政和年间与宋的交流，高丽道教以福源宫为中心发展起来，并受中国道教的影响，供奉玉皇上帝、太上老君、雷声普化天尊。朝鲜初期，在掌管道观的国家机关昭格署选拔真道流时，必须诵读《禁坛》《灵宝经》《延生经》《太一经》《玉枢经》《真武经》《龙王经》，并按照"《玉枢经》八节酬所读"③。

正是在这种雷声普化天尊信仰的基础上，大巡真理会在当代韩国应运大兴。韩国大巡真理会创设于1969年，然其所信奉的真理诞生于140余年前。大巡真理会的教理思想多以中国的道教为背景。截止到1992年，该教团拥有2259所教堂、29800余名教职人员，以及近360万名信徒。

二、九司三省与三十六雷府

神霄雷霆总司是由雷声普化天尊掌管，之下尚设九司、三省、三府，犹如一套组织严密的中央政府机构。九司的主神为玉府判府真君、玉府左右待中、玉府左右仆谢、天雷上相玉枢使相、斗枢上相上清司命玉府右卿、五雷院使君、雷霆都司元命真君。"此皆雷霆之枢要，故谓之九司，并用申之。另有五方雷王、五方雷霆大帝，亦申之。"④

又有三省，即雷霆泰省、雷霆玄省、雷霆都省，皆有神主其事，行神霄雷法。正如《紫微

---

① （明）周煌辑：《琉球国志略》卷七，《续修四库全书》史部第745册，上海：上海古籍出版社2002年版，第668、669页。
② （清）徐葆光：《中山传信录》卷二，《续修四库全书》史部第745册，上海：上海古籍出版社2002年版，第452页。
③ 安东浚：《论韩国医学与道教之关系》，《道学研究》2005年第5期。
④ 《道藏》第1册，第752页。

· 80 ·

玄都雷霆玉经》所说:"日宫太阳帝君,雷霆赖以威。月府太阴皇君,雷霆赖以神。北斗九皇真君,雷霆赖以枢辖。在昔元始天尊敕太清无上元君,令九州都仙太史高明大使,判雷霆泰省事;太上玉京左宫仙翁,判雷霆玄省事;三天扶教辅元大法师,判雷霆都省事。复以浮丘大仙佥事雷霆三省事。自余以次,官曹并领所治,或曰兼司,或曰分司,其所出治,或巡察官司,则曰行司。四官阙员,皆应选人。往昔劫中曾已选迁,是此四官复当降世,领户化民,功成复还所治。"①

九司、三省主理神霄府之政务,另有四府,则专司调兵遣将、制邪破狱、收摄群魔,其功能相当于兵部、刑部。《紫微玄都雷霆玉经》曰:"北极紫微大帝统御三界,掌握五雷,天蓬君、天猷君、翊圣君、玄武君分司领治,天罡神、河魁神,是为召雷檄霆之司,九天流金火铃大将军、天丁力士、六丁玉女、六甲将军,是为节度雷霆之使。九天啸命风雷使者、雷令使者、火令大仙火伯、风令火令风伯、四目皓翁、苍牙霹雳大仙,是为摄辖雷霆之神。火伯风霆君、风火元明君、雷光元圣君、雨师丈人仙君,是为雷霆风雨之主,中有三五邵阳雷公火车铁面之神,中有负风猛吏银牙耀目飙火律令大神、狼牙猛吏大判官、五雷飞捷使者、五方雷公将军、八方云雷大将、五方蛮雷使者、三界蛮雷使者、九社蛮雷使者,实司其令,用赞其权。"② 这段记述十分重要,因为它几乎包括了神霄雷部的主要神真。

按神霄派雷典所载,神霄雷法以五雷法为核心,包括十雷、三十六雷诸法。诸雷皆隶统于五雷都司,所主不同,所部亦别,故奉道弟子当知其治府,方能申牒祈请,运雷施法。所谓"五雷既明,当知雷府所部。既明所部,有请立应"。"且五雷使乃雷城之专司,统摄五雷,关申司分,凡风雨不时,亢阳为虐,兵戈妄动,饥馑荐臻,皆由请命帝真,无不由玉枢而大布分野,兼领三司将吏,判治三界鬼神功过,以康黎庶。"③

白玉蟾指出:天境有三十六天,每一天境皆有一雷。雷者乃阴阳二气相结而成。"既有雷霆,遂分部隶,九天雷祖因之以剖析为五,神霄真王用之以宰御三界。"并详细介绍了诸

雷部元帅 清代 纸本设色 北京白云观藏

---

① 《道藏》第1册,第752页。
② 同上书,第756页。
③ 《道法会元》卷五六,《道藏》第29册,第135、136页。

雷的名称："五雷者，天雷、地雷、水雷、龙雷、社令雷。又有十雷，一曰玉枢雷，二曰神霄雷，三曰大洞雷，四曰仙都雷，五曰北极雷，六曰太乙雷，七曰紫府雷，八曰玉晨雷，九曰太霄雷，十曰太极雷。又有三十六雷，一曰玉枢雷，二曰玉府雷，三曰玉柱雷，四曰上清大洞雷，五曰火轮雷，六曰灌斗雷，七曰风火雷，八曰飞捷雷，九曰北极雷，十曰紫微璇枢雷，十一曰神霄雷，十二曰仙都雷，十三曰太乙轰天雷，十四曰紫府雷，十五曰铁甲雷，十六曰邵阳雷，十七曰飙火雷，十八曰社令蛮雷，十九曰地祇鸣雷，二十曰三界雷，二十一曰斩圹雷，二十二曰大威雷，二十三曰六波雷，二十四曰青草雷，二十五曰八卦雷，二十六曰混元鹰犬雷，二十七曰啸命风雷，二十八曰火云雷，二十九曰禹步大统摄雷，三十曰太极雷，三十一曰剑火雷，三十二曰内鉴雷，三十三曰外鉴雷，三十四曰神府天枢雷，三十五曰大梵斗枢雷，三十六曰玉晨雷，有三十六神，曩尝陈之于太上之前。"①

火师曰："凡雷有五，曰天雷，曰神雷，曰龙雷，曰水雷，曰社令雷。又名妖雷，不奉帝命，故曰妖也。所主不同，所部亦别。学道之士，奉法弟子，得其所归，亦可申牒，祈请。若或不知其方，徒用其心也。天雷者，百官千将，上辅玉帝，下御阴阳，威德极重。换劫之时，上帝敕此雷令，降下人间，翻天覆地，鼓震乾坤，安日立月，尊极不能尽言。若国土连年亢旱，天下饥荒，当具国王投词奏闻天庭，并及诸司，乞降此雷，拯济天下，方可施用，坛法如式，不可妄意。神雷者，亦有百官千将，居三界之中，随时屯驻，代天行化。一年四时之中，发号施令，均布雨泽。若下方不忠不孝，不仁不义，前生今世阴毒害物，冤结满盈，三官上奏，书名恶簿，上帝即敕神雷伐之。今或狂风大雨之时，震动霹雳，诛戮人物者，是也。欲动此神雷，须申上三司，及飞奏九清，方可用之。龙雷者，上帝所赐。龙宫有万将千兵，以佐龙君威德，保护仙经。凡龙宫海藏，仙经万卷，异宝无涯，亦乃天帝所赐，此雷保之。主救一方旱潦。欲动此雷，飞申诸司，奏闻上帝，下牒龙雷主者，速行拯救，无不应耳。其风顺而和，其雨细而广，是也。水雷者，乃下元水官所部也。上帝赐令诛斩水妖，赏功伐过，为神之列。亦主救济一邦灾旱。官将并同龙宫。若行遣之，必须申诸司及牒水部，然后奏闻，克期而应。社令雷者，乃一郡一邑之中，有忠义报国之士，孝勇猛烈之人，报君落阵，居家愤死，英灵之性，聚为此雷。能捉蜃龙，非时作狂风猛雨，拔树断木，务求血食，亦能祸福一方。百妙祭之及时，则风雨顺如。失祭告，则作暴雨狂风，疾雷猛电，连作大水，害人苗稼，伤人性命。今世人一州一土，或有神庙，祈求感应，因而封祀者，乃此类也。昔赵鸾凤运斧而图者，正此等耳。学真奉道之士，得此口诀，能遣动此雷，以救百里之旱，一邑之灾。凡驱社令雷，须牒城隍，并恶猛祠典，令城隍督此雷，然后立坛祭起。但可救旱作水，不可妄议。"②

以上所说诸雷，皆隶统于五雷都司，所主不同，所部亦别，故奉道弟子当知其治府，方能申牒祈请，运雷施法。所谓"五雷既明，当知雷府所部。既明所部，有请立应"。"且五雷

---

① 《九天应元雷声普化天尊玉极宝经集注》卷上，《道藏》第2册，第569、570页。
② 《道法会元》卷五六，《道藏》第29册，第139页。

使乃雷城之专司，统摄五雷，关申司分，凡风雨不时，亢阳为虐，兵戈妄动，饥馑荐臻，皆由请命帝真，无不由玉枢而大布分野，兼领三司将吏，判治三界鬼神功过，以康黎庶。"①

五雷都司位于玉清真王府碧霄上梵气中的雷城中，乃玉清真王按治之所。其中卿师使相，列职分司，主发生万物，推迁四时，长降阴阳，录善罚恶。如天雷者，有百官千将，"上辅玉帝，下御阴阳，威德极重。换劫之时，上帝敕此雷令降人间，翻天覆地，鼓震乾坤，安日立月，尊极不能尽言。若国土连年亢旱，天下饥荒，当具国王投词，奏闻天庭并及诸司，乞降此雷，拯济天下"②。

五雷都司之下，各拥有一大批神兵天将，如四溟大神、五方雷将、五方龙王、总摄枢机七将、十二功曹等。《道法会元》卷一八八曰："西方雷公刘汉祥，黄牛相，黑袍掩心甲，皂绔，绯绔，左手持砧，右手执斧，跣足。或人相、黑发、白面、交脚帽、金甲、飞带、白靴。南方雷公朱德茂，赤马相，红袍、虎皮掩心、汗绔绯绔，左手雷斧，右手金锤，赤脚。或执瓢、出雷火、穿皂靴。北方雷公张永公，白赤狗相，白发、垂耳、有须、青袍、绯绔、叉手、县双斧，跣足。中央雷公杨元升，如神农相，豹皮掩心，鸦皮汗绔青，黄袍，叉手当心，披发、赤脚。或执

雷部元帅　清代　纸本设色　北京白云观藏

鞭、花裙、皂靴。雷公大神孟胜，猪貌，青黑色，顶牛耳帽，皂衣、紫袍、白绔、捧雷簿、皂靴，似判官状。电母大神黄法彰，颜如四五旬妇人，面无皱，紫包巾、耳环、青道服，两手袖中出电光，似冯夷相。风伯大神马雀，紫黑色查皱鬼面，眼大、口开、鼻阔两孔，戴两层冠，青抹额、内黄衣、外紫袍、风袋，右手五指，开袋口、青抱肚、黄看带、白绔、褐靴。雨师大神陈元度，美貌慈颜，端严，戴冠，披紫服，方符珂佩前结，项上有拥带，左擎青碧壶，右手持杨枝，类紫气星状。移云掩日四丁大神：丁文广、丁文义、丁文通、丁文莹，鳖头鳖甲，人身，手足肉甲，迸出金光，仗剑，乘云，各骑黄龙，立四方听令。开坛听令四大神将：高刀，牛耳幞头、青袍、金甲、莲子面、三角眼、黑色卷须、合口、皂靶、执雷函；陶嗣，四方面、凤眼、五牙须、赤面、兜鍪金甲、腰带符、手执剑；崔亮，大眼、枣色面、曲脚幞头、黄抹

---

① 《道藏》第1册，第762页。
② 《道法会元》卷五六，《道藏》第29册，第139页。

额、金甲、飞带、皂靴、执铁斧;赵公明,面黑色、须胡、穿皂靴、金甲、皂袍、手执铁鞭。"①

三、雷部十大元帅

在众多雷部神灵之中,最为著名的是十大元帅。护法元帅的出现标志着道教神系日益的充实与完善。由于道教派别的不同与道法的差异,所供的元帅是有所区别的。如北帝派供奉的是北极四圣;清微派供奉的是温、马、关、赵四大元帅;就神霄派而言,供奉的是十大元帅,他们是邓元帅、辛元帅、张元帅、苟元帅、毕元帅、朱天君、王天君、刘元帅、马元帅、关元帅。明姚宗仪《常熟私志》记载,其郡有致道观雷尊殿,内奉九天应元雷声普化天尊、九天雷祖大帝,前殿所供奉的正是列律令大神邓元帅、银牙耀目辛天君、飞捷报应张使者、左伐魔使苟元帅、右伐魔使毕元帅、火犀雷府朱天君、纠伐灵官王天君、黑虎大神刘元帅、魁神灵官马元帅、朗灵上将关元帅、雷公使者江赫冲、电母使者秀文英②。这当是宋元以来道观中雷部诸神的基本布局。

右图中央者为雷声普化天尊,披发露额,跨坐在麒麟之上,赤脚,右手持铁鞭高扬,象征"啸风鞭霆";左手掐"诀",中指尖发射出九色光,此即"手把九天气"之意,代表天尊号令雷霆。所谓"九气"者,为万物之根。雷声普化天尊周围为雷部所隶雷公、电母、雨师、风伯及十大元帅。十大元帅造型奇特,英武威猛,颇难辨识。经初步考辨,他们正是邓元帅、辛元帅、张元帅、苟元帅、毕元帅、朱天君、王天君、刘元帅、马元帅、关元帅。

普化天尊巡游图　明代纸本设色　北京白云观藏

十大元帅之中,邓元帅、辛元帅、张元帅称之为雷霆三帅,这是最早见于道经的雷霆元帅。据白玉蟾所言,三帅的渊源甚深,乃上古帝王伏牺、黄帝之后。伏牺有二子,长子祝融

---

① 《道藏》第30册,第190、191页。
② (清)姚福均:《铸鼎余闻》卷一引,《藏外道书》第18册,成都:巴蜀书社1992—1994年版,第572页。

为南斗火官,次子郁光即今焱火大神邓伯温。黄帝本为雷神之子,"母曰附宝,感电光绕斗枢而生"。故道书谓其母"为元天大圣母,轩辕为紫微烟都帝君,此又主判雷霆之祖帝也"。而今之辛汉臣、张元伯正是黄帝之后裔,"主直雷霆符命之职也"①。此三帅本为帝王后裔,又主掌雷霆三部,故应时降世,神威甚大。

邓伯温,《封神演义》中雷震子的原型。《道法会元》卷五六曰:"雷部有飙火大神,姓邓,名伯温。昔从黄帝战败蚩尤,封河南将军。大神见黄帝登天,遂弃位入武当山,修行百载,能随气升降。又见世人不行忠孝,杀害侵欺,以强凌弱,国王辅弼,不能制御。遂日夜发大愿,欲为神雷,代天诛伐此恶逆。念念不绝,怒气冲天,忽一日变凤觜银牙,朱发蓝身,左手持雷钻,右手执雷槌,身长百丈,两腋生翅,展开则数百里皆暗,两目

邓伯温　明代纸本设色　中国国家图书馆藏

放火光二道,照耀百里,手足皆龙爪,飞游太虚,吞唼精怪,斩伐妖龙。蒙上帝封为律令大神,隶属神雷。"《道法会元》卷八十载宋代高道杨耕常传授"欻火律令邓天君大法",主法为九天雷祖大帝。主帅为九天欻火律令大神炎帝邓天君燮,伯温,赤发金冠,三目、青面、凤觜、肉翅,左手执钻,右手执槌,赤体,珠缠络,手足皆五爪,上带金环,绿风带,红吊裙,两翼下二头,左主风,右主雨,遍体烈火,乘赤龙。副将:东方蛮雷使者蒋刚轮,亚将李乾祐;南方蛮雷使者壁机先,亚将炎火锡;西方蛮雷使者华文通,亚将刘金海;北方蛮雷使者雷压,亚将温大同;中央蛮雷使者陈硕,亚将烟仲景。雷公江赫冲,电母秀文英,风伯方道彰,雨师陈华夫,云吏李士秀,霹雳天关进烟使者崔宣,霹雳火鹰腥烟使者向敌,东方大力天丁捉鬼将崔文德,南方大力天丁缚鬼将卢文信,西方大力天丁柳鬼将邓文忠,北方大力天丁拷鬼将窦文权②。

另一位主帅是负风猛吏辛汉臣,或称"雷霆三十三天大都督青帝天君"。《道法会元》卷八一记其形象曰:"代牛耳幞头,朱发,铁面,银牙如剑,披翠云裘,皂靴,左手执簿,右手执雷笔,上有火光。"其部属神将有五方蛮雷:"东方蛮雷使者马郁林,南方蛮雷使者郭元

---

① 《道法会元》卷八二《雷霆三帅心录》,《道藏》第29册,第329页。
② 《道藏》第29册,第300页。

京,西方蛮雷使者方仲高,北方蛮雷使者邓拱辰,中央蛮雷使者田元宗。"①

辛汉臣元帅其下属有南方蛮雷使者马郁林、南方蛮雷使者郭元京、西方蛮雷使者方仲高、北方蛮雷使者邓拱辰,中央蛮雷使者田元宗。此外,辛元帅还有多种变相,以示神威于世人。从辛天君《誓章》中可以看出他的英武及神力:"雷霆猛吏神,威震九天霆。出入三界内,忠勤佐帝君。涌身千万丈,号为雷部尊。都督诸雷部,风伯雨师神。霹雳电光母,大力夜叉群。左右承天命,辅弼五雷尊。吾奉玉帝敕,能救世间人。人若受持者,吾当速现形。请吾上天界,朝奏诸帝君。请吾入地府,直至幽境宫。请吾入水府,四海波浪翻。请吾佐阳界,立便救众生。请吾救大旱,滂沛雨霖霖。请吾捉精怪,摧破诸鬼营。请吾救生产,母子速离身。与吾同终始,共为玉帝臣。"② 可见他能够出入三界,代天行命,救佐万民。

第三位主帅为雷霆飞捷使者张元伯,或称"太乙捷疾直符使者""雷霆六一直符飞捷报应使者"。《道法会元》卷八二载先天一炁火雷张使者祈祷大法,主法为南极星主勾陈上宫天帝,将班庞大,首位就是先天一炁火雷飞捷报应使者张燔。其下有五方天雷、五方蛮雷等:"东方天雷使者蒋刚轮,南方天雷使者毕机先,西方天雷使者华文通,北方天雷使者雷压,中央天雷使者陈石。东方伐恶蛮雷使都马郁林,南方伐恶蛮雷使者郭元京,西方伐恶蛮雷使者方仲高,北方伐恶蛮雷使者邓拱辰,中央伐恶蛮雷使者田元宗。岳府五雷使者王、张巡、石固、关羽、萧天佑。雷公江赫冲,电母秀文英,风伯方道彰,雨师陈华夫,云吏李士秀,玄初统天雷王昉,玄初运地雷王洙。"③

辛元帅　明代　纸本设色　李黎鹤藏

张元伯的形象因时而变,颇为神奇。如:"朱发,獬豸冠,青面、三目、出火,绯袍、绿飞天带、金甲,手仗火戟,鬼形,旁出獠牙。赤足,驾火龙。"④ 或显另一些法相:"肉角、红发、青面、双目、鹰喙、青身、双肉翅、龙爪手足,红裙飞仙带。如遣召雷神,执敕召雷神皂旗,腰悬巨斧,摇撼旗帜。如少刻召雷回坛之时,却插旗于腰间,双手用力挥执长

---

① 《道藏》第29册,第315页。
② 同上。
③ 同上书,第330页。
④ 《道法会元》卷九六,《道藏》第29册,第406页。

柄巨斧，开通雷路，猛作奋劈之势，引领万万雷神，喧轰如云而至。如召遣赍章奏，则交脚幞头，红抹额、赤面圆目、红袍绿靴，左执章奏、右执斧，如直符状，有破罡、风流、金火铃、开天门诸神，皆从之。"① 其部属有六丁使者，并显鬼状，"猪鼻尖觜、肉翅，紫发金睛，裸体，赤色，手足腕上皆金镯，额上金额花，肉角、白顶骨、绯风衣、绿飞带，左手执公文，右手执皂旗，上有金字敕召雷神，旗脚飘指巽户，自巽方乘金色雷电火花，飞行而降"②。

苟元帅，又称"左伐魔使苟元帅""上清神烈阳雷神君"。《道法会元》卷四六曰："上清神烈阳雷神君苟留言，红鬓发、金冠、青面、赤衣，手执斧槌。"③《五雷心秘》云："苟元帅，讳獬，蓬头、赤面、执金圭、金甲、赤面、皂靴，作怒视状。"④《三教源流搜神大全》谓苟元帅为雷门布鼓之神，"妖其头，喙其嘴，翼其两肩，左尖右槌，足踏五鼓而升，化母尸而去。天帝感其至孝也，迎而封之为雷门苟元帅，与毕帅共五方事，往来行天，剪幽明中邪魔鬼恶"⑤。道教清微派道士求雨作法时，须"上请神烈阴阳苟、毕二神君，火速会合，日分巡施，雷神岁分，行雨主者，及本境山川潭洞龙君社令等神，定于今月某日某时，下降某处，搜龙卷水，驾风鞭霆，大霈三日之甘霖，普救四郊之品物"。并描述苟天君形象："金冠黑面，三目赤发、金甲、朱衣、朱履，手执金锤钻。"⑥

邓伯温　张元伯　清代纸本设色　北京白云观藏

---

① 《道法会元》卷九八，《道藏》第29册，第423页。
② 《法海遗珠》卷四十，《道藏》第26册，第948页。
③ 《道藏》第29册，第58页。
④ （清）姚复庄：《玉枢经钥》卷二四注引，《藏外道书》第4册，第807页。
⑤ 《藏外道书》第31册，第794页。
⑥ 同上书，第785页。

荀元帅　清代　纸本设色
北京白云观藏

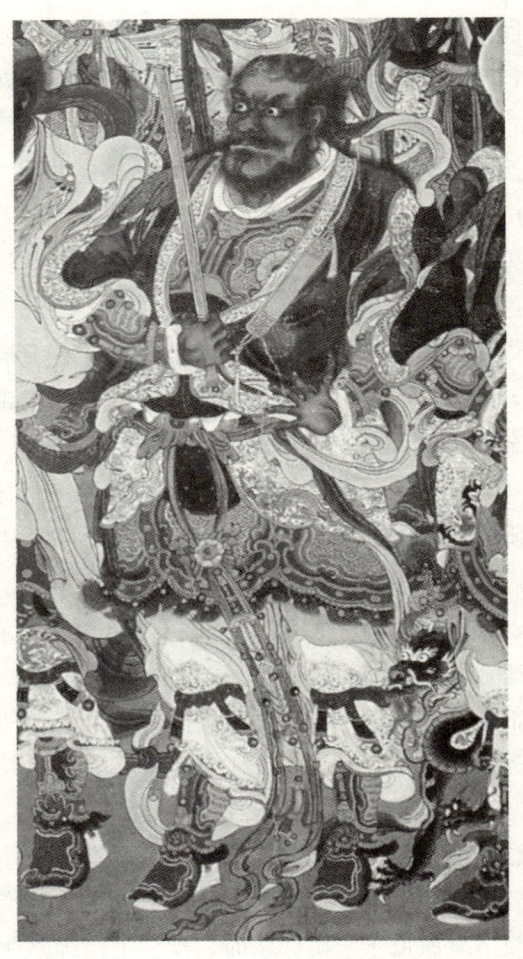

毕元帅　清代纸本设色　北京白云观藏

毕元帅，又称"右伐魔使毕元帅""上清神化阴雷神君"。《道法会元》卷四六曰："上清神化阴雷神君毕宗远，披黑发、赤面、皂袍，手执金简铁札。"①《清微神烈秘法》则称"清微主帅上清神烈阴雷神君毕宗远，皂衣金甲、跣足，手执铁简"②。《五雷心秘》云："毕元帅，讳狻、黑面、执铁索，怒目、金甲、皂鞾、蓬头。"③《三教源流搜神大全》言："东乡间姓田名华者，乃正东二七神也。雷藏地中，寄胎于田间，千年石乳钟气而生。诞时白昼凭空霹雳，火光照天，风雨骤至，帅膝坐，大蛇围其外，群蜂哺英以喘。至长，遂因田为田，指华为华，修炼于漉泸岩下。"其后他曾以木火之精助女娲补天，又曾炼五色火雹风雷阵助轩辕击败蚩尤。因隐于华胥之境，故名华。至有唐氏时，奉帝旨，驾雷车，拥电旆，雨旸以

---

① 《道藏》第 29 册，第 58 页。
② 《道藏》第 4 册，第 136 页。
③ （清）姚复庄：《玉枢经钥》卷二四注引，《藏外道书》第 4 册，第 807 页。

时。"流及汉末,妖魔纵横,奸淫百出,玉帝封以雷门毕元帅之职,敕掌十二雷霆,辅玄天上帝诛瘟役鬼,上管天地潦涸,下纠群魅出没,中击不仁不义之辈。"①

朱元帅,又称朱天君,火犀雷府拷附大将。《道法会元》卷二二七曰:"火犀雷府拷附大将朱彦,披发、黑面、怒相、皂袍衬,跣足,右手提铁棒,左手铁索,背负追魂袋,跨黑虎。"②《三教源流搜神大全》谓朱元帅原名朱彦夫,当年他胎生于昆仑山顶,降生之时,六气之精,四时不散,长大后变得兰青躯体,蚕眉巨眼,餐霞为乳,吸露为浆。他用胎元做成具有杀伤力的袋子,人入其中七天就化为铁水。他又布六气为六杀神,恶气弥漫,日月无光,百姓们都惧怕这毒气,天下混乱。玉皇上帝派北帝去捉拿他,因恶气太毒无法接近,又派太清助之,太清用逍遥扇扇其妖气,又命谢天君以火德星入其袋子,烧了袋子,这才收服了他,封为朱元帅③。

朱元帅　明代　版画　采自《三教源流搜神大全》

王天君,又称"雷霆都天豁落三五火车纠罚灵官铁面雷公王元帅""都天豁落猛吏赤心忠良制鬼缚神火雷霹雳灵官王元帅""南极火雷赤心忠良猛吏王元帅"。据道经所言,王灵官本名王恶,宋徽宗时淮阴地方奉祀的小神。后萨守坚真人烧了他的庙宇,于是他怀恨在心,暗中追随十二年,欲其失戒而施行报复,但终不能得,遂诚心归降萨守坚。《搜神记》卷二曰:萨守坚至龙兴府江边濯足,见水中有神影,方面,黄巾,金甲,左手拽袖,右手执鞭。"真人曰:尔何神也。答曰:吾乃湘阴庙神王善,被真人焚吾庙后,今相随一十二载,只候有过则复前仇。今真人功行已高,职隶天枢,望保奏以为部将。真人曰:汝凶恶之神,坐吾法中,必损吾法。庙神即立誓,不敢背盟。真人遂奏帝授职。"玉皇大帝封其为"先天主将",主司天界、人间纠察之职④。

---

① 《藏外道书》第31册,第786页。
② 《道藏》第30册,第413页。
③ 《藏外道书》第31册,第793页。
④ 《道藏》第36册,第267页。

王天君　清代纸本设色　李黎鹤藏　　　　　　刘元帅　清代纸本设色　北京白云观藏

其造像一般为红脸虬须，金甲红袍，三目怒视，左手执风火轮，右手举鞭。《道法会元》卷二四二曰："赤面、红须发、双目火晴、红袍、绿靴、风带，左手火车，右手金鞭，状貌躁恶。"或变形为"面红、紫色、黄巾、红袍、金甲，虎须虎晴，绿靴，风带，左手雷局，右手执金鞭"①。这位赤心忠良的王元帅，后来便成为整个道教所尊奉的护法神，他镇守在几乎所有的道教宫观中。

刘元帅，又称"苍牙铁面九阳上将"。《法海遗珠》卷一曰："苍牙铁面九阳上将刘矩：黑面、少颜、怒容，绯袍，执金鞭、擎火轮、披金甲，足蹑水车。"②《五雷心秘》云："刘元帅，讳通，金冠、三目、鸟嘴、赤身，执雷锤，腰虎皮裙，赤足，爪如鸟。"③《三教源流

---

① 《道法会元》二四三，《道藏》第30册，第494页。
② 《道藏》第26册，第725页。
③ （清）姚复庄：《玉枢经钥》卷二四注引，《藏外道书》第4册，第807页。

搜神大全》称：天君为东晋人，名后。生于岷江渔渡中，时值岁次庚子八月十二日酉时。一天其母从江中取水，不小心将其掉入江中，得浮槎近傍而济。其父刘福公掉而迎之日："何异也，而幸不死！"年幼家贫，随罗真人当侍读。后得真人传授，精通五雷掌法，能呼风唤雨，解救百姓困危。后来玉帝封其为"立化慈济真君"，掌管神雷玉府五雷使院[①]。余象斗《北游记》中说刘元帅是天火山中的妖怪，手用飞鞭，脚踏火车。山下百姓，每年用童男童女祭赛，若无祭赛，常常发火烧人房屋。有一年庙会会首李山在贫民家买来一对童男童女，前往祭祀。童男童女放声大哭，被真武祖师遇见。马元帅不由心头火起，当即放了童男童女，手执金枪，打入庙中，刘后手执飞鞭来迎，被马元帅丢起金砖，将刘后打倒在地，押见祖师。祖师付火丹一粒与其食下，奏知玉帝，玉帝封其为王府刘天君[②]。《道法会元》卷二一三载神霄黑虎刘元帅秘法，其主法祖师正是万法教主玉虚师相玄天上帝。本帅神霄总真黑虎大神刘元帅文显，"面赤枣色，戴七星冠，外袅皂纱笼巾，披金甲，皂袍，手执金槌，半身逆火，有黑虎随后"[③]。

马元帅，又称"灵官马元帅""华光天王""华光大帝""马天君""马王爷""魁神灵官""上善五显灵官大帝"等。中国南方地区的民众，十分崇拜五显神祇。其后，道教将其纳入信仰的体系，并将其与华光大帝相融合，演变为一种全国性的信仰，宣称玉皇大帝封其为"上善五显灵官大帝"，并永镇中界，从此万民景仰，求男生男，求女得女；经商者外出获利；读书者金榜题名；农耕者五谷丰登，有求必应。

《三教源流搜神大全》卷五称，马元帅原是至妙吉祥化身，以五团火花投胎于马氏金母，面露三眼，因讳三眼灵光。"生下三日能战，斩东海龙王，以除水孽。继而盗紫微大帝金枪，而寄灵于火魔王公子为子，手书左灵右耀，复名灵耀。而受业于太惠尽慈妙乐天尊，训以天书，

马元帅　清代纸本设色　李黎鹤藏

---

① 《藏外道书》第31册，第785页。
② 吴元泰等著，王继权校勘：《四游记》，北方文艺出版社1985年版，第350页。
③ 《道藏》第30册，第300页。

凡风雷龙蛇鹹鬼安民之术，靡取不精。乃授以金砖三角，变化无边。遂奉玉帝敕，以服风火之神，而风轮火轮之使；收百加圣母，而五百火鸦为之用；降乌龙大王而羽之翼，斩扬子江龙而福于民。屡历艰险，至忠也。帝授以左印右剑，掌南天门事……民妻财子禄之祝，百叩百应，虽至巫家冤枉祈祷之宗，悉入其部，直奏天门，雷厉风行焉。"①《正一吽神灵官火犀大仙考召秘法》的主将为"正一横天疾捉大将青面金睛威烈鹹魔吽神灵官马元帅"。他姓马，名胜，字灵耀，号华光天王。系南斗六星的斗口星化生的，所以称"斗口魁神璇玑上将"。职居火部兵马大元帅，"乃即是南方火中之精，火中之王，火中旺炁"。而主法祖师则为神霄派高道林灵素。序曰："此法侍宸得之于石匣中，出传于世，感应如见。"②

道经中有专门讲述马元帅事迹的经书，详细地记载了马元帅、华光大帝、五显之间的关系，这亦是探讨马元帅信仰历史发展的珍贵史料。《太上洞玄灵宝五显灵观华光本行妙经》载：元始天尊在大罗天上玉清圣境九光元阳殿，对诸真人言，"三天境内，有灵官大圣华光五大天帅，发弘誓愿，救度众生，摄伏群魔，阐扬道化，威灵炬赫，功德巍巍，与道合真，度人无量，随声赴感，捍厄扶衰，无愿不从，延生赐福。或现一身，或显五相，或化为诸天天帝，或化为梵王帝身，或化为吉祥如来，或化为日露天主，或化为华光菩萨，或化为天丁力士，或化为妙行真人。以此种种神通，随机摄化，救度众生"。"此灵观五大天帅，禀五星五炁之精，毓五方五灵之秀，化身三界，应现十方，掌三界祸福之权，持万物生杀之柄。吉凶悔吝，悉属陶镕。若或有人称其名号，曰灵观大圣华光广化天君，当知神通立现，克副愿心，如影随形，似声应响，昭然感格，莫可称量。"

在这部道经的描述中，五显乃"五方五灵之化身"，故可分为五体，亦可化成一尊。他化身三界，应现十方，掌三界祸福之权，持万物生杀之柄。其形象手持金枪，足踏火轮，有火瓢火鸦，金砖雷火，天目一视，三界齐钦，而这正是华光大帝马元帅的标准形象。作为五显神祇的存在，他们分别被称为都天威猛大元帅显聪昭应孚仁广济王、横天都部大元帅显明昭烈孚义广佑王、通天金目大元帅显正招顺孚智广惠王、飞天风火大元帅显直昭佑孚信广泽王、丹天降魔大元帅显德昭利孚爱广成王，其下拥有部属助灵史相公、助顺卞相公、翊应周将军、王念二总管、黄王二太尉、令狐寺丞、善庆童子、土地真官、直日功曹、后宫仙源圣眷、灵顺法部侍从威灵等。"切以聪明为圣，常显迹于人间；正直乃神，屡彰名于世代。启五通之神殿，次六蔽之昏衢。天地风火水之间，通达无碍；仁义智信爱之圣，惠泽旁施。冀含识之回光，遂知机而见晓。"③ 此之所言五显大帝或显五相，即显聪昭应孚仁广济王、显明昭烈孚义广佑王、显正招顺孚智广惠王、显直昭佑孚信广泽王、显德昭利孚爱广成王，为"聪、明、正、直、德"的化身；或现一身，化为天帝、如来、天主、菩萨、力士、真人。

---

① 《藏外道书》第 31 册，第 791 页。
② 《道法会元》卷二二二，《道藏》第 30 册，第 376 页。
③ 《道藏》第 3 册，第 576 页。

故拥有多种称谓,而以不同的神格、形象显迹于世。

关于马元帅的形象,道书中所言各异,反映了马元帅信仰的广泛社会影响。奉马元帅为主将的道法有几种,不同的道法中他的称谓与形象亦有差别。《金臂圆光火犀大仙正一灵官马元帅秘法》的马元帅,被称为"三十三天金臂圆光火犀大仙封山破洞都天大元帅正一灵官",他三头九目、六臂、蓝身,"两手火铃火索,两手金枪金砖,两手斗诀仗剑,青面赤须,竖红发,蹙金罗帽,绯抹额,绛袍金甲,玉束带,天带绿吊靴,足踏火轮,白蛇绕轮,中吐火,背负火瓢,火鸦万群,部领十二员副将,乃南方火帝也。荧煌之炁结成形,一为天罡大圣,居辰巳之方;一为正一灵官,居于午位;一为朱明大神,居于未宫。故在天名巳午未,南极也;在地东西南;在人为心肝肺;在炁为呵嘘呐。元帅本无姓氏,南方属午,午属马,故借马字为姓。午上月是胜先,故以此字为讳,字德先"①。《火犀大仙马官大法》的马元帅,被称为"上清正一火犀大仙南极灵官金睛馘魔威烈马元帅",他"青面獠牙,金睛三目,竖红发、赤须鬓,红袍风带,头顶旋金帽、白袴、绿靴。右手执金枪,左手托一二角金砖脚踏火轮,腰下白蛇一条,口吐火焰背负火瓢,有火鸦在内"②。《正一灵官马帅秘法》的马元帅,被称为"主将斗中魁神灵官",其形象为"青面三目,天丁冠,红锦袍金甲,仗剑,足踏火云"③。这些形象或威猛愤怒,或天人慈祥,皆依所行道法而显化,"怒而金睛,光赫可畏;喜而玉貌,美特非常。奉法之士,谨而行之"④。

马元帅头顶蹙金罗花帽,身穿红锦雁花袍,手执金枪金砖,足踏火轮。他有着三个头,应三台照耀之形;九目辉华,印九斗光华之象;秉西灵之金气,足蹈白蛇;戴南极之威灵,背飞丹乌。其属下有都天卷崇白蛇大将马充,捉缚枷拷四大神将温赞、王靖、席言、黄用,四将皆头顶黄巾,红绰袍,各执器具。又有神霄敕法玄坛赵元帅,管不信道法朱将军,迷魂倒降梅桥将军,监魂大将郁文通、驾若弼,领捉缚枷拷四大猛将、火犀五雷大将、内坛八将、外坛八将、六天火部吏兵、千里眼师旷、顺风耳离娄、白蛇精乌龙大王等众。

关元帅,又称"荡魔真君""伏魔大帝""关圣帝君""地祇馘魔关元帅""酆都朗灵馘魔关元帅""三界伏魔大帝神威远震天尊关圣帝君",简称"关帝""关公""关老爷"。关帝信仰是由三国时蜀国名将关羽衍化而来。关羽因与吴国作战而死,追谥为壮缪侯,并立祠以祀。梁末,关羽显灵的传说已渐露端倪。唐人董侹在《荆南节度使江陵尹裴公重修玉泉关庙记》记述的"际法和假神以虏任约,梁宣帝咨神以拒王琳"之故事,说在梁武大帝太清三年侯景之乱时,有际法和祈助于关公,关公率众神阴助,因而虏得任约之事。这或许是最早关羽显灵的传说。

道教中,关羽由将帅入帝王、天尊,一步步被神化。宋崇宁年间,关羽因受诏下界治理

---

① 《道法会元》卷二二四,《道藏》第30册,第392页。
② 《道法会元》卷二二五,《道藏》第30册,第401页。
③ 《道法会元》卷二二六,《道藏》第30册,第405页。
④ 《道法会元》卷二二二,《道藏》第30册,第376页。

解州盐池，而封"崇宁真君"。宋元道教雷法中将关羽列为雷部将帅之一。《道法会元》卷二五九有陈希微《事实》，叙述了关羽受封的故事："昔三十代天师虚靖真君，于崇宁年间奉诏旨云：万里召卿，因盐池被蛟作孽，卿能与朕图之乎？于是真君即篆符文，行香至东岳廊下，见关羽像，问左右，此是何神？有弟子答曰：是汉将关羽，此神忠义之神。师曰：何不就用之。于是就作用关字，内加六丁，书铁符投之池内。即时风云四起，雷电交轰，斩绞首于池上。师覆奏曰：斩蛟已竟。帝曰：何神？师曰：汉将关羽。帝曰：一可见乎。师曰：惟恐上惊。帝命召之，师遂叩令三下，将乃现形于殿下，拽大刀执蛟首，于前不退。帝掷崇宁钱，就封之为崇宁真君。"①

关羽作为雷部将帅，有各种称号。在《地祇馘魔关元帅秘法》中，主法者为北极紫微大帝，主将关羽全称"雷部斩邪使兴风拨云上将馘魔大将护国都统军平章政事崇宁真君关元帅"。又一派雷法中，主法为三十代天师虚靖弘悟真君张继先，关羽称号为东岳独体地祇义勇武安英济关元帅羽。《酆都朗灵关元帅秘法》中，主法为三十代天师虚靖张真君，将班中有主将酆都朗灵馘魔大将关元帅羽、副将清源真君赵昱、飞天八将。在《蓬玄摄正雷书》中，主法为九天司命清真紫虚魏元君，名列帅班的关羽称号为"轰雷摄正青灵上卫上将关元帅"。《贯斗忠孝五雷武侯秘法》中，主法为九天玄女元君，主将九天助道杨法勇烈正直通天煞伐烈雷大神都统兵大将军南阳忠武英烈侯诸葛亮，副将阴雷前将军关羽、右将军张飞、左将军黄忠、征西大将军马超、虎威将军赵云。

关于他的形象，依道经所载："元帅重枣色面，凤眼、三牙须、长髯一尺八寸，天青结巾，大红朝服、玉束带、皂朝靴、执龙头大刀，有赤兔马随。常用喜容，如馘摄，怒容，自

酆都关元帅　清代　纸本设色　李黎鹤藏

---

① 《道藏》第30册，第594页。

雷门而至。"① "崇宁真君关元帅,重枣色面、凤眼、三牙须、长髯,一尺八寸,天青结巾,朝服、玉束带、皂朝靴、执龙头大刀,有赤兔子随,常用喜容,如摄魔怒容,自雷门而至。"② 关元帅的形象,既是武神,又是财神,有司命禄、佑科举、治病除灾、驱邪辟恶、诛罚叛逆、巡察冥司、庇护、招财进宝之职能,法力无边。

---

① 《道法会元》卷二五九,《道藏》第30册,第588页。
② 同上。

赵朴初居士对《庄子》的运用和解读[*]

韩焕忠[**]

内容提要：赵朴初非常喜欢《庄子》，为现代生活中的佛道融合提供了一个成功范例。朴老在诗词创作中经常引用《庄子》，利用《庄子》中的典故完美地表达自己思想和情感。1989年12月，朴老因病住院，缠绵病榻，仍时时研读《庄子》，留下了组诗《读〈庄子〉》十一首，实为当代以佛教的思想和义理解读《庄子》的不可多得的佳作。在《庄子》33篇之中，朴老最为欣赏《逍遥游》，将其精髓融入自己的生活之中，在生活中体现了该篇的情趣和宗旨。

关键词：赵朴初；《庄子》；运用；解读

中国佛教协会已故前会长赵朴初居士（1907—2000）不仅是卓越的宗教领袖、社会活动家，也是杰出的书法家、诗词家和佛教思想家，因而深受各界人士的尊敬和爱戴，被人们尊称为"赵朴老"。朴老在古典诗词上的造诣非常深厚，作为佛学大师，他又非常喜好《庄子》，故而时常形诸吟咏，留下了许多与《庄子》有关的诗词佳作，为现代佛道之间的融合提供了一个成功的范例。对朴老的这些诗词略加研读，不仅可以使我们领略到朴老的文采风流，还可以借助朴老的慧眼，加深我们对《庄子》中相关思想的理解。

一、创作中引用《庄子》

朴老是佛学大师，也是诗词名家，他对《庄子》文本非常熟悉，故而能在自己的诗词创

---

[*] 本文为国家社会科学基金重大项目"'一带一路'佛教交流史"的阶段性成果，编号为：19ZDA239。
[**] 韩焕忠，男，汉族，1970年生，山东曹县人，哲学博士，苏州大学宗教研究所教授、博士生导师，兼任苏州戒幢佛学研究所研究生导师，主要研究中国佛教与传统文化。

作中信手拈来，随意引用。

1956年3月，朴老与拉萨哲蚌寺坚白乘烈堪布乘"空中霸王号"飞机由昆明飞赴印度加尔各答，商讨佛陀涅槃2500周年纪念活动事宜。他巡礼王舍城、灵鹫山、那烂陀寺遗址、鹿野苑博物馆等佛教圣迹，游览泰姬陵、德里皇宫等名胜古迹，受到了印度人民的热烈欢迎，访问非常成功，所以他心情格外高兴。是年5月，他回程再经云南，游览昆明西山，掩饰不住内心兴奋，遂赋《临江仙·游昆明西山》一词以志庆：

> 分与云南缘不浅，月余两度昆明。西山景色一番新。前来花似锦，今见绿连城。难得平生闲里趣，闲山闲水闲寻。未妨余事作诗人。垂天方一息，明日又风云。①

读此词，很自然地想起《庄子·逍遥游》开篇所云："北冥有鱼，其名为鲲。鲲之大，不知其几千里也。化而为鸟，其名为鹏。鹏之背，不知其几千里也。怒而飞，其翼若垂天之云。"②朴老在此处正是化用了庄子鹏徙南海的典故，将自己乘飞机的感觉和不辱使命的高兴心情表现得淋漓尽致。

1957年12月，朴老赴埃及开罗参加亚非团结大会，参观了尼罗河、苏伊士运河、金字塔等名胜，他对埃及古代文物的丰富和奇特赞叹不已。在金字塔前，他见到了4700年前为杰俄普王殉葬的巨舟，了解到古埃及人相信死者终将复活，并乘船进入日宫之中，故而命名为太阳船。这让他想起了《庄子·大宗师》中有"夫藏舟于壑，藏山于泽，谓之固矣，然而夜半有力者负之而走，昧者不知也"③之语及中国古代羲和驭六龙以运日的传说：

> 藏舟故事由来久，出土钟彝莫为先。漫教羲和夸六辔，人家争坐太阳船。（《观埃及古代文物》四首其二）④

朴老的感慨也许在于，这些古代的帝王为"我执"所囿，生时奢侈无度，死后还期盼着复活后得享便利和幸福，因此制作了大量珍贵的器物为自己殉葬，他们哪里会想到，这些器物在数千年后能重见天日，并成为供今人观赏的宝贝！人们可以由此体会古代中国和埃及不同的文化传说。由于太阳船殉葬与庄子藏舟之说极为类似，故而朴老此处对《庄子》的引用非常自然、贴切，可以说是达到了天衣无缝的程度。

朴老与陈毅元帅常相唱和，二人私交甚笃。陈毅元帅去世后，其子陈昊苏对朴老非常敬重。1973年3月，陈昊苏曾托友人自广州乘空航之便，以含笑花一束寄赠这位父执。也许

---

① 赵朴初：《赵朴初韵文集》，上海：上海古籍出版社2003年版，第33页。
② 庄周：《庄子》，《老子庄子》，扬州：广陵书社2009年版，第1页。
③ 同上书，第25页。
④ 赵朴初：《赵朴初韵文集》，上海：上海古籍出版社2003年版，第42页。

是对故人有后感到由衷的欣慰,他赋诗二首,其二云:"时空非一亦非差,知也无涯却有涯。昨日初消檐上雪,今朝喜见岭南花。"①《庄子·养生主》开篇云:"吾生也有涯,而知也无涯。"而中国禅宗则将"拈花微笑"视为真理传承的一种方式,北京、广州,其地非一;折一茎花,瞬息而达,其时非异。也许朴老此处引用《庄子》之语,是以佛教独特的思维方式表达了一种好人终将获得好报的坚定信念。1974年朴老赋有《拟寒山二首》,其一云:"杀声动天地,触蛮酣大战,扶杖顾庭隅,笑指痴人看。"②亦为引用《庄子》。《庄子·则阳》云:"有国于蜗之左角者,曰触氏,有国于蜗之右角者,曰蛮氏,时相与争地以战。"③其时"四人帮"正加紧夺权,朴老此诗颇具冷眼观螃蟹之意味。

1976年1月,人民敬爱的周总理积劳成疾,终成不治,噩耗传来,山河含泪,万民悲哀,朴老作《周总理挽诗》云:

  大星落中天,四海波颎洞。终断一线望,永成千载痛。艰难尽瘁身,忧勤损龄梦。相业史谁俦?丹心日许共。无私功自高,不矜威益重。云鹏自风抟,蓬雀徒目送。我惭驽骀姿,期效铅刀用。长思教海恩,恒居惟自讼。非敢哭其私,直为天下恸。④

朴老自注,诗中鹏、雀,是用毛主席《念奴娇·鸟儿问答》词中的典故,但其释"抟"云:"音团,旋环飞动,《庄子·逍遥游》:'抟扶摇而上者九万里。'"⑤这再次令人想起《庄子·逍遥游》中的鲲鹏与蜩鸠。很显然,在朴老的心目中,周总理就是那海运将徙于南冥的大鹏,而宵小之辈不过是"决起而飞,抢榆枋,时则不至而控于地"的蜩与学鸠。

1977年7月,朴老观赏到已故朱德委员长手书"万水千山"的字幅,想到这位伟人饱经忧患,奋斗一生,岂不就是为了祖国的万水千山?其逝世之日,祖国尚处于风雨之中,则其逝前所书"万水千山"四字,当饱含着老人家对国家前程和未来的忧思。伊人已逝,杳如黄鹤,朴老睹字思人,写下《朱委员长书"万水千山"字幅题词》一诗:

  公作此书时,年已八十九。笔力犹浑健,点画不稍苟。恍见泰岳姿,凝想军旗手。万水坳堂过,千山泥丸走。长征创大业,旷古所未有。艰辛四十年,偷窃肆鼠狗。宁忍糠眯目?肯待柳生肘?四字何昭昭,传统启厥后。朝旭明八表,万里洗氛垢。导师遗愿偿,欢呼出亿口。始知随意书,实非轻然否。惜公未得睹,祭告傥见受。俯仰念元勋,

---

① 赵朴初:《赵朴初韵文集》,上海:上海古籍出版社2003年版,第183页。
② 同上书,第200页。
③ 庄周:《庄子》,《老子庄子》,扬州:广陵书社2009年版,第109页。
④ 赵朴初:《赵朴初韵文集》,上海:上海古籍出版社2003年版,第227页。
⑤ 同上。

对此低回久。①

朴老自注云:"《庄子·逍遥游》:'覆杯水于坳堂之上,则芥为之舟。'坳堂,低洼可容小水处。《庄子·天运》:'夫播糠眯目,则天地四方易位矣。'眯,音米,物入目也。《庄子·至乐》:'俄而柳生其左肘。'柳即瘤。柳、瘤一音之转。"② 也就是说,朴老在创作这首诗时至少有三处引用了《庄子》中的典故。而这些典故的运用,非常形象地凸显了朱老总历尽沧桑的坚毅和果敢以及在"四害"横行时的忧思和焦虑,将作者的心迹昭示给了世人。

需要指出的是,朴老在诗词创作中对《庄子》典故的引用,都很自然、贴切、晓畅、明白,近乎完美地表达了自己的思想和情感,绝没有丝毫的掉书袋的俗气。

二、养病中研读《庄子》

1989年12月,朴老因病住院,虽缠绵病榻,但兴味不减,"即今未觉吾衰甚,独卧虚堂喜有俦。庄子荆公皆我友,东冈北海共神游"③。他将《庄子》及《临川集》置于案头,时时研读,留下了组诗《读〈庄子〉》,共有十一首之多,实为解释《庄子》的不可多得的佳作。

  暮暮朝朝接万机,是非彼此听之奚?遣去名言离戏论,环中以应不齐齐。(《齐物论》)④

人生在世,每一天都要待人接物,人们各据自己的立场,不免因彼此见解不同而产生一些是是非非的纠缠和烦恼。那么,对此应如何处置呢?朴老认为,这些是非彼此的矛盾,都是由于人们执着于名相和概念的差异而产生的戏论。人们只要消除了对这些名相和概念的执着,抛弃那些戏论,以中道为中心做出回应,尽管世相百态,亦可收到齐一之效。很明显,朴老此处对《庄子·齐物论》做了佛学化的解读。

  庄文疑义叹纷拏,每设言筌引众哗。且喜先生今有质,修多罗义解《南华》。(《齐物论》)⑤

---

① 赵朴初:《赵朴初韵文集》,上海:上海古籍出版社2003年版,第251—252页。
② 同上书,第252页。
③ 同上书,第517页。
④ 同上。
⑤ 同上。

此处所谓"质",即旗鼓相当的对手之意,典出《庄子·徐无鬼》篇,是庄子对他的辩论对手惠施的称赞之词。庄子送葬,过惠子之墓,向从者讲述了一个郢人运斤成风的故事:郢人垩漫其鼻端,若蝇翼,使匠石斫之。匠石运斤成风,听而斫之,尽垩而鼻不伤,郢人立不失容。宋元君听说后,就召匠石过来想亲自尝试一下,但却为匠石拒绝了:"臣则尝能斫之。虽然,臣之质死久矣。"① 庄子也是非常怀念他这位辩论的对手,不无感喟地说:"自夫子之死也,吾无以为质矣,吾无与言之矣。"② 朴老引庄子此典以自注此诗,并云:"昔人注《庄子》者,不下百数十家,众说纷纭,反滋疑惑。如此篇题,王安石主张'物论'属读,后之学者多从之。章太炎不以为然,主张从旧训,以'齐物'属读。此齐一例也。其他理解歧异、训诂矛盾之处,不胜枚举。近代学者多引佛教经义注释《庄子》,往往易得其解。章太炎且有《齐物论释》专著,广引法相宗经论,以证其说。"③ 在朴老看来,佛教与庄子旗鼓相当,足以为庄子之"质",而且从佛教的角度上解释《庄子》,反而使本来纷纭复杂的许多问题变得比较容易理解。

    曼衍卮言绝妙辞,庄生游刃任神思。謋然已解全牛尽,想见提刀四顾时。(《养生主》)④

《庄子·天下》谓庄子"以天下为沉浊,不可与庄语,以卮言为曼衍"⑤,意谓在庄子看来,整个天下都是堕落、浑浊的,无法展开庄重严肃的谈论,因此就用"卮言",即随顺世俗的语言敷衍成篇。朴老认为,《庄子》虽为"曼衍卮言",但已为"绝妙好辞",尤其是《养生主》,庄子把"庖丁解牛"的奇妙自如描述得可谓是淋漓尽致。朴老写此诗的时候,中国社会经历了长期"左倾",宗教信仰自由政策正在逐步落实中,许多宗教场所开始得以恢复活动,此固是中国实行改革开放政策的大势所趋,但也与朴老等宗教领袖的努力很有关系。朴老也许忆及在中国"左倾"思潮泛滥的"沉浊"时代里,他凭借着高超的社会活动能力与随顺世俗的智慧,以"曼衍卮言"的方式巧妙周旋于各个方面之间,为佛教的生存和发展争取到了必要的空间,此与庄子描述的庖丁解牛极具神似之处。一位年逾八旬的老人,在毕生奋斗获得圆满成功之时,暗想自己在复杂的环境中接受佛教协会会长一职,为佛教争取空间,是"目无全牛",如今天遂人愿,何异于庖丁解牛成功时的"謋然已解,如土委地"⑥!"想见提刀四顾时",实则是一位饱经风霜和忧患的老人对自己平生事业充满自豪感

---

① 庄周:《庄子》,《老子庄子》,扬州:广陵书社2009年版,第103页。
② 同上。
③ 赵朴初:《赵朴初韵文集》,上海:上海古籍出版社2003年版,第518页。
④ 同上。
⑤ 庄周:《庄子》,《老子庄子》,扬州:广陵书社2009年版,第144页。
⑥ 同上书,第12页。

的自然流露。

  吾行却曲人间世，步步迷阳究可哀。莫谓漆园专诙诡，正身慎语劝心斋。（《人间世》）①

  《庄子·人间世》载楚狂接舆游于孔子之门而作歌曰："凤兮凤兮，何德之衰也！来世不可待，往世不可追也。天下有道，圣人成焉；天下无道，圣人生焉；方今之世，仅免刑焉。福轻乎羽，莫之知载；祸重乎地，莫之知避。已乎已乎，临人以德！殆乎殆乎，画地而趋！迷阳迷阳，无伤吾行！吾行却曲，无伤吾足。"②此歌描述了人间世的艰辛和痛苦，处处荆天棘地，时时危机四伏，人们追逐名利，不知避祸远害，实可与佛教的"苦圣谛"相表里，自然容易引起一代佛学大师朴老的同感，"吾行却曲人间世，步步迷阳究可哀"，亦为其本事之写照也。因此他不能同意《庄子》之文皆为诙诡幻怪之语的说法，认为其中如关于"心斋"的说法，即"若一志，无听之以耳而听之以心；无听之以心而听之以气"③等，都是劝导世人正身、慎语的话，无疑都是古道热肠和苦口婆心的至理名言。

  庄周之学非逃世，无所逃于天地间。远害但教无用用，游心端合不言言。（《人间世》）④

  人们一般认为，庄周之学乃逃世之学，但《庄子·人间世》提出"天下有大戒二，其一命也，其一义也。子之爱亲，命也，不可解于心；臣之事君，义也，无适而非君也。无所逃于天地之间，是之为大戒"⑤。这表明庄子学说的宗旨绝非逃避人世，只不过是当时的社会险象环生，少不留神，就会丧生失命，因此他将无用于王侯作为远离祸害、保全自身的大作用，将自己的身心安顿于无法用语言表达的地方。远害以全生，最为道家所关注，而朴老所重视的庄子无用用、不言言之说，则与佛教"言语道断，心行处灭"颇相契合。

  环中学理甚精微，镜不将迎照是非。但惜逍遥徒自适，普贤境界未曾窥。（《人间世》）⑥

---

① 赵朴初：《赵朴初韵文集》，上海：上海古籍出版社2003年版，第518页。
② 庄周：《庄子》，《老子庄子》，扬州：广陵书社2009年版，第18—19页。
③ 同上书，第14页。
④ 赵朴初：《赵朴初韵文集》，上海：上海古籍出版社2003年版，第518页。
⑤ 庄周：《庄子》，《老子庄子》，扬州：广陵书社2009年版，第15页。
⑥ 赵朴初：《赵朴初韵文集》，上海：上海古籍出版社2003年版，第519页。

《庄子·齐物论》提出"得其环中，以应无穷"①的主张，在朴老看来，此亦为《庄子·人间世》"托不得已以养中"②的方法。朴老认为，此理非常精深微妙，与佛教的镜喻非常相似，镜子从来不迎合所照之物，但却将其美丑妍媸展露无遗。这自然是朴老对庄子的称赞，但朴老亦因此而为庄子感到惋惜，这么精微的见解，只是被庄子用来逍遥自适，而未能以之普度众生，实无法与菩萨慈悲普度一切众生的普贤境界相提并论。

机事机心费舌唇，如何误许汉阴人？试招赐也观今日，电卷江河灌北冥。　　忘机岂必无机事，一片空明应万般。来往飞机千万里，机中列子意泠然。(《天地》)③

朴老自注，《庄子·天地》篇载："子贡过汉阴，见一丈人方将为圃畦，凿隧而入井，抱瓮而出灌，滑滑然用力甚多而见功寡。子贡曰：'有械于此，一日浸百畦，用力甚寡而见功多，夫子不欲乎？……凿木为机，后重前轻，挈水若抽，数如泆汤，其名为槔。'为圃者忿然作色而笑曰：'吾闻之吾师，有机械者必有机事，有机事者必有机心。机心存于胸中，则纯白不备；纯白不备，则神生不定；神生不定者，道之所不载也。吾非不知，羞而不为也。'"④王安石诗云："赐也能言未识真，误将心许汉阴人。桔槔俯仰妨何事？抱瓮区区老此身。"⑤朴老非常认可安石诗中之意，其诗亦可视为对安石之诗的一种理解和发挥，且今日之电机灌溉、南水北调、航空航天等事，皆为"机心"发达之产物。朴老指出，"庄子寓言有精妙处，如庖丁解牛。亦有谬误处，如汉阴丈人"⑥。从大乘佛教的立场上讲，菩萨们垂手入躔，普度众生，必须具足方便善巧，故佛教于重视内明、因明、声明之外，亦特重工巧明及医方明。

古今水陆由来异，周鲁舟车岂可通？应物随缘通万变，隆施披拂雨云风。(《天运》)⑦

《庄子·天运》载师金答颜渊之言："夫水行莫如用舟，而陆行莫如用车。以舟之可行于水也而求推之于陆，则没世不行寻常。古今非水陆与？周鲁非舟车与？今蕲行周于鲁，是犹推舟于陆也。劳而无功，身必有殃。彼未知夫无方之传，应物而不穷者也。"⑧在朴老看来，

---

① 庄周：《庄子》，《老子庄子》，扬州：广陵书社2009年版，第6页。
② 同上书，第9页。
③ 赵朴初：《赵朴初韵文集》，上海：上海古籍出版社2003年版，第519页。
④ 庄周：《庄子》，《老子庄子》，扬州：广陵书社2009年版，第48页。
⑤ 赵朴初：《赵朴初韵文集》，上海：上海古籍出版社2003年版，第519页。
⑥ 同上。
⑦ 同上。
⑧ 庄周：《庄子》，《老子庄子》，扬州：广陵书社2009年版，第58页。

师金"此语甚精,亦与汉阴丈人之论相反"①。佛教不唯强调上契佛理,亦强调下契众生之机,因此非常反对一概之论,以之为缺乏方便善巧的"法执"。

  未解裙襦口有珠,青青之麦诵诗书。控颐别颊盗有道,外史先河大小儒。(《外物》)②

《庄子·外物》载儒以诗礼发冢之事,大儒胪传曰:"东方作矣,事之若何?"小儒曰:"未解裙襦,口中有珠。""诗固有之曰:'青青之麦,生于陵陂。生不布施,死何含珠为?'接其鬓,压其颥,而以金椎控其颐,徐别其颊,无伤口中珠。"③朴老读后,为之解颐,他称赞说:"如此短篇小说,仅七十余字耳,而其描写之生动,讽刺之尖锐,后世之《儒林外史》无以过之。"④

  养生譬如牧羊儿,俟其后者而鞭之。雷迅风驰多致患,蜗行穀食是吾师。(《达生》)⑤

朴老自注云:"余性急,动作饮食过速。今患十二指肠溃疡,人谓与性急有关。"⑥此可证朴老读书,务求有切于自家身心,如此则不唯可以增益见闻,亦可涵养性情,发明心地,实受法益,颇符佛教"观心释"之义。

除了这十一首之外,朴老还在1974年写过一首《读〈庄子·盗跖篇〉》。彼时处于"文革"时期,"批林批孔"正开展得如火如荼。批孔者以此篇所载盗跖攻讦孔子之事为信史,将盗跖美化成奴隶起义的领袖和革命家,遂启朴老之疑,因而有此诗之作,虽不足发《庄子》之精微,但可见朴老读书不依附时论之独立精神,故而附列于此。

  展季先孔丘,一百数十载。如何与弟跖,及见子路醢?季也为士师,职掌囚讯奴。跖称奴之雄,胡肯同里居?驱人之牛马,取人之妇女。贪得而忘亲,所过万民苦。如此而非盗,而乃炫英武,而乃称革命,嗟嗟此何语?人生天地间,忽若过隙驹,悦志养寿命,乐道弃其余,此其革命者,所以教人乎?(《读〈庄子·盗跖篇〉》)⑦

---

① 赵朴初:《赵朴初韵文集》,上海:上海古籍出版社2003年版,第520页。
② 同上。
③ 庄周:《庄子》,《老子庄子》,扬州:广陵书社2009年版,第114页。
④ 赵朴初:《赵朴初韵文集》,上海:上海古籍出版社2003年版,第520页。
⑤ 同上。
⑥ 同上。
⑦ 同上书,第193页。

朴老认为，展季即柳下惠，与孔子相去百有余年，怎能知子路之死于俎醢？柳下惠乃鲁之执法吏，跖为江洋大盗，二人怎能是兄弟关系？驱人牛马，取人妇女，贪得忘亲，掳掠人民，怎能算是革命？人生苦短，及时享乐，革命者就以这样的话去教导别人？朴老此处以议论入诗，通篇明白如话，表明他深得文字三昧，能于诗词出入自在。

三、生活中体现《庄子》

朴老《读〈庄子〉》组诗虽未涉及《庄子·逍遥游》，然在《庄子》33篇之中，最为朴老所欣赏者，却非《逍遥游》莫属。他不仅在诗词创作中多处引用该篇中的鲲鹏意象，而且还在生活中体现了该篇的情趣和宗旨。

1967年11月，朴老创作了一首题为《逍遥游》的自度曲：

道是多情却似总无情，道是关心却又不关心。前儿那么热，今年这么冷。这边厢埋着书本，那边厢手贴着风琴。这边厢扑克常厮混，那边厢绒线乱纵横。这边厢玻璃缸鱼翔浅底，那边厢晶体管空谷传音。你好我好，嘿嘿哈哈，假假真真。娃娃们，有什么心头闷，说的话总不听。难道长此忡忡过一生？长此松松过一生？①

看内容，估计这首曲子写的是当时的红卫兵。1966年下半年兴起的红卫兵串连，在全国范围内掀起"横扫""炮轰""砸烂"狂飙。翌年中央号召红卫兵们"复课闹革命"，给失去控制的红卫兵运动降温，但一时间如何能使这些脱缰的野马安坐于平静的教室里认真学习？于是就出现了曲中所说的现象：说他们爱祖国、爱人民，是多情的种子吧，但他们在批判和武斗中却又表现得冷酷无情；说他们关心国家大事吧，但他们却又好像对什么都漠然置之。前一段时间大鸣大放大字报大辩论，搞得热火朝天，这一段时间却又没事似的，显得冷冷清清。有的头埋在书本里睡大觉，有的在拉手风琴自娱自乐，有的在打扑克混天聊日，有的在织毛衣打发无聊，有的在观赏玻璃缸里养的鱼，有的在听收音机。大家见了面总是这么嘻嘻哈哈的，也不知你们到底有什么心事，为什么总是把老人们说的话当作耳旁风呢？难道你们能这样过一辈子吗？言辞中对当时的年轻人的未来充满了忧虑和关切。此曲题名"逍遥游"，可有二解：一者讽刺当时年轻人虚度光阴，不知珍惜青春年华；二者自己虽心怀不满，但只能置身事外，冷眼观世，逍遥以游。若将此曲置入《庄子·逍遥游》的语境中，则我们可以断定，朴老在欣赏鲲鹏之高翔于云天之余，亦出于其菩萨慈悲之心，悲悯斥鷃之不数振其羽也。

1996年11月25日，朴老"夜梦行两崖壁间，甚狭，侧身而过，见清溪、碧草、良田、

---

① 赵朴初：《赵朴初韵文集》，上海：上海古籍出版社2003年版，第160—161页。

茂林。闻人言，此桃花源也"①。醒来后又创作一首题为《逍遥游》的自度曲：

病室可逍遥，情思万里飘。飘遍五洲曾到处，山隐隐，水迢迢。　仙子笑相招。指引桃花源里去，初甚狭，忽开朗，见丰饶。田漫嘉苗，溪沿芳草。鹂鸣翠柳，鱼游灵沼。道不尽"这边独好"，叹不完"江山多娇"。　正伸腰，欣然长啸。猛睁眼，蘧然梦觉。半床书，半床月，倚枕听吹箫。②

此曲明白如话，无难解处。末句"倚枕听箫声"，并非真的有人为朴老吹箫。朴老晚年患耳聋，平时须戴助听器，这次入梦桃花源，未关闭助听器，助听器就一直鸣叫，如同鸣箫一般。朴老此曲，实是对《桃花源记》及《桃花源诗》的缩写。陶渊明写《桃花源记》及《桃花源诗》，是听闻传言，而朴老则是在梦中游览了桃花源，并将此一番游历题为"逍遥游"，从而在庄子式的摇荡恣肆之外又开发了一种恬退平淡式的逍遥游，并观之如梦如幻，这无疑是对庄子、陶渊明及佛教真空观的一种融合和会通。

朴老晚年体弱，经常住院疗养，虽缠绵病榻，但仍寄意逍遥。

逍遥万里御风游，梦觉依然病榻周。无奈床前三举步，浑如身上九层楼。（《病中杂咏十九首》其一）③

既然现实中已为老病之苦所充满，举步乏力，行动不能自由，那么就在梦寐之中进行"逍遥游"吧。朴老肠胃不好，治疗期间须禁食。当时的中国佛教协会教务部主任陈秉之先生写诗问讯："壮游翻作饿乡游，咫尺如攀百尺楼。病榻维摩新境界，忽惊蜀道在床头。"④于是朴老回诗二首云：

仙乡曾到无何有，吸风饮露神人居。偃鼠饮河今满腹，逍遥非复病相如。

众生有病我能无？丈室周旋念曼殊。不遣离朱察毫末，方求象罔索玄珠。（戏答陈秉之二首）⑤

朴老在第一首诗中戏称自己曾到过一处叫"无何有"的"仙乡"，那儿是吸风饮露的

---

① 赵朴初：《赵朴初韵文集》，上海：上海古籍出版社 2003 年版，第 703 页。
② 同上。
③ 同上书，第 516 页。
④ 同上书，第 523 页。
⑤ 同上。

"神人"居住的地方,所以他虽然不吃什么东西,但却能像饮于江河的偃鼠一样,一点也不感到饥饿,比起那位"茂陵秋雨病相如"来,可就逍遥自在多了。"无何有之乡","神人"之"吸风饮露","偃鼠饮河"得以"满腹",皆见于《庄子·逍遥游》中。朴老在第二首诗中以维摩诘自况,因众生病故,他亦有病,而将陈秉之先生的问讯比作文殊室利菩萨的问疾。"不遣离朱察毫末,方求象罔索玄珠",出自《庄子·天地》:"黄帝游乎赤水之北,登乎昆仑之丘而南望,还归,遗其玄珠。使知索之而不得,使离朱索之而不得,使喫诟索之而不得也。乃使象罔,象罔乃得之。"① 知通达古今,离朱明察毫末,喫诟才辩纵横,然皆不足得黄帝之玄珠,而象罔非有非无,不瞰不昧,却能得之。此乃朴老向人开示自己于病中尚能逍遥的秘诀,不知天下人有得之者乎!

---

① 庄周:《庄子》,《老子庄子》,扬州:广陵书社2009年版,第45页。

道教的扶贫观*

张崇富**

内容提要：本文主要探讨了道教的贫穷观和扶贫观，通过对道教经典文献挖掘和对当代道教参与扶贫的现实的分析，本文认为道教在中国的扶贫事业中可以发挥更大的作用。

关键词：道教；贫穷观；扶贫观

道教的扶贫观中有不少原创性的思想。要了解道教的扶贫观，就必须先了解道教的"贫穷观"。道教的贫穷观立体而丰富，大体可分为世俗的贫穷观和修道的贫穷观两种。

一、道教的贫穷观

（一）道教世俗的贫穷观

道教的世俗的贫穷观又可从个人和国家两个层面去划分。从个人的层面来说，贫穷即是"身贫"或"家贫"。对于这种贫穷，《淮南鸿烈解》卷之九有非常明确的说法："无财曰贫，鳏寡孤独曰穷也。"《太平经钞·戊部》卷之五又称"民多为富，民少为贫"，是根据个人财产的多少来判定贫富的。从国家的层面来说，贫穷乃是"天地之贫"。《太平经》中将国家层面的贫富谱系又明确分为：富足、小贫、大贫和极下贫几种。《太平经》卷之三十五"分别贫富法第四十一"称："富之为言者，乃毕备足也。天以凡物悉生出为富足。故上皇气出，万二千物具生出，名为富足。中皇物小减，不能备足万二千物，故为小贫。下皇物复小于中皇，为大贫。无瑞应，善物不生，为极下贫。子欲知其大效，实比若田家，无有奇物珍宝，

---

* 本文为国家社科基金项目"川主信仰的文本、仪式及口述史研究"（项目号：18BZJ046）的阶段性研究成果，为国家"十三五"规划文化重大工程"中华续道藏"（中央统战部统办函[2018] 347号）的阶段性研究成果。

** 张崇富，男，四川大学道教与宗教文化研究所教授。

为贫家也。万物不能备足,为下极贫家,此天地之贫也。万二千物俱出,地养之不中伤,为地富;不而善养,令小伤,为地小贫;大伤,为地大贫;善物畏见伤于地形而不生,至为下极贫;无珍宝物,万物半伤,为大因贫也;悉伤为虚空贫家。此以天为父,以地为母,此父母贫极,则子愁贫矣。"①

道教的这种世俗的贫穷观,认为贫穷是人们的一种不好的困窘的生存状况。道教将贫归入"六极"之一,所谓"六极"就是六种不好的生存状况。六极,一曰凶短折,二曰疾,三曰忧,四曰贫,五曰恶,六曰弱。跟五种好的生存状况相对就是所谓的五福:一曰寿,二曰富,三曰康宁,四曰攸好德,五曰考终命②。这种观念认为贫穷是不好的。

(二)道教修道的贫穷观

从修道层面来看,世俗的贫穷不但不是坏事,反而是好事,有助于修道者修道成功。道门中的不少高道在他们的诗文中,反复讨论了身贫与道贫的关系问题,非常明确地指出"自古圣人,皆从贫苦得来,不自富贵中出""道人不厌贫,贫乃养生之本""身贫道不贫"。道经中多有这方面的论述:

> 自古圣人,皆从贫苦得来,不自富贵中出。凡人清贫者学道,易降心炼魔。若富贵者学道,则淫欲心多,胜心大,自然万两金易销得。若不动心,不贪不爱,不着无心,则销不得。大凡人成则忻忻,败则慽慽,若此两者,戏若平等,便是了心地人也。③
>
> 道人不厌贫,贫乃养生之本。饥则餐一钵粥,睡来铺一束草,褴褴褛褛以度朝夕,正是道人活计。故知清净一事,豪贵人不能得。④
>
> 人笑我贫我不贫,争奈身贫道不贫,玄珠至宝为吾友,养在丹田无价珍。⑤
>
> 草庐道人贫彻骨,一庐潇洒空无物。身中有宝不求人,价大难酬不担出。⑥
>
> 我爱山居好,无求足养真。秋声七八月,山色两三人。
> 迹晦心非晦,身贫道岂贫。沧溟观大化,搔首愧红尘。⑦
>
> 岁俭心非俭,家贫道不贫。谁知天地内,别有好乾坤。⑧
>
> 虚心静定通玄牝,彻骨清贫入道基。灵地莹然心月现,禅天独露大光辉。⑨

---

① 王明:《太平经合校》,北京:中华书局1960年版,第29—32页。
② 《弘道录》卷之二十五"义"。《道藏》第35册,北京:文物出版社,上海:上海书店,天津:天津古籍出版社1988年版,第173页。以下所引《道藏》,皆出自此版本。
③ 《真仙直指语录》卷下《海天秋月道人玄全子集》,《道藏》第32册,第440页。
④ 《丹阳真人语录·灵隐子王颐中集》,《道藏》第23册,第704页。
⑤ 《金液大丹口诀》,《道藏》第4册,第972页。
⑥ (南宋)白玉蟾:《修真十书》上清集卷之三十八《题丹枢先生草庵》,《道藏》第4册,第777页。
⑦ (明)张宇初:《岘泉集》卷之十"五言律诗",《道藏》第33册,第264页。
⑧ (北宋)邵雍:《伊川击壤集》卷之十四《岁俭吟》,《道藏》第23册,第555页。
⑨ 《清庵莹蟾子语录》卷之六《虚彻灵通》,《道藏》第23册,第760页。

因此，要了解道教的贫穷观，仅有世俗层面的贫穷观是远远不够的，必须了解道教修道层面的贫穷观才能窥其全貌。

二、道教认为造成贫穷的原因

（一）前世命定论

在古代，传统道教认为，个人的贫富在出生之前是命中注定的，但归根结底，还是个人前世的德行所决定的。

《赤松子中诫经》中记载了轩辕黄帝专门就贫富的问题请教赤松子的对话：

> 轩辕黄帝稽首，问赤松子曰：朕见万民受生，何不均匀，有富贵，有贫贱，有长命者，有短命者，或横罹枷禁，或久病缠身，或无病卒亡，或长寿有禄，如此不等，愿先生为朕辩之。
>
> 赤松子曰：生民茕茕，各载一星，有大有小，各主人形，延促衰盛，贫富死生。为善者，善气覆之，福德随之，众邪去之，神灵卫之，人皆敬之，远其祸矣。为恶之人，凶气覆之，灾祸随之，吉祥避之，恶星照之，人皆恶之，衰患之事，并集其身矣。①

（二）统治者的盘剥和禁令让百姓致贫

除了命定论之外，古时的传统道教还非常尖锐地指出老百姓贫穷实际上是统治者一手造成的。《太平经钞·戊部》卷之五称"是故理国之本，民多为富，民少为贫"②。如果统治者贪暴无道，对老百姓盘剥无度，就必然导致百姓的贫穷。《抱朴子外篇》卷之四十八："夫獭多则鱼扰，鹰众则鸟乱，有司设则百姓困，奉上厚则下民贫。"③ "民之饥，以其上食税之多，是以饥。"④ "天下多忌讳，而民弥贫。"⑤

（三）道教认为造成贫穷的原因

道教认为这福地分为上中下三种，居于中上福地的人富贵长寿，中福地和下福地的人则会贫穷。《福地记》曰："福地不在山，而在人世之中。上等一十二福地，富贵貌寿，子孙兴焉。下等三十六福地，贫贱夭陋，刑疾并焉。中等二十四福地，祸福不常，贫富无准，或夭而有子，或陋而多疾。贵贱反复，得失循环。若人积行，止得升迁，如人作孽，当得堕落。

---

① 《赤松子中诫经》，《道藏》第 3 册，第 445 页。
② 《太平经钞·戊部》卷之五，《道藏》第 24 册，第 335 页。
③ 《抱朴子外篇》卷之四十八，《道藏》第 28 册，第 332 页。
④ 《道德真经·贪损章第五十七》，《道藏》第 11 册，第 481 页。
⑤ 《道德真经·淳风章第七十五》，《道藏》第 11 册，第 479 页。

奉行大道，超出轮回，如有仙路可登，不知修炼，转转失坠，当生异路，永在苦海。"①

道教认为家中住宅的风水也会影响到个人的贫富。其中家宅五实令人富贵，家宅五虚令人贫穷。道教认为：宅有五虚，令人贫耗；五实，令人富贵。宅大人少一虚，宅门大内小二虚，墙院不完三虚，井灶不处四虚，宅地多、屋少、庭院广五虚。宅小人多一实，宅大门小二实，墙院完全三实，宅小六畜多四实，宅水沟东南流五实②。

三、道教扶贫观及其教理依据

传统道教扶贫观的基本内涵为"救恤穷乏，济度天人"③，也就是说，道教认为帮助穷人是一件非常伟大的事业，乃是"济度天人"。道教认为地球上所有的人，无一例外都是上天所生，都是上天的子女，这些子女中有人不幸穷乏，其他人就有义务帮助他们，且救助他们具有极大的功德。

传统道教认为社会贫富均是一种常见的现象，富人有责任和义务去帮助穷人，"贫富不齐，物之情也。贫富相救，理之常也。一乡之中，必有一乡之富者，贫者赖以相救。苟富者悭吝不仁，则天之使是富者耶，乌所用焉"④。道教认为社会财富乃是天地的中和之炁，富人好比是碰巧钻进谷仓中的老鼠，不能因为老鼠待在谷仓里，就认定谷仓为老鼠所有，"此家但遇得其聚处，比若仓中之鼠，常独具足，此大仓之粟，本非独鼠有也"⑤。如果富人为富不仁，囤积财务，不愿施舍捐助，就会阻断天地之气的周流。《太平经》称："无知小人，反壅塞天地中和之财，使其不得周足，杀天之所生，贼地之所养，无故埋逃此财物，使国家贫，少财用，不能救全其民命，使有德之君，其治虚空。"⑥ 这就会导致各种非常严重的问题。

在传统道教的修道体系中，"救恤穷乏"的思想居于非常核心的位置。道教的修道体系总的来说，不外内炼与外修（又称功与行）两个方面。如：有道士刘宗海参师，问修炼者何？师曰：修者修其外行，炼者炼其身心。修外行者，恤孤念寡，敬老怜贫，修桥砌路，扶患释难，总有八百之数。炼身心者，居环守静，磨身炼心，惜精养气，炼神还虚，总有三千之数。外行生福，内功生慧，福慧两全，超越生死也⑦。《业报因缘经》曰："散施之法，一则内贼不起，二则外贼不生。内外安静，众祸消除。所以法有布施，破彼悭心，圣力冥通，随力受报。然此犹涉于布施之相，若夫不住相之施，则不见能施之我，不见所施之物，不见

---

① 《修真太极混元图》，《道藏》第 3 册，第 96 页。
② 《黄帝宅经》卷上，《道藏》第 4 册，第 980 页。
③ 《灵宝自然九天生神三宝大有金书》，《道藏》第 3 册，第 267 页。
④ 《洞玄灵宝自然九天生神玉章经解》卷中，《道藏》第 6 册，第 445 页。
⑤ 王明：《太平经合校》卷之六十七，北京：中华书局 1960 年版，第 247 页。
⑥ 同上书，第 247—248 页。
⑦ 《随机应化录》卷上，《道藏》第 24 册，第 133 页。

所施之人,此其福德,亦不可以限量论矣。"①《虚皇天尊初真十戒文》第八戒明确规定:不得贪求无厌,积财不散,当行节俭,惠恤贫穷②。《还丹金液歌注》云:"学道者须虚其心,轻财重义,且以大慈为本,广行阴德,矜孤恤寡,自守恬淡。"③

施散济贫对内可以破除人们的悭吝心,对外可以广积福田,破除修道者的内贼和外贼,对内炼和外修皆有极大的作用。传统道教济度的思想,还更加博大,不仅包括对世间贫苦之人的救济,还包括对死去的孤魂野鬼的济度,道教称之为惠阳和惠阴:惠阳则救度贫苦,惠阴则炼度孤魂。

四、当代道教扶贫

目前中国政府高度重视扶贫,在资金和政策方面都给予了很大的支持,同时也在探索各种扶贫的方式和方法。中国宗教界也积极参与到扶贫工作中来,贡献出自己的力量。《国家宗教事务局定点扶贫工作规划(2016—2020年)》自实施以来,中国道教协会在国家宗教事务局领导下,积极响应号召,发扬道教"齐同慈爱、济世利人"的优良传统,对贵州省三都水族自治县定点开展具体扶贫工作。中国道教协会对三都县中和镇中学、中和镇水龙民族小学、大河镇丰乐小学共捐助资金300万元。其中为中和镇中学修建学生食堂捐款71万元,为水龙民族小学修建学生食堂捐款83万元,为丰乐小学修建学生宿舍捐款106万元,为救助三都县患有眼疾的贫困者捐款20万元,为三都县脱贫攻坚主导产业之一"放飞希望"工程捐款20万元。同时江西省道协为"放飞希望"工程捐款20万元;西安市道协为救助三都县患有眼疾的贫困者捐款20万元;江苏省道协捐资人民币120万元,用于建设三都牛场小学④。此外,江西省道教界参加"扶贫攻坚五教同行"活动,各宗教界代表向赤水镇回辛村捐赠资金80万元,用于改善该村基层设施建设⑤。

总的来说,当代道教可以充分挖掘传统的扶贫思想,可以将道教的个人修行和服务社会大众完美地结合起来,可以为国家的扶贫大业做出应有的贡献。

---

① (南宁)董思靖:《洞玄灵宝自然九天生神章经解义》卷之二,《道藏》第6册,第404—405页。
② 《虚皇天尊初真十戒文》第八戒,《道藏》第3册,第405页。
③ (唐)元阳子修,(五代)通玄先生注:《还丹金液歌注》,《道藏》第4册,第360页。
④ 《中国道教协会发扬道教界积极作用助力三都定点扶贫》,见 http://www.sara.gov.cn/xwfb/zjjdt/ttdt20170904194140177352/575094.htm。
⑤ 《江西省道教界参加"扶贫攻坚,五教同行"活动》,见 http://www.daoisms.org/article/sort028/info-26168.html。

《神仙传》中"考验成仙"故事解读

廖玲　胡琳[*]

内容提要：葛洪《神仙传》是中国仙传小说的经典著作之一，其中的"考验成仙"故事情节曲折、内涵丰富，为众多学者所关注。结合葛洪《抱朴子内篇》中的相关阐释，"考验成仙"故事虽强调勤、忠、善等世俗伦理道德，但更突出对天命的肯定，体现出葛洪试图用天命观化解理性与信仰间的矛盾的倾向。从人类学与神话学的视角，"考验成仙"故事中的仪式象征与道教传授仪式关系密切，具有修正凡人修仙的不合理性与帮助凡人向神仙转换的象征性仪式功能。

关键词：《神仙传》；考验成仙；《抱朴子内篇》；考验仪式

《神仙传》一书搜集了诸多凡人以某方式得道成仙的故事，其中有一类较特别，为某凡人在仙人的多重考验下最终升仙，可称之为"考验成仙"故事，如《魏伯阳》《张道陵》《阴长生》《马鸣生》《陈安世》《介象》《壶公》《李八百》《孔安国》等。日本学者小南一郎认为此类故事表现出弟子超越功利地信赖和服从老师，体现出一种来自民众的"他力本愿"精神[①]。吴光正也认为这类故事主要考验弟子对师父是否绝对信任和诚心侍奉，体现出仙人对弟子品格的要求，并且师徒之间存在施恩者与受恩者的伦理道德关系[②]。目前学界虽基本认同此种观点，但也多是从弟子的勤苦修炼、谦恭侍奉的角度进行阐述。除小南一郎与吴光正先生的研究之外，在一些硕士论文中也有关于"考验成仙"故事的研究，如申玲玲的《道教神仙观念与唐前神仙小说研究》、邢馨元的《魏晋南北朝志怪小说中修道成仙故事研究》，但

---

[*] 廖玲，1980 年生，哲学博士，现为四川大学道教与宗教文化研究所副研究员；胡琳，1997 年生，现为四川大学道教与宗教文化研究所 2019 级硕士研究生。

① ［日］小南一郎著，孙昌武译：《中国的神话传说与古小说》，北京：中华书局 1993 年版，第 203—208 页。
② 吴光正：《中国古代小说的原型与母题》，北京：社会科学文献出版社 2002 年版，第 173—174 页。

这两篇论文仍主要从被考验者的道心、奉师角度分析。在苟波关于仙传小说的研究中,《关于死亡—复活信仰的中国古代神话和早期神仙传记故事解读》《道教神仙传记与观念的多元化及演变》两篇论文也有提及"考验成仙"故事,前者采用"神话—原型批评"方法,分析了表现死亡—复活观念的原始仪式与神话对于"神仙考验"和"梦幻"类型故事的影响;后者则通过比较不同时期的"考验成仙"故事,讨论道教修仙思想与伦理的演变,认为早期强调仙与俗的不可调和,而后期更强调修仙者的主体性,其个性、欲望与情感都得到尊重。除以上列出的研究成果外,学界还有许多关于《神仙传》的版本源流、神仙思想、叙事写作等方面的研究,但与"考验成仙"故事研究无直接关联,且数目繁多,故不一一列举。但为何考验会涉及生死、钱财、美色等诸多方面,为何被考验的凡人多是"骨相当仙"者,以及为何要设置考验等问题并未得到较好解答。本文将结合葛洪《抱朴子内篇》中的思想,分析《神仙传》中"考验成仙"故事的道德伦理观与道教天命观,同时还结合人类学与神话学的理论,分析此类故事中的仪式象征。

一、道必归贤:"考验成仙"故事中的道德伦理观

仙人传道,所传何人?《阴长生》篇中言:"天不妄授,道必归贤。"① 可知"贤"为受道者的最大特质。何为贤?从诸多考验故事中总结,可分为三个层面:一为"勤",二为"忠",三为"善"。

《抱朴子·释滞》中言:"欲求神仙,唯当得其至要,至要者在于宝精行炁,服一大药便足,亦不用多也。然此三事,复有浅深,不值明师,不经勤苦,亦不可仓卒而尽知也。"② 可见凡人修道,"勤"与"忠",即勤勉修行与诚心奉师的重要性。《神仙传》"考验成仙"故事中大部分都能体现此二点。

如阴长生少年好道,弃家随马鸣生学道二十余年,期间"寒不遑衣,饥不暇食,思不敢归,劳不敢息,奉事圣师,承欢悦色"③,其修炼之勤苦、奉师之诚心可见一斑,由此才通过考验,获得了长生之诀。又如马鸣生随仙人四处游历,"西之女几山,北到玄丘,南至庐江,周游天下,勤苦历年"④。之于"勤",葛洪将修道比作耕种,"夫修道犹如播谷也,成之犹收积也"⑤,因而修道之事乃由少积多、由小至大也,需日积月累。因而在一些故事中,有中途懈怠而不能成仙者。如《陈安世》一篇中,权叔本多年勤恳修道,然恰逢仙人之时有所倦怠,因而不能得道成仙。之于"忠",葛洪以帝王仍需恭敬对待老师为例,说明学道之

---

① 谢青云译注:《神仙传》,北京:中华书局 2017 年版,第 164 页。
② 王明:《抱朴子内篇校释》(增订本),北京:中华书局 1985 年版,第 149 页。
③ 谢青云译注:《神仙传》,北京:中华书局 2017 年版,第 165 页。
④ 同上书,第 91 页。
⑤ 王明:《抱朴子内篇校释》(增订本),北京:中华书局 1985 年版,第 240 页。

人更应"谦下于堪师者"①。"夫人生先受精神于天地,后禀气血于父母,然不得明师,告之以度世之道,则无由免死,盘石有余焰,年命已凋颓矣。由此论之,明师之恩,诚为过于天地,重于父母多矣。"②

葛洪将儒家的伦理道德观念,即君臣、父子、上下等观念,转移至明师与弟子之间的关系上,使弟子对明师的"忠"成为超越一切的唯一伦理关系,由此道教的师徒关系不仅具有中国传统的宗法观念特点,还具有超越性的神圣契约属性。

《神仙传》中的"考验成仙"故事不止于对"勤"与"忠"的考验,还有诸如勇气、善恶、贪欲、美色等方面。如张道陵七试赵昇,使人辱骂或污蔑之,用美女与金钱诱惑之,令三虎恐吓之,让臭秽可憎者行讨于之,以及命其跳下云台摘桃等③。壶公将费长房置于群虎之间、大石之下,甚至令其"啖屎兼蛆"④;山中仙女令介象归还宝石并断谷三年⑤。《抱朴子·极言》中有言:"或问曰:'古之仙人者,皆由学以得之,将特禀异气耶?'《抱朴子》答曰:'是何言欤?彼莫不负笈随师,积其功勤,蒙霜冒险,栉风沐雨,而躬亲洒扫,契阔劳艺,始见之以信行,终被试以危困,性笃行贞,心无怨二,乃得升堂以入于室。或有息厌而中止,或有怨恚而造退,或有诱于荣利,而还修流俗之事,或有败于邪说,而失其淡泊之志,或朝为而夕欲其成,或坐修而立望其效。若夫睹财色而心不战,闻俗言而志不沮者,万夫之中,有一人为多矣。故为者如牛毛,获者如麟角也。'"⑥可见神仙对修道者的考验是多方面的,修道者需道心坚定、清心寡欲、断绝世俗。

修道成仙还需行善积德,因而"善"也被列入重点考验的内容之中。在张道陵七试赵昇的第六试中,有一人向赵昇乞讨食物,此人"衣裳破弊,面目尘垢,身体疮脓,臭秽可憎",但赵昇仍是为之动容,将自己的衣服和粮食给了他⑦。在《李八百》篇中,李八百装作身患重病的雇工,但唐公房仍是为其费尽千金,不仅亲自为其舐舐恶疮,还让妻子与女婢亦如此⑧。此些故事皆能体现对修道者善心的考验。按《抱朴子·对俗》中记载,修道当先立功除过,如此才能得长生,究其缘由,一乃人寿命自有本数,如行大恶则司纪夺纪,行小恶则夺算,纪算尽则死;二则立三百善可得地仙,立千二百善可得天仙⑨。将世俗的行善观念与宗教性的上天夺算、成仙品级结合起来,使宗教信仰与行为具有了世俗伦理道德的观照,缥缈的仙人受善恶观念制约,离世的修仙亦不完全脱离凡尘。正如谭敏所言:"葛洪把古代社

---

① 王明:《抱朴子内篇校释》(增订本),北京:中华书局1985年版,第255页。
② 同上。
③ 谢青云译注:《神仙传》,北京:中华书局2017年版,第175—177页。
④ 同上书,第209页。
⑤ 同上书,第350页。
⑥ 王明:《抱朴子内篇校释》(增订本),北京:中华书局1985年版,第239页。
⑦ 谢青云译注:《神仙传》,北京:中华书局2017年版,第175页。
⑧ 同上书,第94—96页。
⑨ 王明:《抱朴子内篇校释》(增订本),北京:中华书局1985年版,第53页。

会的伦理纲常引入道教神仙世界，使以追求个人长生成仙为主要目标的魏晋神仙道教具有了现世道德功利色彩。"①

"勤""忠""善"是仙人考验凡人的三个重要方面，其中"善"为首要，而"勤"与"忠"之间，葛洪似是将"勤"置于更重要的位置，明师只是传道者而非使弟子最终成仙者，即"明师能授人方书，不能使人必为也"②。在后世的仙传故事中此点更加明显，考验更集中在弟子的个人心性上，而并不过于表现弟子对明师的侍奉，此或是道教趋向世俗化与人性化的表现之一。

二、命也自天："考验成仙"故事中的道教天命观

《神仙传》卷一《老子》篇中言："夫人受命，自有通神仙远见者，禀气与常人不同，应为道主，故能为天神所济，众仙所从。"③《抱朴子·辩问》中亦载："按仙经以为诸得仙者，皆其受命偶值神仙之气，自然所禀。故胞胎之中，已含信道之性，及其有识，则心好其事，必遭明师而得其法，不然，则不信不求，求亦不得也。"④ 在葛洪的神仙观念中，得道成仙者皆有不同于凡人的禀气，其最终能够长生久视也皆天命使然，体现出浓厚的道教天命观。

在《神仙传》的"考验成仙"故事中，被考验者大多为命中注定该受真道者。如《张道陵》篇中，张道陵曾对弟子言："其有九鼎大要，唯付王长，而后合有一人，从东方来，当得之，此人必以正月七日日中到。"⑤ 此一人便是后来接受七重考验的赵昇。这表明，赵昇在经受考验之前已被预测可得长生之道，那么其通过考验似也为顺理成章之事。在《壶公》篇中，壶公每日跳入壶中之景，亦是普通凡人不能见，而唯费长房见之，如此才有后续的求道与考验故事。至于为何只有费长房可见壶公，按壶公解释，乃是"卿可教，故得见我"⑥。这表明接受考验的前提条件是来自天的授命，这在一般的传道故事中体现更为明显。如《王远》篇中，王远传道蔡经，言："汝生命应得度世，故欲取汝以补官僚耳。"⑦ 再如《吕恭》篇中，三仙人（中有一人名曰吕文起）传道吕恭（字文敬），言："公既与我同姓，又字得吾半支，此是公命当应长生也。"⑧

天命观在葛洪《抱朴子内篇》中也多有体现，尤其体现在关于"周孔不学道"的辩论之

---

① 谭敏：《从"致太平"到"求成仙"——〈神仙传〉的神仙道教主题》，《西南民族大学学报》（人文社科版）2017年第9期，第84页。
② 王明：《抱朴子内篇校释》（增订本），北京：中华书局1985年版，第240页。
③ 谢青云译注：《神仙传》，北京：中华书局2017年版，第31页。
④ 王明：《抱朴子内篇校释》（增订本），北京：中华书局1985年版，第226页。
⑤ 谢青云译注：《神仙传》，北京：中华书局2017年版，第173页。
⑥ 同上书，第206-207页。
⑦ 同上书，第77页。
⑧ 同上书，第242页。

中。何以孔子无久视之祚？何以孔子见老子而不从学道？何以孔子不言仙道之事？这些质疑常被用于论证世无神仙之事，更无学道长生之法，但葛洪对此一一进行了反驳。葛洪关于"周孔不学道"的辩论在《抱朴子内篇》中多处出现，如《寒难》《释滞》《辩问》卷等，但《辩问》卷较为集中。本文中列举的葛洪的四个论据也皆出自《辩问》篇。论据有四：其一，圣人不同于仙人，圣人主典章制度、移风易俗和匡扶国家，而仙人值长生之道，需离俗去世，故"圣人不必仙，仙人不必圣"①。其二，圣人分多种，有治世之圣、得道之圣、书圣、画圣、木圣、机械之圣、占候之圣、勇敢之圣、用兵之圣等。按《说文解字》，"聖，通也。从耳，呈声"②，以"耳"表意，可理解为听觉敏锐者，后则多引申为无事不通者为圣。葛洪亦将"圣人"理解为超出凡人者，即"圣者，人事之极号也"③，但他强调只是某一个方面出于常人，而非无所不通、无所不能。因此，他认为圣道可分，且各人得不同之圣道乃为天命所授。

《抱朴子·辩问》中载："《玉钤经·主命原》曰：'人之吉凶，制在结胎受气之日，皆上得列宿之精。其值圣宿则圣，值贤宿则贤，值文宿则文，值武宿则武，值贵宿则贵，值富宿则富，值贱宿则贱，值贫宿则贫，值寿宿则寿，值仙宿则仙。又有神仙圣人之宿，治世圣人之宿，有兼二圣之宿，有贵而不富之宿，有富而不贵之宿，有兼富贵之宿，有先富后贫之宿，有先贵后贱之宿，有兼贫贱之宿，有富贵不终之宿，有忠孝之宿，有凶恶之宿。如此不可具载，其较略如此。'"④

人诞生之时各有星宿之象，因而所受精气各不相同，所定命运亦不同。人能得某一方面之精专而成圣，亦由此也。其三，圣人并非无所不知、无所不能者。葛洪认为圣人仍属于凡人，饥渴寒热、痛伤老病以及死亡等皆与凡人无异，唯其才思敏捷、德行高尚、知识渊博不同他人，故不能认为圣人无事不通晓。其四，即便圣人修道，亦不必言于典籍之中。葛洪认为典籍中无记载并不表明世上定无仙道，亦可能是孔子认为此事不可用于训世，恐世人皆崇尚仙道而败坏伦理，"故周孔密自为之，而秘不告人，外托终亡之形，内有上仙之宾"⑤。

"周孔不学道"之辩论，表面是讨论孔子为何不学道，但实则是儒家不语怪力乱神的理性精神与道教非理性的神仙思想之间的辩论。通过葛洪的四个论据，可知其主要通过解构传统"圣人"形象的方法论证孔子不学道的理由，即否定圣人无所不能、圣人专指孔子等观点，树立一个有所限制的圣人形象。并且，葛洪试图用天命论来统筹治世圣人与修道圣人，用富有宗教色彩的宿命论来协调儒道之间的矛盾。葛洪借《神仙传》宣扬"神仙存在，仙道可学"的思想，在"考验成仙"故事中强调弟子勤苦修炼、侍奉明师和行善积德的重要性，

---

① 王明：《抱朴子内篇校释》（增订本），北京：中华书局1985年版，第224页。
② （汉）许慎：《说文解字》，北京：中华书局1963年版，第250页。
③ 王明：《抱朴子内篇校释》（增订本），北京：中华书局1985年版，第225页。
④ 同上书，第226页。
⑤ 同上书，第229页。

似在暗示修道者依照既定方法修炼便可成仙，且可以一定原理解释。然而，在"考验成仙"故事以及更多的仙人传道故事中，无不体现出葛洪的天命观念，强调唯有骨相当仙、受命应仙者方可得长生之道。甚至于一个人是否有求道之心都是由天命决定，即"命属生星，则其人必好仙道。好仙道者，求之亦必得也"①。

勤求与命定的矛盾，乃世俗伦理与宗教信仰的矛盾，即理与信的矛盾。葛洪虽强调理，且用理性思辨的方式论证神仙的存在，但根本上仍认为信大于理。在《抱朴子》卷三《对俗》中，葛洪便指明仙道虽可认识一二，但并不能求其根本之理，信则修之，此犹如病中求药，无须知药何以治病之由，只需信而服之便可②。

三、仙凡关系："考验成仙"故事中的仪式象征

前文主要分析了"考验成仙"故事中的思想内涵，但仍不能解释为何在成仙故事中会出现"考验"这一情节。"考验"意味着两层含义：其一，神仙对凡人升仙的限制；其二，凡人向神仙过渡的关键点。前者表明仙与凡之间的对立，后者则反映仙与凡之间的转换。

《神仙传》卷六《孔元方》篇中有言："可授不授，为闭天道；不可授而授，为泄天道，皆殃及子孙。"③《抱朴子》卷四《金丹》篇中亦言："传丹经不得其人，身必不吉。"④葛洪将传授弟子修道知识与技能者称为"明师"。小篆中"明"字从"月"，从"囧"，表示月光从窗户中照进来之意。《说文解字》，"朙，照也。从月，从囧"⑤，亦是此意。月光照进窗户，非太阳照亮大地，实为幽密隐晦之事。由此以解"明师"之意，非单指贤明智慧之师，还含秘密传道之意。秘密传道意味着禁忌与危险，因此不得任意传道，传于非人将招致天罚，且传道时需举行特定仪式和进行斋戒。

葛洪在《抱朴子》卷四《金丹》篇中记载，黄帝曾将九鼎神丹经传于玄子，并诫之曰："此道至重，必以授贤，苟非其人，虽积玉如山，勿以此道告之也。受之者以金人金鱼投于东流水中以为约，歃血为盟，无神仙之骨，亦不可得见此道也。合丹当于名山之中，无人之地，结伴不过三人，先斋百日，沐浴五香，致加精洁，勿近污秽，及与俗人往来，又不令不信道者知之，谤毁神药，药不成矣。"⑥

《神仙传》卷四《阴长生》篇中，马鸣生传道于阴长生，亦是"入青城山中，煮黄土为金以示之，立坛西面，乃以《太清神丹经》授之"⑦。可见明师传道，一不能传于非人，否

---

① 王明：《抱朴子内篇校释》（增订本），北京：中华书局1985年版，第136页。
② 同上书，第50页。
③ 谢青云译注：《神仙传》，北京：中华书局2017年版，第230页。
④ 王明：《抱朴子内篇校释》（增订本），北京：中华书局1985年版，第76页。
⑤ （汉）许慎：《说文解字》，北京：中华书局1963年版，第141页。
⑥ 王明：《抱朴子内篇校释》（增订本），北京：中华书局1985年版，第74页。
⑦ 谢青云译注：《神仙传》，北京：中华书局2017年版，第159页。

则招致诽谤与污秽，使丹药不成而失长生之道；二则传于当仙者，仍需举行一定的仪式，并以"盟"的方式与天订立契约。在南朝道士陆修静编撰的《太上洞玄灵宝授度仪》中，灵宝授度仪式分为三个阶段，依次为启奏、登坛告盟、设斋谢恩①。其中第二个阶段就是通过盟誓形式将受道者告以上天，订立神圣契约以构成制约。由此可见，"考验成仙"故事中的"考验"或可视为道教传授仪式的象征性表达，其传达出的传道严肃性与神圣性影响到了后世道教传授仪式，尤其是上清派，如在上清派经典《真诰》中就存在许多"考验成仙"类型的故事，并强调"试验"是传授真道的先决条件②。

"考验成仙"故事亦具有象征性的仪式功能。"考验成仙"故事虽有不同的文本，但其叙事结构基本可概括为：某凡人遇仙人求道，仙人设下考验，凡人通过考验，仙人传道，凡人升仙。从此结构来看，该类型故事中的被考验者存在三个阶段，依次为凡人阶段、考验阶段、成仙阶段。根据人类学家范·杰内普（Arnold van Gennep）和维克多·特纳（Victor Turner）的"通过仪式"理论，可知当社会中的人从某一阶段过渡到另一阶段时要举行"通过仪式"，该仪式可分为分离、阈限以及融合三个阶段③。"考验成仙"故事中被考验者所处的三阶段可看作通过仪式的三阶段。在凡人阶段时，被考验者并不完全处于"凡人"状态，依照前文所言的天命观念，被考验者的禀气天然异于他人，而且其中有些弃世修道，有些随仙人离家游历，所以此阶段的被考验者处于传统社会结构中的边缘地带，或是已被分离出来。在考验阶段，被考验者的社会特征更加不清晰，他们处于凡人与成仙的门槛之上。这种模糊不定的状态在《魏伯阳》《张道陵》故事中，被极端化为"死亡"状态，因此在这二则故事中可见到生—死—生这样一个转换过程。在成仙阶段，被考验者完满地通过考验阶段，即阈限阶段，过渡到一个新的阶段，即神仙阶段。由此，"考验"是修道者由凡向仙转换的关键节点，具有帮助修道者进入神仙社会的仪式功能，这正如道教的传授仪式具有帮助弟子进入道教体系的仪式功能。

此外，如若将"考验成仙"故事放在中国民间故事类型学的范畴下，会发现"考验"这一母题多出现在有关婚姻的故事中。如洪水再殖神话中，存在兄妹婚与天女婚两种，前者为妹给兄设下难题，兄在神的帮助下解决难题，兄妹结婚；后者为天女的父亲（神）为凡间男子设下难题，男子在天女的帮助下解决难题，天女与凡间男子结婚。再如狗丈夫故事中，通常是某一国的君王对狗设置难题，狗解决难题，狗与君王女儿结婚（其间狗会变成男子）。在最普遍一般的难题求婚故事中，一般为岳父（多是地主、官员）给女婿（多是平民、农民）设置难题，女婿在妻子的帮助下解决难题，二人结婚。

---

① 吕鹏志：《早期灵宝传授仪——陆修静（406—477）〈太上洞玄灵宝授度仪〉考论》，《文史》2019年第2期，第145页。
② 孙昌武：《道教经典里"试"的故事》（下），《古典文学知识》2018年第6期，第84—86页。
③ ［英］维克多·特纳（Victor Turner）著，黄剑波、柳博赟译：《仪式过程：结构与反结构》，北京：中国人民大学出版社2006年版，第94—95页。

一方面,婚礼象征着男性从青年步入成年,其社会身份与地位发生重要变化,因而有学者将难题婚故事与男性成年仪式结合起来考察,认为故事中对男性的各方面考验与原始部落中的男性成年礼具有相同的内涵①。男性成年与修道者成仙具有一定的相似性,皆是从一种社会身份过渡到另一种社会身份,故而"考验"之于修道者亦是一种"成年磨砺",是一次象征性的成年礼。另一方面,在这些难题婚故事中皆存在着二元对立关系,即兄—妹、人—神、狗—君王、平民女婿—地主岳父,并且在对立中存在矛盾,但是通过设置难题与解决难题,这些对立关系得到转化,矛盾得以化解。被考验者通过考验得到考验者的认可,由此将不应结合的矛盾化解,因此可将考验前视为矛盾状态,考验后视为正常状态。《神仙传》中的"考验成仙"故事亦是如此,存在着仙与凡的对立,以及凡人违背自然理性而妄想修仙长生的矛盾。因此,难题—解题的结构类型亦可视为一种象征性的修正仪式,具有将不合理的状况以某种方式合理化的仪式功能。凡人修仙本是违背自然本性且不可能之事,但通过考验的方式,此种不合理行为被合理化,仙道可学亦被合理化,由此向凡人开放一条通向神仙、长生的道路。

四、结语

考验成仙类型的故事虽在《神仙传》中不占多数,但因其情节曲折、想象奇特、内涵丰富,亦成为后世仙传小说中的重要类型之一。《神仙传》中的"考验成仙"故事仍处于较为原始的状态,其中虽然强调了对弟子品性的考验,诸如勤修、忠诚、行善、勇气、去欲等,体现出传统伦理道德对道教思想的影响。但在这些考验故事中仍夹杂着许多宗教性的内容,如具有超越性的师徒关系,行善与寿命和成仙相关的功德观,以及成仙、信仙者皆命中所定的天命观。葛洪虽强调勤修的重要性,但也无法抛弃命定论的观点,这体现出葛洪神仙思想中的矛盾性,即理性精神与宗教信仰间的矛盾性,但其最终以天命观念来协调二者关系。

《神仙传》中的考验成仙故事的原始性还体现在其文本叙事中隐藏的仪式象征。一方面,与一般的传道故事相比,在考验成仙故事中,传道的严肃性、隐秘性与神圣性更为突出,这表明仙与凡之间具有不可混淆的区别。由此在故事中有时会出现关于特殊仪式的书写,并与道教的传授仪式具有一致性。另一方面,从文本的叙事结构来看,考验故事亦表现出与道教传授仪式相似的仪式功能,即帮助凡人进入道教修炼体系的功能。此外,如与其他具有"考验"母题的神话传说与民间故事相比较,《神仙传》中的考验成仙故事也具有相同的特质,即故事中存在因二元对立而产生的矛盾,因此"考验"就象征着一次修正仪式,将凡人修仙的不合理因素合理化。

---

① 徐晓光:《难题考验与成人礼俗——日本与中国西南少数民族神话的比较》,《贵州民族学院学报》(哲学社会科学版)2008年第1期,第11—12页。

晚唐五代道士形象研究
——以《道教灵验记》为中心的考察

石娜娜*

内容提要：道教仙话创作前期重在"成仙"，后期偏于"还俗"，其中的转折点正是在晚唐五代，尤以杜光庭所作《道教灵验记》最为突出。《道教灵验记》立足道教，来宣示道教神圣，而神圣显现的引导者和施予者即是道士这一群体。对于道士形象的建构，杜光庭是基于道术功能来勾勒不同类型的道士形象，道士成为俗世与道教实现双向互动的主要媒介，通过灵验故事生动展现了道士宗教功能与社会功能的极大实效性，反映了晚唐五代道士群体活跃于民众世俗生活中。同时也蕴含了杜光庭欲"扶宗立教"的苦心安排，在形塑道士形象的基础上宣扬了道教信仰的巨大功用和现实价值，以此来自神其教。

关键词：《道教灵验记》；道士类型；道士形象；宣教；道教转型

绪论

《道教灵验记》，为唐末五代道士杜光庭所著的道教灵验类小说，《四库全书总目·子部道家类存目》《宋史·艺文志》《通志略·道家类》以及《道教灵验记·序》均著录卷秩"二十卷"。现收录于《正统道藏》洞玄部记传类，凡十五卷，具体分为"宫观灵验"三卷、"尊像灵验"二卷、"老君灵验"二卷、"天师灵验"一卷、"真人王母等灵验"一卷、"经法符箓灵验"三卷、"钟磬法物灵验"一卷、"斋醮拜章灵验"二卷，共收灵验故事一百六十七则，以道教"灵验"为主线，自神其教。若按灵验主题，可进一步归纳为三大类灵验故事，第一类道教神圣场所灵验：宫观灵验，凡三十四则；第二类道教神灵灵验，包括尊像灵验、老君

---

* 石娜娜，女，汉族，1997年生，甘肃平凉人，四川大学道教与宗教文化研究所硕士研究生。

灵验、天师灵验、真人王母灵验等，凡六十六则；第三类则是道教法术灵验，即经法符箓灵验、钟磬法物灵验、斋醮拜章灵验，凡六十七则。另《云笈七签》"灵验部"卷一百一十七至一百二十二亦收录了共一百一十九条灵验故事，除了可与《道藏》本《道教灵验记》相参照外，还可补充后五卷的佚文。

学术界对于《道教灵验记》的关注，早先卿希泰先生在所著《中国道教史》第二卷第六章中评判《道教灵验记》是"一部宣扬道教灵验事迹，劝人虔心奉道，舍恶从善的书"①。詹石窗在《道教文学史》中将《道教灵验记》归入"神仙传记"类，并分析指出该书除了宣扬神仙法力和修道的"妙用"外，其间也反映了民间社会的"文物史"变迁②。而陶敏的《全唐五代笔记》（第4册）③与罗争鸣所作《杜光庭记传十种辑校》（上册）④均收录了《道教灵验记》，并对其进行了细致的点校与佚文搜集工作，为阅读提供了极大便利。此外，孙亦平的《杜光庭思想与唐宋道教的转型》⑤与《杜光庭评传》⑥两本专著中也有部分内容谈及《道教灵验记》，集中于探讨其文学手法及其所反映的晚唐五代道教的世俗化转型。台湾地区的学者对于《道教灵验记》的研究则以周西波所著《〈道教灵验记〉考探——经法验证与宣扬》⑦最为典型。

关于《道教灵验记》的研究论文也不在少数。在专题研究方面，大陆学者有谭敏的《〈道教灵验记〉宫观灵验故事探析》⑧与《〈道教灵验记〉经法符箓故事的主题》⑨、张学瑾《〈道教灵验记〉词汇研究》⑩、罗争鸣《〈道教灵验记〉之文学、文献学考论》⑪等文章。台湾地区学界的相关论文有黄东阳的《杜光庭〈道教灵验记〉的圣俗反思》⑫和许凯翔的《唐宋蜀地庙市的宗教空间：以三月三日蚕市为例》⑬。此外，国外学术界则有法国学者傅飞岚的《〈道教灵验记〉——中国晚唐佛教护法的传统的转换》⑭一文，从广阔的视角分析了杜光庭是如何在特殊的社会环境和佛教影响下开创了道教自身的宣教方式。日本学术界对于《道教灵验记》的研究成果，有荒尾敏雄的文章《杜光庭〈道教灵验记〉的应报观》⑮。另，

---

① 卿希泰：《中国道教史》（修订本）第2册，成都：四川人民出版社1996年版，第443页。
② 詹石窗：《道教文学史》，上海：上海文艺出版社1992年版，第391—395页。
③ 陶敏：《全唐五代笔记》第4册，西安：三秦出版社2012年版，第2634—2726页。
④ 罗争鸣：《杜光庭记传十种辑校》上册，北京：中华书局2013年版，第141—351页。
⑤ 孙亦平：《杜光庭思想与唐宋道教的转型》，南京：南京大学出版社2004年版，第31—95页。
⑥ 孙亦平：《杜光庭评传》，南京：南京大学出版社2005年版，第406—441页。
⑦ 周西波：《〈道教灵验记〉考探——经法验证与宣扬》，台北：文津出版社2000年版。
⑧ 谭敏：《〈道教灵验记〉宫观灵验故事探析》，《中共成都市委党校学报》（哲学社会科学）2005年第6期，第72—73页。
⑨ 谭敏：《〈道教灵验记〉经法符箓故事的主题》，《西南民族大学学报》（人文社科版）2006年第12期，第124—126页。
⑩ 张学瑾：《〈道教灵验记〉词汇研究》，山东大学硕士学位论文，2018年。
⑪ 罗争鸣：《〈道教灵验记〉之文学、文献学考论》，《中国典籍与文化》2006年第2期，第47—56页。
⑫ 黄东阳：《杜光庭〈道教灵验记〉的圣俗反思》，《东吴中文学报》2013年第25期，第51—76页。
⑬ 许凯翔：《唐宋蜀地庙市的宗教空间：以三月三日蚕市为例》，《中国文化研究所学报》2020年第70期，第29—57页。
⑭ ［法］傅飞岚：《〈道教灵验记〉——中国晚唐佛教护法的传统的转换》，《华学》第五辑，广州：中山大学出版社2001年版，第38—64页。
⑮ ［日］荒尾敏雄：《杜光庭〈道教灵验记〉的应报观》，《东方宗教》2001年第97号，第20—36页。

汪小艳《〈道藏〉中的唐代小说研究》[①]、黄勇《道教笔记小说宗教思想研究》[②]、黄国维《汉唐间老子仙灵故事研究》[③]、李柯《隋唐五代巴蜀仙道文学研究》[④]、谭敏《唐代道教祥瑞神话故事的政治主题》[⑤]及其罗争鸣《唐五代道教小说研究——以杜光庭为中心》[⑥]等文章中也有部分内容涉及《道教灵验记》。

统观以上研究成果,学术界对于《道教灵验记》的探讨集中在神异事迹类型、文学叙事手法、故事主题等方面的宏观论述,基本阐明了《道教灵验记》的成书时代、写作旨趣与内容特色,为本文的探讨提供了良好的参照条件。然而,《道教灵验记》作为道士杜光庭的创作作品,不仅是晚唐五代社会宗教文化的写照,反映了上至帝王、下至平民百姓,崇信道教,希冀道教灵验给予现世福报的时代特征,更是特定时代背景下教内人士扭转道教护法与宣教方式的转型之作。如果说贯穿《道教灵验记》的主线是"灵验",那么"道士"即是活跃于灵验故事的主要角色,扮演了俗人与神、鬼之间的唯一媒介,其类型多样,有通感神灵的宫观道士,有指点迷津的民间卖药道士,有祛除狐魅的符箓道士,也有承担修道引导者的道士,可以说,道士深深渗透到了百姓的日常生活。道士社会活动的活跃与道术的突显,便是杜光庭创作《道教灵验记》的时代背景。他借道士的神通广大与惩恶扬善的美德,来吸引道教信徒,进而延续道教历史,宣扬道教神圣性。

关于《道教灵验记》中的道士形象,尚未有专题研究,仅见有关于唐代道士形象的宏观论述,如闫然《浅析唐传奇中的道士形象》[⑦]、金彩虹《唐代道士类型研究》[⑧]、刘婉《唐代小说中的道士形象浅探》[⑨]、吴真《唐代社会关于道士法术的集体文学想象》[⑩]等文章。对于道士形象的论述以唐代中前期为主,对于晚唐道士群体的研究显得十分薄弱。故本文以罗争鸣辑校《杜光庭记传十种辑校》上册中收录的十七卷本的《道教灵验记》[⑪]为底本,参照《道藏》与《云笈七签》中的相关版本内容,从宗教社会史角度来分析杜光庭是如何设计道士形象的?《道教灵验记》中的道士类型如何?灵验故事中道士具备了怎样的宗教与社会功能?以及道士对于宣示道教功效与吸引信徒起到了怎样的作用?下文就这些问题展开详细讨论。

---

① 汪小艳:《〈道藏〉中的唐代小说研究》,安徽大学硕士学位论文,2012年。
② 黄勇:《道教笔记小说宗教思想研究》,四川大学博士学位论文,2005年。
③ 黄国维:《汉唐间老子仙灵故事研究》,兰州大学硕士学位论文,2014年。
④ 李柯:《隋唐五代巴蜀仙道文学研究》,四川师范大学博士学位论文,2012年。
⑤ 谭敏:《唐代道教祥瑞神话故事的政治主题》,《学术论坛》2006年第11期,第170—173页。
⑥ 罗争鸣:《唐五代道教小说研究——以杜光庭为中心》,成都:巴蜀书社2005年版,第267—300页。
⑦ 闫然:《浅析唐传奇中的道士形象》,《文学教育》2019年第12期上,第144—145页。
⑧ 金彩虹:《唐代道士类型研究》,陕西师范大学硕士学位论文,2004年。
⑨ 刘婉《唐代小说中的道士形象浅探》,《学理论》2013年第15期,第180—181页。
⑩ 吴真:《唐代社会关于道士法术的集体文学想象》,《武汉大学学报》(人文科学版)2010年第3期,第294—299页。
⑪ 注:罗争鸣所辑校《杜光庭记传十种辑校》上册中的《道教灵验记》,将《道藏》第10册中15卷本的《道教灵验记》凡167则故事与《云笈七签》"灵验部"卷117至122凡119则故事进行了合并,共成17卷。

一、《道教灵验记》的宗教旨趣

讨论《道教灵验记》的宗教旨趣，首先有必要分析该书的作者与创作背景。杜光庭（850—933），晚唐五代"扶宗立教，天下第一"的道教领袖。有关其籍贯，一说为京兆杜陵人，一说为处州缙云人①。他早年参加科举落第后，奋然入天台山师应夷节学道，成为上清派道士，著述颇丰，"据统计，保存到今天的杜光庭著作共有三十多种。《道藏》中收入了他的二十八种著作"②。杜光庭所处的晚唐五代，战乱迭起，社会动荡不安，但同时也是唐人小说创作的高峰期。

有关它的成书时间，目前学术界通行的结论是杜光庭隐于青城山期间所作③。公元880年11月，黄巢军攻破长安，唐僖宗仓促南逃；次年7月至成都，杜光庭随同入蜀。公元885年，黄巢起义失败，唐僖宗预备返回长安，杜光庭则上"乞游成都"，遂隐居青城山，专心于道经的搜集整理与编撰工作，欲"在相对安宁的蜀地以重振道教的雄风"④。

一般而言，教内人士的作品不单单是文学创作，而是有其宗教使命，即作为辅教作品，用于吸引信徒和宣扬宗教神圣性。东晋时期的《道迹灵仙记》以及往后的《道门集验记》《玄门灵验记》等，均属于道教灵验故事。然而早期道教重术轻理，又加之流传过程中诸多散失，致使灵验类作品影响范围有限。相较于道教，佛教却极度重视宣验类作品的创作，在六朝时期创造了大量的释氏辅教神话，《金刚经灵验记》《金刚经报应记》等灵验类小说，更是通行于佛教内部，并很让社会人士喜闻乐见。在晚唐五代佛道相争激烈的现实情况下，这样实不利于道教自身的立足。因而，杜光庭"访诸耆旧，采之见闻，作《道教灵验记》凡二十卷"⑤，以宣示玄门灵验。可以说，杜氏所创《道教灵验记》是现存最早可以与佛教比肩的道教灵验类作品，在道教仙话中影响深远。

贯穿于《道教灵验记》的主线即是"灵验"。所谓"灵"，《说文解字》释曰"以玉事神"，可知是用于祭祀鬼神的神圣场域，"作为生活技术的道教，其认同的中心并非道教神学，而是对事物过程干预的有效性，一言以蔽之曰'灵'，即在神秘体验中心想而事成"⑥。"灵验"即是在宗教信仰过程中所产生的效验，因表现"神异""奇异"而超出常人认知与能

---

① 相关讨论可参见李大华：《杜光庭及其著作考》，《上海道教》1991年第1—2期合刊，第16—18页；王瑛：《杜光庭事迹考辨》，《宗教学研究》1992年第1期，第31—32页；罗争鸣：《杜光庭生平的几个问题的考证》，《宗教学研究》2002年第4期，第87—88页。
② 孙亦平：《杜光庭思想与唐宋道教的转型》，第4页。
③ 相关研究成果可参见罗争鸣：《唐五代道教小说研究——以杜光庭为中心》，成都：巴蜀书社2005年版，第173—174页；黄东阳：《杜光庭〈道教灵验记〉的圣俗反思》，《东吴中文学报》第25期，第54页。
④ 孙亦平：《杜光庭思想与唐宋道教的转型》，第85页。
⑤ （唐）杜光庭：《道教灵验记·序》，罗争鸣辑校：《杜光庭传十种辑校》上册，第155页。
⑥ 郭硕知：《边缘与归属：道教认同的文化史考察》，成都：巴蜀书社2017年版，第63页。

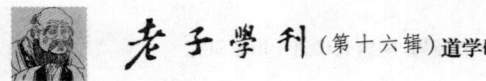

力范围，遂以超自然的方式进行解读，最早在佛教中使用最为频繁，因此，郑阿财在分析佛教灵验故事后指出："灵验记是指向佛、菩萨，祈祷、忏悔，或念佛、诵经、造经、造像之后，出现感通、灵异等神异经验的记述。"① 也就是说，佛教灵验作品的一般模式基本包括神灵灵验、经法灵验和尊像灵验。

"杜光庭作为一个跨时代的道教思想家，他对道教的虔诚信仰决定了他必然坚持道教的基本立场、观点和方法，同时，社会的发展对道教形成的各种挑战，又促使他以开放的心态，吸取儒学、玄学和佛教的思想，通过对道教经典的义释来建构适应时代发展需要的理论体系。"② 一方面要坚守道教重术的传统，渲染道术的神通广大，另一方面盛唐时期宫廷道教局势的一去不复返，以及面临佛教攻讦，促使道教重新思考自身的教派观点和传教方式。如前文绪论所言，《道教灵验记》的内容结构安排分为道教神圣场所灵验、神灵灵验和法术灵验三大类，杜光庭在遵循灵验故事一般模式的基础上又有着自身的创造。

作为仙道辅教小说，杜光庭从现实角度入手，以晚唐五代动荡的社会现实和险恶的政治环境为背景板，勾勒艰难的生存环境，自然而然促使民众心理上对宗教的皈依。小说中的诸多事件均立足世俗生活，贴近现实，取材于当下人物的奇闻逸事，辅以灵验小说虚幻的鬼神情节的一贯处理手法，在彰显道教灵验的同时，在佛道相争之中凸显道教优势。

二、《道教灵验记》中的道士形象建构

道士是特殊的一类社会群体，对内是道教教团的神职人员，营筑宫观、造像写经，是道教社会记忆的载体；对外参与朝廷宗教决策，以符箓、炼丹术活跃于世俗生活。对于"道士"这一群体，今人将其定义为：奉守道教经典规诫并熟悉各种斋醮祭祷仪式的人，一般指道教的宗教职业者③。即只有经过了严格的入教仪式加入道门的学道者才可称之为"道士"。置于当今社会语境，这一定义无疑是四海皆准的。然而，《道教灵验记》乃晚唐五代这一特定时代背景下的产物，因此对于"道士"的定义也应遵从唐人的概念。考究唐代人所辑《道典论》卷二"道士"条引《太上太真科经》云："凡开辟之初，圣真仙人皆宣道炁，立法相，传同宗，太上俱称学士，以道为事，故曰道事。道事有功，故号道士。"④ 又史崇玄等编撰的《一切道经音义妙门由起》中将道士分为六阶："一天真道士，二神仙道士，三山居道士，四出家道士，五在家道士，六祭酒道士。"⑤ 由此可知，唐人眼中的"道士"群体是十分宽泛

---

① 郑阿财：《见证与宣传——敦煌佛教灵验记研究》，台北：新文丰出版公司2010年版，第3页。
② 孙亦平：《杜光庭思想与唐宋道教的转型》，第257页。
③ 任继愈：《宗教大辞典》，上海：上海辞书出版社1998年版，第170页。
④ 《道典论·道士》，《道藏》第24册，北京：文物出版社、上海：上海书店、天津：天津古籍出版社1988年版，第841页。
⑤ （唐）史崇玄：《一切道经音义妙门由起》，《道藏》第24册，第728—729页。

的，凡以道为事者，均称之为道士，且道士的类型也是多种多样。因而，本文遵循唐人对于"凡以道为事者，均为道士"这一定义，进行《道教灵验记》中道士形象建构的梳理分析。

（一）《道教灵验记》中所见道士类型

承袭唐人对"道士"分类的同时，杜光庭依据书写旨趣对《道教灵验记》进行了取舍与加工，具体而言《道教灵验记》中的道士可分为神仙道士、宫廷道士、山居道士、宫观出家道士、在家道士及其他类型的道士六大类型。具体见下表。

表1　《道教灵验记》道士分类表

道士类型	姓名	灵异表现	出处
神仙道士	许逊	所居上经堂屡现祥异；因洪州铁柱被毁而导致"迅霆大击，江波遽溢"。	《道藏》本《道教灵验记》卷二《周真人居上经堂基验》《道藏》本《道教灵验记》卷二《洪州铁柱验》
	魏华存	仙坛十僧来毁九遭虎噬	《道藏》本《道教灵验记》卷二《南岳魏夫人仙坛验》
	尹喜	楼观赤光示人以避难	《道藏》本《道教灵验记》卷三《盩厔县楼观验》
	王方平 阴长生	仙都观报愿灵验	《道藏》本《道教灵验记》卷三《段相国修仙都观验》
宫廷道士	罗公远	降雨助金验	《道藏》本《道教灵验记》卷九《罗真人示现验》
	叶法善	劾役鬼神，设醮摄魅	《道藏》本《道教灵验记》卷十四《叶法善醮灵验》
	宋玉泉 尚善真 冯善荚	投龙仪灵验	《道藏》本《道教灵验记》卷十四《高宗三川投龙验》
山居道士	青城山道士 王仙卿	移观入山	《道藏》本《道教灵验记》卷一《青城山宗玄观验》
	天台道士 刘方瀛	依天师剑法治疾	《道藏》本《道教灵验记》卷八《刘方瀛天师灵验》
	华山道士 姚得一	多记神方	《云笈七签》本《公孙璞修黄箓斋忏悔宿冤验》
	终南山 杜太明	诛除狐魅之鬼	《云笈七签》本《樊令言修北帝道场诛狐魅验》
	太白山 某道士	有司命延生之术	《云笈七签》本《杜鹏举父母修南斗延生醮验》
	乐道士	降梦示验	《道藏》本《道教灵验记》卷四《常道观铁天尊验》

续表1

道士类型	姓名	灵异表现	出处
宫观出家道士	金仙观某道士	道符治疗癫狂之病	《道藏》本《道教灵验记》卷二《刘将军取束明观土验》
	开元观吕元璪	屡次感遇神人	《道藏》本《道教灵验记》卷九《嘉州飞天神验》
	玉霄宫叶尊师	道符治狂邪	《道藏》本《道教灵验记》卷十一《玉霄叶尊师符验》
	清溪观某道士	识别清溪观古钟	《道藏》本《道教灵验记》卷十三《青田县清溪观钟验》
	太平观任尊师	铸钟得道	《道藏》本《道教灵验记》卷十三《太平观钟验》
	紫极宫胡尊师	修清斋感通神灵	《云笈七签》本《胡尊师修清斋验》
	玉芝观陈道明	治愈俗民沉痼	《道藏》本《道教灵验记》卷十五《王招商神咒斋验》
在家道士	贾湘	驱除群贼、老君赐金	《道藏》本《道教灵验记》卷七《贾湘事老君验》
	杨闹儿	战场脱身、踏云还家	《道藏》本《道教灵验记》卷七《杨闹儿梦老君验》
	勾道荣	老君赐金	《道藏》本《道教灵验记》卷七《勾道荣铸金老君验》
	杨文简	老君赐金	《道藏》本《道教灵验记》卷七《杨文简老君赐金验》
	王道珂	擒伏妖狐	《道藏》本《道教灵验记》卷十《王道珂〈天蓬咒〉验》
	王清远	得神将吏兵守护	《道藏》本《道教灵验记》卷十《王清远〈神咒经〉验》
	李昌遐	感遇救苦天尊、未有祸患殃咎	《道藏》本《道教灵验记》卷十《李昌遐念〈升玄护命经〉验》
	崔昼	感遇使者	《道藏》本《道教灵验记》卷十《崔昼〈度人经〉验》
	范希越	祈雨灵验、预言战事	《道藏》本《道教灵验记》卷十三《范希越天蓬印验》
	程克恭	祈雨灵验	《道藏》本《道教灵验记》卷十五《程克恭拜章祈雨验》

续表2

道士类型	姓名	灵异表现	出处
其他类型的道士	左街道士张仁表	感遇太一救苦天尊	《道藏》本《道教灵验记》卷五《张仁表太一天尊验》
	赖处士	预言灵验	《道藏》本《道教灵验记》卷六《赖处士说老君降生事验》
	吴太玄	诉说冥中之事	《道藏》本《道教灵验记》卷十一《贾琼受〈正一箓〉验》
	姚生	枯井生还	《道藏》本《道教灵验记》卷十二《姚生〈黄庭经〉验》
	袁归真	刻黄神越章印救疾灵验	《道藏》本《道教灵验记》卷十三《张让黄神越章印验》
	卖药道士	置黄箓道场以济度亡魂	《云笈七签》本《唐献修黄箓斋母得生天验》
	王远知	辨识天符	《云笈七签》本《窦德玄为天符专追求奏章免验》

分析表1中的道士类型,既有神话传说中得道成仙的神仙道士,也有擅长奇异法术的江湖处士;既有活跃于宫廷的皇家道士,也有游走于民间社会的卖药道士;除了隐逸于"洞天福地"的宫观道士,还有在家精勤修道的普通信徒。杜光庭编排的道士群体可谓是类型多样,覆盖广泛,对外不仅宣示了道教神职队伍的庞大,对道教自身来说,"道士成分的改变带来了对神仙可成的态度的改变。自救与救人的需要改变了成仙的条件,增加了神仙的道德内容,神仙的传奇色彩减少了,人性的色彩却增多了,最后终于带来了神仙意义的改变"①。道士成分的扩充,在一定程度上促进了晚唐五代道教的世俗化转型。

(二)灵验故事中的道士形象

杜光庭《道教灵验记》对于道士形象的建构,并非是以单一的、直白的叙事手法来直接书写道士,而是将道士糅杂于宫观、尊像、法器、仪式等现实事件,借诸般现象来营构道士的神通广大且又服务于民众的形象,从而凸显道士乃是道教神圣与灵验的施予者这一主题。笔者立足于宗教和社会功能的视域,来考究《道教灵验记》中的道士形象。

首先是感通神灵的使者。仙道可学,仙人可致,杜光庭作为教内的神职人员,不仅坚信通过修习道法、积累善功可证道成仙,并且认为道士乃是沟通道教神灵的唯一载体。一类是神仙道士。在《道教灵验记》中,杜光庭将神仙道士的显现置于宫观灵验类叙事中,主要人物有尹喜、王方平、阴长生、许逊和魏华存。对此,杜光庭采取的是渲染神仙道士遗迹的神

---

① 任继愈:《中国道教史》,上海:上海人民出版社1989年版,第450页。

圣与灵验，来进行神仙道士特质的塑造。下引一则：

> 魏夫人坛，在南岳中峰之前，巨石之上。是一片大石，方可丈余，其形方稳，下圆上平，浮寄他石之上。尝试一人推之，似能转动，人多即屹然而定，相传以为灵异。往往神仙幽人，游憩其上，奇雾灵气，弥覆其顶。忽有衲僧十余人，秉炬挟杖，夜至坛所，欲害缑仙姑。入其居处，仙姑在床上，而僧不见，乃出诣坛所，推坏夫人坛。轰然有声，若已颠坠，回烛照之，元不能动，知其灵异，奔迸遁去。及明，有至远村者，大都不过走十余里。十人同志，九人为虎噬杀。一人推坛之时，不同其恶，遂免虎害。乃以其事白于村乡之人，远近惊异焉。①

此则故事中的灵验之处在于上清祖师魏华存的修道仙坛，乃是一块巨石，位于高耸之巅，常有神仙往来；后有僧人心怀恶意，推倒了仙坛，结果僧人十人中九人被虎噬杀。在杜光庭笔下，由于是得道仙人魏华存的遗迹，所以此仙坛有着庇佑道众、惩处邪恶僧人的灵异能力。在教内人士看来，道士是神圣的，道士的遗迹、物件亦是神圣的。在这里，以道坛为媒介，神仙道士实现了灵验的显现；反过来，神仙道士又为道坛、宫观赋予了神性，使其变得神圣不可侵犯。

第二类则是普通道士。对于这类道士，杜光庭是通过设计道士梦遇神真的故事情节来呈现。如宫观出家道士中的开元观道士吕元璪，"数夕梦神人在山顶，其形接天，或白日仿佛如见"，屡次感通飞天神王降梦宣示塑造神像，后果然"祈祷必验"②。另，在家道士如李昌遐和崔昼，因二人精勤奉道，前者常诵《太上灵宝升玄消灾护命经》，故感通救苦真人示验与佑护，得以不受他人侵虐；后者诚诵《度人经》，感念先君使者降示，许以"累世之祖，尽得生天"③的告示。左街道士张仁表，梦中感遇救苦天尊告知其寿命年限，后果真"七年而终"④。只有道士才可与神仙发生关系，拥有超出常人而感遇神真的机遇，成为神真沟通世俗的使者。

接着是掌握符箓斋醮技术的仪式专家。符箓斋醮是道士向社会提供宗教服务的主要途径，"以治疗和驱邪见长的道士，早在唐代就已经在民众的集体想象中出现了；而在这些符箓术、驱邪术的市场需求与文字记载背后，必定活跃着以符箓术、驱邪术谋生的道团与道士"⑤。唐

---

① （唐）杜光庭：《道教灵验记》卷二《南岳魏夫人仙坛验》，罗争鸣辑校：《杜光庭记传十种辑校》上册，第168页。
② （唐）杜光庭：《道教灵验记》卷九《嘉州飞天神验》，罗争鸣辑校：《杜光庭记传十种辑校》上册，第242页。
③ （唐）杜光庭：《道教灵验记》卷十《崔昼〈度人经〉验》，罗争鸣辑校：《杜光庭记传十种辑校》上册，第248页。
④ （唐）杜光庭：《道教灵验记》卷五《张仁表太一天尊验》，罗争鸣辑校：《杜光庭记传十种辑校》上册，第197—198页。
⑤ 吴真：《唐代社会关于道士法术的集体文学想象》，第198页。

僖宗时期社会动荡，愈加崇奉道教，尤为重视术技道士，数次招募道士于内道场中进行斋醮。在此种社会氛围下，杜光庭在《道教灵验记》中亦浓墨重彩地刻画了道士的符箓、咒诀技术与斋醮仪式。桂州人张让，"客游湘鄂间。因得心疾，初则迷忘，在途忘行，在室忘坐，惑于昏晓，迷其东西。累月之后，复多狂怒，诟责鬼神，凌突于人，至于裸露驰骋，不知避忌。履水火，冒锋刃，不为忧患，时亦烧灼害之，伤割及之"①。道士袁归真，新刻黄神越章印，依法印心及背，逼除张让腹中所藏大蝙蝠，张让狂疾之症遂得以治愈。又《云笈七签》本《杜鹏举父母修南斗延生醮验》②中的太白山某道士习有司命延生之术，凭其道术救护了终年多疾的杜鹏举。杜鹏举愈后不但"寿逾九十，终身无疾"，还位居朝廷高位。成都人王道珂，"常以卜筮符术为业，行坐常诵《天蓬咒》"③，并持咒制服了白马将军庙的五头野狐。在斋醮仪式方面，高宗朝有宫廷道士宋玉泉、尚善真、冯善英④，先后于蜀郡江渎池、隆山郡鼎鼻江、真玄坛等地举行投龙仪，皆有祥异显现。可以说，基于道术，杜光庭一方面凸显道教的种种神异灵验，另一方面又强调不敬重道教、不听信道士之言终会招致险恶。

其次是神通广大的驱邪大师。《道教灵验记》中的妖鬼多是狐魅，这取材于唐人与狐妖有关的宗教经验。《太平广记·狐神》引《朝野佥载》言："唐初已来，百姓多事狐神，房中祭祀以乞恩，食饮与人同之，事者非一主。当时有谚曰：'无狐魅，不成村。'"⑤ 杜光庭即基于有唐一代民间广为流传的狐魅传说的现实情形，来烘托道士的驱邪、制鬼之术。下引两则：

樊令言者，汴州人也。庄在外县，因晚归庄，仆从行迟，其马骏疾，不觉独行。三二十里，道傍见一少女悲泣，驻马问之，睹其袄艳，迟回不去。遂与此女同入道侧，数里之间，到其居处……于店中遇一道士，自言是终南圭峰杜太明，熟视令言，谓之曰：子之邪气贯心，袄疾已作，百脉奔散，五藏虚劳，若不救理，死亡无日矣。吾之山童善于杂术，子可遽还，与此童偕往，可密室之中，作北帝道场，今夕当有其效，勿为惊恒，如此即性命可全，形骸可保矣……洎晚，有十余人，将鹰犬弋猎之具，从空中而下，径入堂内，杀其妇及女仆凡七八人，既死，皆化为狐矣。令言惊惧，投密室中，不见童子，但留硃字一行，曰：太上命北帝鹰犬军，诛樊令言家害人狐魅之鬼，如符命。

---

① （唐）杜光庭：《道教灵验记》卷十三《张让黄神越章印验》，罗争鸣辑校：《杜光庭记传十种辑校》上册，第286页。
② （宋）张君房编，李永晟点校：《云笈七签》卷一百二十一《杜鹏举父母修南斗延生醮验》，罗争鸣辑校：《杜光庭记传十种辑校》上册，第328—329页。
③ （唐）杜光庭：《道教灵验记》卷十《王道珂〈天蓬咒〉验》，罗争鸣辑校：《杜光庭记传十种辑校》上册，第252页。
④ （唐）杜光庭：《道教灵验记》卷十四《高宗三川投龙验》，罗争鸣辑校：《杜光庭记传十种辑校》上册，第291—292页。
⑤ （宋）李昉等编：《太平广记》第十册卷第四百四十七《狐神》，北京：中华书局1961年版，第3658页。

自此令言所疾日瘥，心力日益，神气充溢，年八十犹如少童。则天时，为东台御史。①

天师叶法善，括州人也。三世为道士，皆有神术，摄养登真之事，法善符箓，尤能劾役鬼神。显庆中，高宗征入内道场，恩礼优异。时驾幸东都，法善于陵空观作大坛，设大醮，城中士女，咸往观之。俄有数十人，奔投火中，众皆大惊，救之而免，亦无伤损。法善曰：此人皆有魅病，为吾法所摄。及问之，果然。尽为劾之，其病皆愈。②

前一则灵验故事中诛除狐魅的为山居道士杜太峰，后一则故事中则是著名的宫廷道士叶法善进行劾役鬼神，设醮驱魅。叶法善的家族——括州叶氏，三代皆为道士，叶法善更是擅长摄养与符箓之术，颇得高宗赏识，被赐予"天师"称号。此处值得一提的是，"在唐代，'天师'称号随意封给那些有名的道士，如司马承祯、杜光庭以及朝廷文人吴筠等"③。唐代"天师"称号并非是正一道张氏家族的专利，因此，凡是具备深厚学识、炼养之术的能人异士均可有机会成为"天师"。晚唐五代社会离乱，社会民众对待宗教愈加注重现实功用，因而"道士形象以及道术在小说中的主要作用也发生了具体变化，道士的主要角色从乱前的帝王师转变为乱后近于巫觋的形象，道术则从主掌祭祀典礼变为祛妖除邪的工具"④，识明并诛杀妖魔精怪成为道士的傍身本领。在杜光庭的灵验故事中，道士便是社会上操作制鬼技术、驱邪除魅的仪式专家。

再次是救赎俗民的侠道。晚唐五代道士除了宫观、道场、仪式中的宗教功能，还彰显着多样的社会功能，具体表现为治疗疾病、祈雨和降金。

灵验故事中的道士治疗疾病方面。《王招商神咒斋验》中的俗民王某，疾苦沉痼，逾年不瘥，玉芝观陈道明于其家修神咒道场，并"持剑水，诣房内外，喷水除秽"⑤，王某遂气爽神清，沉痼之疾终得以治愈。另，咸通年间的道士王清远佩受《神咒经箓》，每行符药，救人多不受钱⑥。天台山玉霄宫叶尊师，更是修养之暇，亦以符术救人⑦。道士的修行法术不再是秘不示人，而是主动走进民众世俗生活，救死扶伤。

道士祈雨灵验方面。"唐代共有138个年份出现旱情，158次出现旱灾。其中连续4年

---

① （宋）张君房编，李永晟点校：《云笈七签》卷一百二十一《樊令言修北帝道场诛狐魅验》，罗争鸣辑校：《杜光庭记传十种辑校》上册，第323—324页。
② （唐）杜光庭：《道教灵验记》卷十四《叶法善醮灵验》，罗争鸣辑校：《杜光庭记传十种辑校》上册，第295—296页。
③ ［英］巴瑞特著，曾维加译：《唐代道教——中国历史上黄金时期的宗教与帝国》，济南：齐鲁书社2012年版，第136页。
④ 谭俊娥：《战乱与唐代仙道小说创作——以安史之乱为线索》，西北大学硕士学位论文，2018年，第15页。
⑤ （唐）杜光庭：《道教灵验记》卷十五《王招商神咒斋验》，罗争鸣辑校：《杜光庭记传十种辑校》上册，第301—303页。
⑥ （唐）杜光庭：《道教灵验记》卷十《王清远〈神咒经〉验》，罗争鸣辑校：《杜光庭记传十种辑校》上册，第254页。
⑦ （唐）杜光庭：《道教灵验记》卷十一《玉霄叶尊师符验》，罗争鸣辑校：《杜光庭记传十种辑校》上册，第260页。

以上旱灾连发的年份有 10 次，连续 8 年以上的有 1 次，其中大和三年（829）到开成五年（840）连续 12 年出现旱灾记录。"① 旱灾发生频繁，造成了严重的生命财产损失，降雨、祈求风调雨顺成为民众迫切希望的事情，但祈雨技术又是不易实现的，在常人看来只有具备了通灵法术的神职人员方可祈雨成功，因此在杜光庭笔下，道士自然扮演了祈雨大师的角色。《程克恭拜章祈雨验》中的主人公程克恭，因精勤修奉，得高道授以拜章祈福之诀，其中就包含了祈雨章；适逢蜀郡亢旱，将欲害稼，程克恭遂拜章祈雨，不久便"郎月之中，微有阴曀。云才数丈，即有甘雨，野田之中，涓涓流注，中夜而息。及明视之，乃其家庄内有雨，犬牙田界，涸润便殊，翌日别修章词，乞一州之雨，章才拜奏，夜果滂注，州境之外，雨所不及"②。鉴于蜀郡庄稼田地因旱灾而受到破坏，杜光庭勾勒了程克恭祈雨大师形象，在灵验故事中蜀郡得以躲过凶年饥岁，实仰赖于程克恭的拜章祈雨。

道士赐金助人，以资崇道。这类灵验故事将道士助人的内容具体到赐金。典型的就是著名的宫廷道士罗公远。材料记载有"金银行人杨初，在重围之内，配纳赡军钱七百余千，货鬻家资，未支其半。初事母以孝，每为供军司追促，必托以他出，恐母为忧。尝于山观，得真人像帧一幅，香灯严奉，已数年矣。至是，真人托为常人，诣其肆中，问以所纳官钱，以何准备。具以困窘言之。此人令市生铁，备炭火。明日，复来燃炭，垒铁投之，一夕而去。临行谓之曰：'我罗公远也，在青城山中。以尔孝不违亲，心不忘道，以此金相助，支官钱之外，可以肥家。'"③ 生民杨初笃行孝悌，不忘崇道，却在战乱社会中遭遇官兵压榨生计。鉴于此，罗公远降示神迹赐金相助杨初，使其得以在顺利缴纳官钱的同时又可尽心事母。由此观之，杜光庭除了渲染道士的宗教效能外，也大肆强调道士的狭义之风，这类灵验故事中的道士愈加具有人情味，"仙人及道士皆为人世及个人解厄与服务，具有入世的鲜明倾向"④，其形象偏向于侠道一类，而这也是道教贵生重养、神仙济世思想的表现。

除此之外，《道教灵验记》尚存有其他类型的道士形象。如有的道士是预言大师，侧重"术"的技术化。江湖人士赖处士，不仅成功预测了咸通末年的政事更迭，而且判官王某殁于他乡，梁某主枢机重务，军将成某将领持节，一如所言，预言灵验⑤。有的则是精勤习道的学道者。贾湘累世好道，崇奉香灯⑥；吴兴人沈莹宿奉至道，常供养老君⑦；华原人姚生

---

① 袁祖亮主编：《中国灾害通史·隋唐五代卷》，郑州：郑州大学出版社 2008 年版，第 80 页。
② （唐）杜光庭：《道教灵验记》卷十五《程克恭拜章祈雨验》，罗争鸣辑校：《杜光庭记传十种辑校》上册，第 305 页。
③ （唐）杜光庭：《道教灵验记》卷九《罗真人示现验》，罗争鸣辑校：《杜光庭记传十种辑校》上册，第 241 页。
④ 黄东阳：《杜光庭〈道教灵验记〉的圣俗反思》，第 51 页。
⑤ （唐）杜光庭：《道教灵验记》卷六《赖处士说老君降生事验》，罗争鸣辑校：《杜光庭记传十种辑校》上册，第 215—216 页。
⑥ （唐）杜光庭：《道教灵验记》卷七《贾湘事老君验》，罗争鸣辑校：《杜光庭记传十种辑校》上册，第 217 页。
⑦ （唐）杜光庭：《道教灵验记》卷七《沈莹事老君验》，罗争鸣辑校：《杜光庭记传十种辑校》上册，第 221 页。

幼而好道，持《黄庭经》①。这类学道者的共同特质就在于修道勤奋，意志坚定，故而道术高超又得神灵佑护，于险恶处境中安然脱身。还有一类道士是专为生民解除困惑，进而成为生民入道的引导者。如卢贲者，为道州司法参军，因施行严刑酷法而终得恶报，浑身犹如火色，每日受苦，无方救拔，罗浮山道士孟知微，视之曰："此乃枉害良善，魂告于天，乃受斯报。急修黄箓道场，得天符，放救冤魂生天，此罪方免。"卢贲修黄箓道场后火烧之疾果然永息。感于道法灵验，卢贲"遂舍官，入峨嵋山修道"②。

三、《道教灵验记》中"道士"形象对于宣教的作用

《道教灵验记》，被以往历史学者多视为野史、逸史而不受重视，实则不然。对于这类道教灵验类故事，不能用真实或非真实的标准来衡量它，而是要考究灵验故事背后的思想倾向、民众认知及社会宗教心态。细究《道教灵验记》，整部书的篇章安排乃杜光庭刻意为之。作为"扶宗立教"的志士，杜光庭对于灵验故事中道士形象的建构也是颇费苦心的。"这些故事都是讲给世俗凡人听的，这些意象都是供给世俗凡人看。"③《道教灵验记》记神、记怪，以人为应验对象，道士扮演了通灵显圣而又服务于民众的角色，在彰显道教神圣性的同时，引导了晚唐五代道教的世俗化转型，促使了道教在基层民众群体的传播，拓展了道教的信仰广度，扩充了道教的生存空间。

在彰显道教神圣性上，《道教灵验记》的巧妙之处在于将人们的"弥漫性宗教"④信仰形塑为道教神仙信仰，崇敬道教神灵，仰赖于活跃在生活周遭的擅长法术的道士。在杜光庭的设计中，道教是神圣的，道教的各项载体亦神圣不可侵犯，而道士便是唯一有资格有能力来实施并操作运用道教神圣载体的群体，因此，道士的辅教行为不仅具有通神显灵的文化符号，"以法术一方面沟通人、神之间，一方面又在人、鬼之间进行阻隔，这样，这个意象结构便以道士为中心，把人、神、鬼联结在一起"⑤，渲染道士道术的高明，而且记述了多种类型的灵验，包括祈雨灵验、预言成真、福报与恶报等，通过种种巧合在实际生活中来验证

---

① （唐）杜光庭：《道教灵验记》卷十二《姚生〈黄庭经〉验》，罗争鸣辑校：《杜光庭记传十种辑校》上册，第275页。
② （宋）张君房编，李永晟点校：《云笈七签》卷一百二十一《卢贲修黄箓道场验》，罗争鸣辑校《杜光庭记传十种辑校》上册，第322页。
③ 葛兆光：《想象的世界——道与中国古典文学》，《文学遗产》1987年第4期，第22页。
④ "弥漫性宗教"一说由杨庆堃提出，指出中国社会的祖先崇拜、社会和经济团体的宗教面向、村社团体的宗教面向，以及儒学的宗教面向，均属于弥漫性宗教，缺乏组织机构，缺少专业的神职人员和严密的条律，却渗透于世俗化社会制度与民众日常生活。与"弥漫性宗教"概念相对立的即是"制度性宗教"，拥有独立的神学观或世界观，有系统性的象征和仪式组成的独立信仰体系，有专门神职人员组成的组织，"主要表现为普世性宗教，诸如佛教、道教，以及其他宗教和教派团体。对专业术士及巫师的崇拜同样包括在其中"。参见杨庆堃著，范丽珠译：《中国社会中的宗教：宗教的现代社会功能与其历史因素之研究》，成都：四川人民出版社2016年版。
⑤ 葛兆光：《想象的世界——道与中国古典文学》，第23页。

道经道法的可信可靠,"此叙事结构诉求了道教足能解决常人至为关心却无法掌握疑难的命题,欲得到这力量,必须服膺道法,一如故事中转变此困境的症结,就在于奉道。对未入道教的群众来说,获取'异象'和'解救'两项信息,却也从中得到当予敬畏道法的消息"①。这样在常人看来,平日道教徒所言的虚妄、神仙鬼怪皆属真实事件,自身与道士之间是俗人与圣者的身份差别,促使常人确信这种"果报"会如实发生,引导民众形成崇信道教便能获取现实利益的功利性认知,进而实现吸引普通民众皈依道教的理想。基于宗教功能,道士获得了上至帝王、下至普通民众的膜拜。这便是《道教灵验记》对于道教神圣性的宣示。

而在促进道教的世俗化转型方面,笔者以为道教的神圣化与世俗化并非是彼此割裂的两条路线,二者并不存在孰优孰劣的问题,自道教创建以来,神圣性制造与世俗化传教相辅相成,只是随着社会条件的不同有所侧重而已。总的来说,杜光庭针对道教世俗化转型所做的工作,主要体现在道士的世俗化与修道群体的扩充两方面。

道士的世俗化。"神魔小说中的道士形象并不是作者随意杜撰出来的,很多都是对社会影响较大的道教人物或者著名的历史人物,按照作者意愿或世人心态塑造出来借以表达人们的世俗情感。"②《道教灵验记》虽故事情节离奇,但其中很明显可以看到道士以入世救赎为志业。而六朝至唐代早中期,道士群体多孜孜不倦地追求长生不老,信道者多为学识渊博的文人儒士,道士志在为帝王皇室研究炼丹、摄养之术的工作,专以写经为务。到了晚唐五代,安史之乱与黄巢起义打破了盛世皇朝的平静,社会上下力求和平安定,道士也在坚定道教神仙信仰的同时又颇专长技法。《道教灵验记》中除了宫观出家道士,尚有在家修道者和江湖道士,突显了道士的入世色彩。"道士除了可让群众理解更完整的仙人履历、法力和生命意义,在社会中也成为神圣的象征、信仰的对象与寄托,就此除了将神仙比附传统偶像崇拜的对象,将尚未成仙的道士视为神灵和俗人间的媒介,此信仰模式可让民众感到亲切而更能接受外,提供的宗教服务皆在处置民众的生活及生命疑难,仙人更加亲民和入世。"③凭斋醮、祈禳、医疗技术,道士主动参与百姓世俗生活,救死扶伤、匡扶正义,活跃于民间社会,解决民众社会生活危机,组织民众宗教活动,道士成为保持民众宗教情怀与道教神圣信仰相联结的关键纽带。

修道群体的扩充。《道教灵验记》宣教手法的另一巧妙之处便在于大众化,能够得到道教庇佑的不再是帝王等特殊人士,而是寻常民众。在这里社会大众并无生命品类的高下,区别只在于是否诚心向道,德行是否符合忠孝节义,因此,《道教灵验记》中与道士互动的人群除了高宗、玄宗、僖宗等帝王,更广泛的则是普通民众,包括各级官吏、军将、文人、商人、工人。在一般民众看来,实用、有好无坏、能够获取福报规避恶报便是"灵验","在晚唐社会中,一般民众眼中的道士的组成又远远不限于住观道士这一群体。衣着成为判断的标

---

① 黄东阳:《杜光庭〈道教灵验记〉的圣俗反思》,第56—57页。
② 娄红岩:《明清神魔小说中的道士形象研究》,河南大学硕士学位论文,2013年,第28页。
③ 黄东阳:《杜光庭〈道教灵验记〉的圣俗反思》,第63页。

准之一，另外，其特殊'技术'、生活方式以及言论等等均在其中"①。杜光庭巧妙抓住普通民众的宗教心态，利用普通民众处于当时现实社会的所见所闻，将灵验故事置于绝对真实的现实社会，增强道教灵验真实性的同时，促进了普通民众对于道教的认同，吸引各个阶层的信徒加入道教组织。《道教灵验记》中如晋安县令赵业②、华原平民姚生③、鄂州商人李承嗣④、雍州司马公孙璞⑤、怀州司农寺丞马敬宣⑥均是因为见证了道士、道法的灵异而皈依玄门的。"道教的深入民间，则是进一步向中国文化土壤的深层生长。官学和统治者的认可固然重要，但百姓的日常生活也是文化最终的支撑。"⑦ 在晚唐五代离乱的社会背景下，杜光庭深知走不通神道设教这条路，故而以灵验故事在民间社会拓展道教的信仰广度，道士深深融入普通民众的现实生活，从而扩充了修道群体。

结语

作为唐末道门领袖，杜光庭所作《道教灵验记》是在特定时代环境下的道教宣教作品，虽极具丰富的想象力与夸张说辞，然而剥离灵异事件，立足于作者的身份与观念，考究故事背后的宗教旨趣，《道教灵验记》的宣教意味显而易见。杜光庭在灵验故事中将道士作为通灵、显圣的媒介，从感通神灵、符箓斋醮技术、驱邪除魅、救护百姓、引导生民信道等诸多方面对道士形象进行了系统营构，将道士置于绝对真实的社会，以人为应验对象，以社会各个阶层的灵验事迹为素材，不仅凸显了道教的极大功用性，而且表达了晚唐五代民间社会对于道教的共同意识。同时，杜光庭设计下的道士类型多样，主动贴近民众现实需求，强调道士与社会民众的深度互动，从而传递出这样一个信息：杜光庭力图促进道教由重教理向重修道实践转型，在宫廷道教衰落的现实情形下，引导道教走世俗化道路，扩大传教人群，这是道教内部整肃修道方式、获得社会认同的体现，这种道教世俗化观念的建立对道教影响力的提升与生存空间的扩充具有十分重要的作用。

---

① 李平：《宫观之外的长生与成仙——晚唐五代道教修道变迁研究》，北京：中央编译出版社2014年版，第55页。
② （唐）杜光庭：《道教灵验记》卷十一《赵业授〈正一八阶录〉验》，罗争鸣辑校：《杜光庭记传十种辑校》上册，第264—265页。
③ （唐）杜光庭：《道教灵验记》卷十二《姚生〈黄庭经〉验》，罗争鸣辑校：《杜光庭记传十种辑校》上册，第275—276页。
④ （宋）张君房编，李永晟点校：《云笈七签》卷一百二十《李承嗣解妻儿冤修黄箓斋验》，罗争鸣辑校：《杜光庭记传十种辑校》上册，第314页。
⑤ （宋）张君房，李永晟点校：《云笈七签》卷一百二十《公孙璞修黄箓斋忏悔宿冤验》，罗争鸣辑校：《杜光庭记传十种辑校》上册，第316—317页。
⑥ （宋）张君房，李永晟点校：《云笈七签》卷一百二十一《马敬宣为妻修黄箓道场验》，罗争鸣辑校：《杜光庭记传十种辑校》上册，第326—327页。
⑦ 郭硕知：《边缘与归属：道教认同的文化史考察》，第229页。

浅析《老子想尔注》中的长生观

黄方云*

内容提要：《老子想尔注》作为早期道教教派正一盟威道（亦称天师道）的经典著作，自 20 世纪初在敦煌被发现以来，就受到了学术界广泛和长期的关注与研究。《老子想尔注》通过对《老子》一书原文的增删篡改等方法，将《老子》神化、宗教化为一部宗教经典。而在这个过程中，《老子想尔注》在《老子》的基础上通过对生死问题的分析和对道与长生的关系的论述，以及法道守一、结精炼形、积善保身三条长生路径的提出，创立了一套完整的道教生死观和实现道教终极追求"长生升仙"的方法论。

关键词：《老子想尔注》；生死观；长生观；长生之法

《老子想尔注》（下文简称《想尔注》）据唐玄宗《道德真经疏外传》所言，相传为东汉时道教创教祖师张道陵所著，主要内容是对老子《道德经》的注解，为道教早期教派正一盟威道的经典著作，后来亡佚，直至 20 世纪初于敦煌文献中发现《老子道经想尔注》残卷，后经饶宗颐先生校正，并认为实则是东汉末年张道陵之孙张鲁所著。《想尔注》作为早期道教经典文献，在内容上已经对道教的核心教义理论多有论述，并且通过对《老子》原文的增删篡改，在《老子》的基础上创立了一套完整的道教生死观和实现道教终极追求"长生升仙"的方法论。

一、《想尔注》的生死观

《想尔注》能成为早期道教的一部重要的经典，首先在于它的宗教性。而《想尔注》最

---

* 黄方云，四川大学道教与宗教文化研究所硕士研究生，研究方向为道教历史与文化。

突出的宗教性是神化了《老子》的"道",将"道"人格化并具象为了"太上老君","一者,道也。今在人身何许? 守之云何? 一不在人身也,诸附身者。悉世间常伪伎,非真道也。一在天地外,人在天地间,但往来人身中耳。都皮里悉是,非独一处。一散形为气,聚形为太上老君,常治昆仑。或言虚无,或言自然,或言无名,皆同一耳。"① 这样,"道"就不再是一个冷冰冰的抽象存在,而是一位有欲有所不欲、知善罚恶的神明②。如此,在这样的道教神学背景下,《想尔注》开始通过对《老子》进行宗教神学化,提出并建立了它的道教生死观和长生升仙的方法论。

《想尔注》在对《老子》的注解中,首先继承了《老子》(本文采用王弼注版)"出生入死,生之徒十有三,死之徒十有三"③ 中将生与死进行对举的观点。但同时又摒弃了《老子》中"人之生也柔弱,其死也坚强"④ 的生与死相互转化的辩证观。《想尔注》说道:"'绝学无忧,唯之与何,相去几何。'未知者复怪问之,绝耶(同邪字,下引文同)学,道与之何? 耶与道相去近远? 绝耶学,独守道,道必与之;耶道与耶学甚远,道生耶死,死属地,生属天,故极远。"⑤ 可见《想尔注》认为生与死是相互对立,并且是互无交叉的一对概念。但这并不是说生与死毫无关联,而是都被统一于更高层面的"道"中,都同属于道。而这种统一则是借助于"道精":"'窈冥中有精',大除中也。有道精,分之与万物,万物精共一本。'其精甚真',生死之官也,精甚真,当宝之也。"⑥ 同时,又认为:"'人之所畏,不可不畏,莽其未央。'道设生以赏善,设死以威恶,死是人之所畏也。"⑦ 由此,生和死都被看作是道的一个侧面和显现,而之所以要设立这样的区分,是为了建立并完善道教自己的"德福一致"系统。并且引入了道教仙俗二分和长生升仙的基础理论,认为"仙王士与俗人同知畏死乐生,但所行异耳。俗人莽莽,未央脱死也,俗人虽畏死,端不信道,好为恶事,奈何未央脱死乎。仙士畏死,信道守诫,故与生合也"⑧。死作为生的对立面是道对恶的惩罚,而生就是对善的奖赏。道首先平等地赋予了人类以生,使得我们能够在这个世界上出现和存在,但道同时预留了人们平等的死。而唯一能够改变这个状况的便是人的行为的善或者恶,行善就能够长生升仙,而作恶则必将死亡。于是,在经由"道"所保证的德福一致,并且生与死相区别对立的情况下,那么长生升仙的目的及其方法也就有了其存在的理由和必要性。

生与死互相联系并作为"道"的一种运作和显现的机制已经被确立下来了,于是在这个

---

① 饶宗颐:《老子想尔注校证》,上海:上海古籍出版社1991年版,第12页.
② 参见谢祥荣:《〈想尔注〉怎样解〈老子〉为宗教神学》,《宗教学研究》1982年第1期,第16—33页.
③ 刘笑敢:《老子古今》上卷,北京:中国社会科学院出版社2006年版,第495页.
④ 同上书,第713页.
⑤ 饶宗颐:《老子想尔注校证》,上海:上海古籍出版社1991年版,第25页.
⑥ 同上书,第27页.
⑦ 同上书,第25页.
⑧ 同上.

"道"的框架中，《想尔注》又对生和死作为两个单独的概念进行了描述。首先，在发现的《想尔注》残卷的开篇可以看到："心者，规也，中有吉凶善恶。腹者，道囊，气常欲实。心为凶恶，道去囊空；空者耶入，便煞人。虚去心中凶恶，道来归之，腹则实矣。"[①] 这里它把人分为了两个部分：根据吉凶善恶掌控着道的变化的心和承载并充盈着道的腹。而所谓死（亦即"煞人"）就是"心为凶恶，道去囊空；空者耶入"。也就是说当心行凶恶，那么道就会离开，邪恶就侵入了不再充盈着道的腹中，那么人就算是死了。由此通过道的变化流行就完成了一次生与死的转变，那么道在生与死之间的变化流行只能是通过连接二者的"道精"的形式。所以，其后《想尔注》说：

精结为神，欲令神不死，当结精自守。[②]
阴阳之道，以若结精为生。[③]
古仙士宝精以生，今人失精以死，大信也。[④]

一切生的基础都在于"精"，而长生就是使"精"能够恒长地保留在自身之中。同时也说道："'载营魄抱一，能无离。'魄，白也，故精白与元同色。身为精车，精落故当载营之。神成气来，载营人身。"[⑤] 承载并充盈着道的腹也就是作为"精车"的身体，而通过身体的结精守精，就能够使人的元神长存，元神长存便可以将气招来并聚拢，而当精气神充盈身体混而为一，这就是人"生"的状态。于是同理可得，"死"的状态就是精气神分离萎缩，乃至于精也流泄得一干二净。亦即《想尔注》所说的："行道者生，失道者死。"[⑥]

二、《想尔注》的长生观

通过对《想尔注》的生死观及其生和死的概念的辨析阐明，可以发现即便生和死是作为一对并举的相互对立的概念，而《想尔注》所推崇的和所想要达成的却只有"生"。这就是《想尔注》的"长生"观念。所谓"生"是对精气神的统一的长期保有，亦即得道。那么"长生"便是要长期地保有这种精气神的统一，真正地把握那个将生与死都统一起来的无上"大道"。《想尔注》的长生观部分地继承于《老子》中的生与死的辩证发展的长生观，然而在《想尔注》中，"长生"并非是通过生与死的辩证发展的复归实现的，而是在生与死相互

---

① 饶宗颐：《老子想尔注校证》，上海：上海古籍出版社1991年版，第6页。
② 同上书，第9页。
③ 同上。
④ 同上，第28页。
⑤ 同上书，第12页。
⑥ 同上书，第31页。

对立的情况下通过得道而绝对地保证"生"的永恒性。《想尔注》说道:"'死而不亡者寿。'道人行备,道神归之,避世托死,遇太阴中,复生去为不亡,故寿也。俗人无善功,死者属地官,便为亡矣。"① "长生",即"寿"不是通过脱胎于"死"而得以实现,恰恰是对"死"的绝对地远离和抛弃来达到的。并且要注意,由生向死是一个不可逆的过程。《想尔注》还认为:"'挫其锐,解其忿。'锐者,心方欲图恶;忿者,怒也。皆非道所喜。心欲为恶,挫还之;怒欲发,宽解之,勿使五藏忿怒也。自威以道诫,自劝以长生,於此致当。忿争激,急弦声,所以者过。积死迟怒,伤死以疾,五藏以伤,道不能治,故道诫之,重教之丁宁。"② 当支持人活着的生的状态的精气神遭到了根本性的破坏,那么即便是道也不能够拯救的,也就是说死是绝对的,不可逆的。死后归于太阴那就是死了,除非其又能够"复生"而去。而"复生"作为长生之术的一种,它是一直都符合于道的,而"道"是绝对的生,所以其"死"的概念并不是真的死,而是人为了长生与道合一而对自身所进行的扬弃。因而俗人,也就是一般人是不能够"复生"的,因为他们没有行善或者行的善功并不足够抵去它的罪恶以得到道的奖赏——长生。只有在生的基础上行善,把握善,才能够得到长生,亦即长生是善。

同时,在《想尔注》看来,长生也是道,并且也就是"生"的目的,亦即人生存在的价值意义。《老子》曰"天长地久,天地所以能长且久者,以其不自生,故能长生"③,认为长生是因为其本身不能自生,是自然而然的存在的,而自然而然就是道,所谓"道法自然"④。而《想尔注》继承了这一想法,认为:"(天地)能法道,故能自生而长久也。"⑤ 这也就侧面说明了真正的能够长生的是道,而道亦是自然而然的长生。而对于人的话则是"不知长生之道,身皆尸行耳,非道所行,悉尸行也。道人所以得仙寿者,不行尸行,与俗别异,故能成其尸,令为仙士也"⑥。不去知晓追寻长生的道理,那么就如同死了一般,即便是"生"的活着的行为也只不过是在为死做准备。并且只要不是顺应道、依据于道的行为都是这种如同尸体一般为着死而做出的行为。而修道的人之所以能够成仙长生,正是因为他们避开了这种一般人的如尸体一般为着死做准备的行为,亦即"得道",而得道就可以长生。最后,《想尔注》通过对《老子》"四大"进行篡改,将"人(有版本作'王')"改为"生",认为"'域中有四大,而生处一。'四大之中,所以令生处一者;生,道之别体也"⑦,直接点明长生亦即是道。

在阐明长生的属性之后,《想尔注》也对长生的现实性和可行性做了一定的讨论,并认

---

① 饶宗颐:《老子想尔注校证》,上海:上海古籍出版社1991年版,第43页。
② 同上书,第7页。
③ 刘笑敢:《老子古今》,北京:中国社会科学院出版社2006版,第143页。
④ 同上书,第284页。
⑤ 饶宗颐:《老子想尔注校证》,上海:上海古籍出版社1991年版,第10页。
⑥ 同上。
⑦ 同上书,第33页。

为长生是可以修习而得的,而且有人已经成功成仙飞升而去。《想尔注》说:"'执古之道,以御今之有。'何以知此道今端有？观古得仙寿者,悉行之以得,知今俗有不绝也。"① 为什么今天还能知道这长生的妙要和方法,正是因为古时候已经有人成功长生升仙了,而他的方法也就散落在了一般人中间。然而一般人却也不能直接向他们请教,因为"'古之善为士者,微妙玄通。'玄,天也；古之仙士,能守信微妙,与天相通。'深不可识',人行道奉诫,微气归之,为气渊渊深也,故不可识也"②。同时还批判了早期道教一些流派中认为谁能够长生升仙是已经被上天所选定了的"种民说",说"今人无状,载通经艺,未贯道真,便自称圣。不因本,而章篇自撰,不能得道言；先为身,不劝民真道可得仙寿,修善自勤,反言仙自有骨录；非行所臻；云无生道,道书欺人。此乃罪盈三千,为大恶人"③。根本来说,长生可得、仙道能成的根本原因正在于"长生"的两个属性——"善"和"道"。"善"是长生的基本属性,而长生则又是"道"的基本属性。同时,"道"不仅"设生以赏善,设死以威恶",作为"太上老君"还能够有所喜恶,知善罚恶。也就是说得道者绝对长生,长生者必然行善。而与之相应的是行善可得长生,长生则可得道。原本是"精气自然与天不亲,生死之际,天不知也"④,然而"是以人当积善功,其精神与天通,设欲侵害者,天即救之"⑤。如此,长生作为道的属性成为道教的终极目的,作为善亦成为道教的价值判断标准,并且能够通过修习而得,一套关于《想尔注》的长生观就初步建立起来了。

三、《想尔注》长生之法

通过对《想尔注》的生死观的辨明剖析,一套关于《想尔注》的长生观初现雏形。而在《想尔注》中,对于如何达到长生的方法路径也有许多非常详细的记述,这些长生飞升的方法与《想尔注》关于长生的观念共同构成了《想尔注》中的长生观。这些长生的方法不尽相同,但是总的却可以分为三类:第一类是最基础的精神信仰方面的"法道守一",第二类是方法上的"结精炼形",第三类是行为上的"积善保身"。

(一) 法道守一

长生即是道,而在人就是得道。因此想要长生,首要的就是需要在精神方面绝对地信仰道。如此,信仰道就需要人具有效法道的意识,并学道以至于与道合一。正如《想尔注》所说:"情性不动,喜怒不发,五藏皆和同相生,与道同光尘也。'湛似常存',如此湛然,常

---

① 饶宗颐:《老子想尔注校证》,上海:上海古籍出版社1991年版,第17页。
② 同上书,第18页。
③ 同上书,第23页。
④ 同上书,第8页。
⑤ 同上。

常在不亡。"① 与道合一就能长生。同时,法道的第一要义在于遵道诫。道诫亦即道戒,也就是道所示下道教中人所应该遵行的戒律。南朝梁的道士孟安排的《道教义枢》解释戒律为:"戒律者,戒止也,法善也;止者,止恶心口,为誓不作恶也。戒之为义,又有详略。"② 关于遵道诫的首要性,《想尔注》是这样认为的:"'鱼不可胜于渊',诫为渊,道犹水,人犹鱼,鱼失渊去水则死;人不行诫守道,道去则死。"③ 通过类比论证阐明了道诫实则是作为道的载体,要与道合一那么首先就需要遵道诫以使自身能够成为道的载体。

对于道诫具体是什么④,综观《想尔注》全文,对道诫的具体内容并没有做出详细的规定,但是对于"遵道诫"的具体表现则进行了详细的说明:

"豫若冬涉川;犹若畏四邻。"冬涉川者,恐惧也。畏四邻,不敢为非,恐邻里知也。尊道奉诫之人,犹豫行止之间,常当畏敬如此。"俨若客",谦不敢犯恶,若客坐主人堂也。"散若冰将汋",情欲思虑怒熹恶事;道不所欲,心欲规之,便即制止解散,令如冰见日散汋。"混若朴,旷若谷。"勉信道真,弃耶知守本朴。无他思虑。心中旷旷但信道,如谷冰之志,东流不欲归海也。"肫若浊,浊以静之徐清。"求生之人,与不谢,夺不恨,不随俗转移,真思志道,学知清静,意当时如痴浊也。以能痴浊,朴且欲就矣。然后清静能睹众微,内自清明,不欲於俗。清静大要,道微所乐,天地湛然,则云起露吐,万物滋润。迅雷风趣,则汉燥物疼,道气隐藏,常不周处。人法天地,故不得燥处。常清静为务,晨暮露上下,人身气亦布至。师设晨暮清静为大要,故虽天地有失,为人为诫,辄能自反,还归道素,人德不及,若其有失,遂去不顾,致当自约持也。⑤

总的来说,能够严格遵守道诫也就意味着已经得道了,所以遵道诫的表现同道的表现大略相同,无不清静自然,朴素幽微。然而,遵道诫也有要求,那就是要"至诚"。《想尔注》曰:"'善结无绳约不可解',结志求生,务从道诫。至诚者为之,虽无绳约,永不可解。不至诚者,虽有绳约,犹可解也。"⑥ 这样不仅进一步加强了《想尔注》本身的宗教性,同时也加深了道教长生升仙的理论水平。也就是说首先要求你要在信仰上毫不怀疑,并对此进行了一番论述:

---

① 饶宗颐:《老子想尔注校证》,上海:上海古籍出版社1991年版,第7页。
② 《道藏》第24册,北京:文物出版社,上海:上海书店,天津:天津古籍出版社1988年版,第818页。
③ 饶宗颐:《老子想尔注校证》,上海:上海古籍出版社1991年版,第46页。
④ 关于"道诫"的具体内容以及其与其他道经的关系,参见饶宗颐:《想尔九戒与三合义——兼评新刊太平经合校》。
⑤ 饶宗颐:《老子想尔注校证》,上海:上海古籍出版社1991年版,第19页。
⑥ 同上书,第34页。

"国家昏乱,有忠臣。"道用时,帝王躬奉行之,练明其意,以臣庶于此,吏民莫不法效者。知道意贱死贵仙,竞行忠孝质朴,□端以臣为名,皆忠相类不别。今道不用,臣皆学耶文习权诈随心情,面言善内怀恶;时有一人行忠诚,便共表别之,故言有也。道用时,臣忠子孝,国则易治。时臣子不畏君父也,乃畏天神。孝其行不得仙寿,故自至诚,既为忠孝,不欲令君父知,自默而行。欲蒙天报,设君父知之,必赏以高官,报以意气,如此功尽,天福不至。是故默而行之,不欲见功。今之臣子虽忠孝,皆欲以买君父求功名。过时不显异之,便屏恕之,言无所知。此类外是内非,无至诚感天之行,故令国难治。今欲复此,疾要在帝王当专心信道诚也。①

也就是说如果对道的信仰不忠诚,不是为了得道而信道,而是想要通过信道来谋求一些人世的东西,那么信道也不会有增益。总之,"'安以动之徐生',人欲举事,先考之道诚。安思其义不犯道,乃徐施之,生道不去"②。遵道诚是首要之事却也是一个过程,正如"生"也是一个永恒的过程,就在遵道诚这一行为过程中。

法道在于遵道诚,而道诚则是道所示下的戒律,而道又是如何示下这戒律的?《想尔注》认为:"'载营魄抱一能无离',魄,白也,故精白,与元炁同色。身为精车,精落故当载营之。神成气来,载营人身。欲全此功无离一。一者道也。今在人身何许?守之云何?一不在人身也,诸附身者悉世间常伪伎,非真道也;一在天地外,入在天地间,但往来人身中耳。都皮里悉是,非独一处。一散形为气,聚形为太上老君,常治昆仑。或言虚无,或言自然,或言无名,皆同一耳。今布道诚教人,守诚不违,即为守一矣;不行其诚,即为失一也。世间常伪伎指五藏以名一。瞑目思想,欲从求福,非也;去生遂远矣。"③ 道诚是太上老君所布,而太上老君亦只是"一"所聚形而成,同时"一"也就是"道"。所以道诚是永恒不变的"道"作为变化周行的"一"所聚形而成的神——太上老君所颁布,而它的目的则在于守一。法道首要在于遵道诚,而遵道诚的目的在于守一。"一"和"精"类似,都是"道"变化周行的显现,但"一"更为纯粹而抽象,不同于"精"能够以具体的事物形象出现和存在,也更多地带有神性和神秘性色彩。因而守一更多的带有宗教色彩,法道是直接地为了长生然后成仙,而守一则是通过成仙而长生。

(二) 结精炼形

精神信仰方面做到了遵道诚,能够法道守一,那么就可以长生了。但善恶分立,人天殊途,法道守一并非能够一蹴而就。那么人就可以通过一些具体的方法来达成它。这就是"结精炼形"。在《想尔注》看来,"'谷神不死,是谓玄牝。'谷者,欲也。精结为神,欲令神不

---

① 饶宗颐:《老子想尔注校证》,上海:上海古籍出版社1991年版,第23页。
② 同上书,第19页。
③ 同上书,第12页。

死，当结精自守"①。为何结精能够令神不死，而使人得以长生，是因为"'窈冥中有精'，大除中也。有道精分之与万物，万物精共一本，其精甚真，生死之官也，精甚真，当宝之也"②。"精"作为道变化周行并且能够生产成为具体事物的一种显现，是人之所以生、之所以死的关键和掌控者。那么为了长生，就有必要掌握这个关键，也就是"结精"。

《想尔注》认为，"结精"是道的另一个要求，因为"道教人结精成神"③。而精通天地万物共一本，形而上者为道精，形而下之则是人的精，特别以男精为代表。由此《想尔注》还对当时早期道教的一些阴阳和合之法提出了批评，首先是说："今世间伪伎诈称道，托黄帝、玄女、龚子、容成之文相教，从女不施。思还精补脑，心神不一，失其所守，为揣悦不可长宝。"④ 紧接着分析了为何不可的原因，其首要就在于要求想要长生升仙的人结精。"'绵绵若存'，阴阳之道，以若结精为生，年以知命，当名自止。年少之时，虽有，当闲省之。绵绵者微也。从其微少，若少年则长存矣。今此乃为大害。道造之何？道重继祠，种类不绝。欲令合精产生，故教之。年少，微省，不绝，不教之勤力也。勤力之计出愚人之心耳，岂可怨道乎！上德之人，志操坚强，能不恋结产生，少时便绝，又善神早成。言此者道精也，故令天地无祠，龙无子，仙人妻，玉女无夫，其大信也。'用之不勤'，能用此道，应得仙寿，男女之事，不可不勤也。"⑤ "精"这种东西本来是因为道要求物种等能够在世上代代相继而没有穷尽，所以需要男女阴阳合精在一块来产生下一代。但部分愚人为了以代代相继的方法延续自身的另外一种长生，就一直采取合精的办法，这既不能长生，反而加速了自身的死亡。而修道的人都注重结精，乃至长生之后都不再需要以"合精"来产生下一代而达到另一种方式的长生。

同时"身为精车"，正如道诫之为道之载体；而法道首要在于遵道诫，结精亦需修身炼形。所谓"炼形"，就是修炼人之所以生的能够承载精气神的肉体。炼形在《想尔注》中能够分为两个部分，其一是修炼活着的生的形体能够长生不死，所谓"保形容"，其主要方法是"食母"，亦称"食气"。《想尔注》认为："'我欲异于人，而贵食母。'仙士与俗人异，不贵荣禄财宝，但贵食母者，身也，于内为胃，主五藏气。俗人食谷，谷绝便死。仙士有谷食之，无则食气。气归胃，即肠重囊也。腹之为宝，前章已说之矣。"⑥ 如此，便能将身体从诸多束缚中解放出来，回到"生"之根本的精气神之中。其二是通过扬弃自身的死亡，在墓穴等太阴之处修炼死的尸体而"复生"，所谓"太阴炼形"。关于炼形，《想尔注》是这么说的：

---

① 饶宗颐：《老子想尔注校证》，上海：上海古籍出版社1991年版，第9页。
② 同上书，第27页。
③ 同上书，第11页。
④ 同上。
⑤ 同上书，第9页。
⑥ 同上书，第27页。

"归根曰静",道气归根,愈当清净矣。"静曰复命,复命曰常。"知宝根清静,复命之常法也。"知常明",知此常法,乃为明耳。"不知常,妄作凶。"世常伪伎,不知常意,妄有指书,故悉凶。"知常容",知常法意,常保形容。"容能公",以道保形容,为天地上容。处天地间不畏死,故公也。"公能生",能行道公政,故常生也。"生能天",能致长生,则副天也。"天能道",天能久生,法道故也。"道能久",人法道意,便能长久也。"没身不殆",太阴道积,练形之宫也。世有不可处,贤者避去,托死过太阴中,而复一边生像,没而不殆也。俗人不能积善行,死便真死,属地官去也。[1]

道气归根结底是以清静为本质,能够明白这一点,就是长生的一般的方法,而了解这一方法,就是所谓明白晓畅,也就是"保形容"。所以"保形容"的根本在于知道并理解道,如此就不畏惧死,这就叫作"公",能理解道并行道公,就能够长生,长生便足以配天,而天之所以长生又在于法道。也就是说法道,在方法上便是要理解道,明白生死的意义,通晓二者的奥秘。理解了这一点,就知道在生的意义上去"保形容",以便长生不老。那么即便是遇到什么突发情况,身体表现为一般意义上的死亡,也能够在这种死的意义上通过"太阴炼形"而扬弃死以达到绝对长生。而所谓"太阴炼形"就是"'夫唯不盈,能弊复成。'尸死为弊,尸生为成,独能守道不盈溢,故能改弊为成耳"[2]。

然而对于"结精炼形"这一长生的主要方法,在实行的行为过程中也是有所要求的。对于"结精",《想尔注》认为:"'其中有信',古仙士宝精以生,今人失精以死,大信也。今但结精便可得生乎?不也,要诸行当备。所以精者,道之别气也。入人身中为根本,持其半,乃先言之。夫欲宝精,百行当备,万善当著,调和五行,喜怒悉去。天曹左契,算有余数,精乃守之。恶人宝精,唐自苦终不居,必自泄漏也。心应规,制万事,故号明堂三道,布阳耶阴害,以中正度道气。精并喻像池水,身为池堤封,善行为水源,若斯三备,池乃全坚。心不专善,无堤封,水必去。行善不积,源不通,水必燥干。"[3] 结精是不一定能够长生的,想要通过结精来达到长生,首先要行善积善。只要你所施行积累过的善能够在天神的清点结算中有盈余,才能够将精牢牢聚在一起。同时对于"炼形",亦是"'死而不亡者寿',道人行备,道神归之,避世托死过太阴中,复生去为不亡,故寿也。俗人无善功,死者属地官,便为亡矣"[4]。炼形是伴随着结精而必不可少的一步,只有通过修身炼形才可以将聚在一起的结精锁在身中。而知道以保形容,必要法道行善,如此才能够在太阴之中炼形复生而去。

---

① 饶宗颐:《老子想尔注校证》,上海:上海古籍出版社1991年版,第21页。
② 同上书,第19页。
③ 同上书,第28页。
④ 同上书,第43页。

（三）积善保身

由上文可知，结精炼形作为主要的长生的方法，是对精神信仰方面不能一蹴而成由始至终地"法道守一"的补充。然而"结精炼形"人人可法可学，但也并非人人都能长生。这其中主要的差别就在于"结精炼形"的人能否在行为方面做到积善保身。以"精"为代表的生的根本要素之"精气神"，人自身只能保有掌控一半，另一半在以太上老君为代表的天曹神吏手中，正是他们组成了道所设立的为了保证道、善与长生三者的统一性，以便保障德福一致的赏善罚恶体系。因此，为了通过这个天曹神吏系统的审核，也是为了达到长生，在"结精炼形"的方法基础上，必须同时在行为方面做到"积善保身"。

首先关于道、善与长生三者的统一性，以及道所设立的保障德福一致的赏善罚恶体系，在上文中已多有论述，因此该部分主要说明这个体系的具体内容和表现。在《想尔注》看来："'道常无为而无不为'，道性不为恶事，故能神，无所不作，道人当法之。"① 如此"'不自伐，故有功。'恶者，伐身之斧也；圣人法道不为恶，故不伐身，常全其功也。'不自矜故长'。圣人法道，但念积行，令身长生生之行；垢辱贫羸，不矜伤身，以好衣美食与之也"②。正因为道的性质是善，所以不会作恶，于是道才能神乎其能，无所不为。因而人只要作恶，那么就乖离了善道，那么就不能以道之神来达到长生。所以圣人法道而得以长生，都只因为注重积善行善，进而保全身体而保得长生。同时《想尔注》创造性地发展了老子的禁欲思想，在保证了人的衣食住行的基本欲望之外，开拓并允许了关于"舒适"的欲望。认为活着的人在身体行为方面即"生之行"上都无时无刻不遭受着"恶"的侵害，如肮脏、侮辱、贫穷和羸弱等，而为了避免这些恶对身体的侵害，就得保身，要用舒适的衣物和美味的食物来保全自己的身体，而这对自己好的善的保身也是积善的重要一环。其说："'五色令人目盲'，目光散故盲。'五音令人耳聋'，非雅音也。郑卫之声。抗静伤人，听过神去故聋。'五味令人口爽'，道不食之，口爽者，糜烂生疮。'驰骋田猎令人心发狂'，心不念正，但念煞无罪之兽，当得不得，故狂。'难得之货令人行妨'，道所不欲也。行道致生，不致货；货有为，乃致货妨道矣。'是以圣人为腹，不为目，故去彼取此。'腹与目前章以说矣。去彼恶行，取此道诫也。"③ 不是把五色、五音、五味、驰骋田猎都统统否定，而是将其改造为仅只是否定了不符合道即"道所不欲"的部分，以此肯定了一种仅满足于人的生理需求之外的"舒适"的欲望。但这种舒适的欲望是有一个度的，并非是一种极端的享乐主义。这个度就是"道诫"，因为这种舒适也是以"法道"为主要原则，以长生为目的的。

积善是为了保身，所以所谓"善"在具体行为实践方面就是"保身"的手段。而"保身"则又可以分为两个层面，一个如上文所说对自己身体好的保身手段，另一个则是创造一

---

① 饶宗颐：《老子想尔注校证》，上海：上海古籍出版社 1991 年版，第 46 页。
② 同上书，第 29 页。
③ 同上书，第 15 页。

个有利于自己身体生存发展,得以结精炼形的环境。关于第一个方面,主要问题的关键在于我自己与我的身体本身之间的关系。通过对《想尔注》生死观的剖析,可以发现《想尔注》认为身体是"生"的必要的不可分割的部分,那么长生就必然包括身体的永远存在,所以"保身"是长生必要的一环。关于这一点,《想尔注》论述道:

"宠辱若惊,贵大患若身。"道不喜强求尊贵,有宠辄有辱。若,如也,得之,当如惊,不喜也。若者,谓彼人也。必违道求荣,患归若身矣。"何谓宠辱为下,得之若惊,失之若惊,是谓宠辱若惊。"为下者,贪宠之人,计之下者耳,非道所贵也。"何谓贵大患若身。"如前说。"吾所以有大患,为我有身。"吾,道也。我者,吾同。道至尊,常畏患不敢求荣。思欲损身;彼贪宠之人,身岂能胜道乎?为身而违诫,非也。"及我无身,吾有何患。"吾、我,道也;志欲无身,但欲养神耳,欲令人自法,故云之。①

身体作为"生"的必要组成部分,却又无时无刻不直接处在被"恶"所包围侵害的状况中,所以长生的最大的问题就在于"身体"本身。为了摆脱"身体"这一赘余给人所带来的不便与困难,人的欲望想法是不想要这副身体,想摆脱它。但比解决消除这些困难更为核心和根本的是人最大最基础的欲望实则是为了求得长生,所以人的欲望想法还得将"身体"完好地保存下来,用来养神以达到长生。那么首先就要求我自己对自身身体的爱护与保存。所以"'是以大制无割',道人同知俗事高官重禄好衣美食珍宝之味耳,皆不能致长生。长生为大福,为道人欲制大,故自忍不以俗事割心情也"②。修道之人和一般人一样都有欲望,并且知道这欲望得以实现的快感;但修道之人与一般人不同之处也就在这里,修道之人效法天道顺应自然,遵道诫而克制自己的欲望。

关于第二个方面,则是外部世界与我的身体之间的关系。我的身体作为道的载体即为善而与外部的恶对立,由此第二个方面的保身手段就在于改变身体所处的环境,断绝恶所滋生的条件和去除其所产生的土壤。而要做到这一点,在《想尔注》看来就需要通过一定的政治手段:

"故贵以身于天下,若可托天下。"若者,谓彼有身贪宠之人,若以贪宠有身,不可托天下之号也。所以者,此人但知贪宠有身,必欲好衣美食,广宫室,高台榭,积珍宝,则有为。令百姓劳弊,故不可令为天子也。设如道意,有身不爱,不求荣好,不奢侈饮食,常弊薄赢行;有天下必无为,守朴素,合道意矣。人但当保身,不当爱身,何谓也?奉道诫,积善成功,积精成神,神成仙寿,以此为身宝矣。贪荣宠,劳精思以求

---

① 饶宗颐:《老子想尔注校证》,上海:上海古籍出版社1991年版,第16页。
② 同上书,第36页。

财，美食以恣身，此为爱身者也，不合于道也。①

首先我们需要自己爱护和保存好自己的身体，从身体本身内部来抵御带来死亡的"恶"。然后我们需要一位能够爱护和保存好自己的身体的人来做我们的君主，亦即将天下托付于他。如此便能够"'以道佐人主者，不以兵强天下。'治国之君务修道德，忠臣辅佐务在行道，道普德溢，太平至矣。吏民怀慕，则易治矣，悉如信道，皆仙寿矣"②。这样从外部断绝恶而来保身，达到其治下人人皆可长生。所以归根结底，"保身"就是要"求长生者，不劳精思求财以养身，不以无功劫君取禄以荣身，不食五味以恣，衣弊履穿，不与俗争，即为后其身也。而目此得仙寿，获福在俗人先，即为身先"③。总之，"'物壮则老，谓之非道，非道早已。'闻道不能行，故老，老不止，早已矣"④。人是在成长发展中的，而老去就是人没能保养好自己的身体的显著特征。如果放任身体老去，那么就必死无疑。于是为了长生，保身是必不可少的行为，而这需要人从内外两个层面都保护好自己的身体，通过对自己身体好的"积善"而使善成为人贯穿内外的身体行为的准则。

综上所述，长生是一个有机的整体——永恒地充溢着精气神的身体。通过两个方面不同的手段进行的"保身"，实际上就是为了完美践行"结精炼形"等长生之法的行为规范的"积善"，由此以"结精炼形"等具体方法使人在精神信仰方面做到真正的"法道守一"，以至于长生飞升。这样，通过"积善保身"的行为，《想尔注》中的长生之法也就再次回归了"道"的范畴。于是，通过对《想尔注》生死观、长生观和长生之法的分析论述，一套关于早期道教天师道派的生死观念及其长生之法的长生观便呈现了出来。而对《想尔注》的长生观分析对于研究和理解道教核心信仰之一的"长生飞升"来说，亦具有一定的重要意义。

---

① 饶宗颐：《老子想尔注校证》，上海：上海古籍出版社1991年版，第16页。
② 同上书，第38页。
③ 同上书，第10页。
④ 同上书，第39页。

老子学刊

传统文化与三教关系研究

鼎俎与贞示
——商代祖先祭祀问题探新*

张雪松**

内容提要：商人祭祀祖先不使用偶像，而是立石作为祭祀祖先的象征。石上放置祭品，特别是血食祭祀祖先，把带血的祭肉盛在"俎"上，俎放在石上，便成为甲骨文"丅"，即"示"字的象征原型。商人祭祀祖先，一般还要用鼎。甲骨文中常见的"鼎"，应该就是方鼎，甲骨文中凡出现"鼎"字的地方，应该都是用鼎。鼎是祭祀祖先最常用的祭器，鼎是温器，说明商人也用熟食来祭祀祖先。"鼎"被视为"贞"，但现今的"贞"应该是周代"卜""鼎"合文时才出现的新字。且"贞"原本字意为正，汉代才训释为问。十个天干是一旬，即为太阳在不同日子里的不同名称。商王的祖先去世后，庙号取自天干，实即用商王的先祖配祀太阳神或将其视为太阳神的化身；36 旬或 37 旬的"周祭"先祖，同时也是带闰周的太阳历的历法。将帝王祖先视为太阳神，来源于夏代以来的历法，但夏代祭祀的方式很可能与商代不同，商代帝乙"为偶人""射天"可能是受到夏代影响的不成功的宗教礼仪改革，故其被视为"无道"。

关键词：示；贞；鼎俎；射日

一、立石为"示"

由于资料的限制，本文讨论的商代祖先祭祀主要限于商王的祖先祭祀，且主要讨论上甲以来的、与商王有明确血缘世系的祖先，较少涉及传说性质的祖先。

---

* 本文在撰写过程中，中国人民大学国学院华建光副教授提供了很多宝贵意见，特此感谢！
** 张雪松，1980 年生，北京人，哲学博士，中国人民大学哲学院副教授，教育部人文社会科学重点研究基地中国人民大学佛教与宗教学理论研究所专职研究员，出版学术专著四部，发表论文近百篇。

《史记·殷本纪》："帝武乙无道，为偶人，谓之天神。与之博，令人为行。天神不胜，乃僇辱之。为革囊，盛血，卬而射之，命曰'射天'。武乙猎于河、渭之间，暴雷，武乙震死。"① 这段史料提示我们，商人祭祀，并不使用"偶人"，如果使用偶像，则是"无道"的表现。

商人祭祀祖先，不使用偶像，一般认为是使用神主，即甲骨文中的"示"（"丁"）字。甲骨文中的"示壬""示癸"，在《史记·殷本纪》中为"主壬""主癸"，亦可旁证"示"即是神主。商代的神主应该是石质的，甲骨文中有"祏"字，写作"冃"；有时写作"祏"字，或直接写作"石"（"ㄥ"）。赵诚认为"祏用于先王先妣，石用于自然神"，其举例证为：祭祀男性祖先大甲为"祏大甲"（库一〇六），祭祀女性祖先妣庚为"祏妣庚"（戬八二）；而祭祀岳神求雨则为"岳石"（前四·五三·四）②。"祏"用于祖先祭祀应无问题，这也可以提示我们"示"与"石"有比较密切的关系。传世文献也显示，立石为主，称为"宗祏"或"主祏"，在商代应为主要形式，商代之后似仍有遗迹。《左传》庄公十四年"先君恒公命我先人典司宗祏"，昭公十八年"使祝史徙主祏于周庙"。许慎《说文解字》："祏，宗庙主也，周礼有郊宗石室。一曰大夫以石为主"③。汉代官方仍有立石为主的遗风，《通典》卷五十五记载汉武帝时，"高禖者，人之先也，故立石为主，祀以太牢"④。

周代的神主一般都木制，与商代的神主质地不同，故在传世文献中，常常将"祏"解释为盛放神主的石函或石室，而非石主本身。《太平御览》卷五百三十一引许慎《五经异义》："《春秋左氏传》曰：'徙主祏于周庙。'言宗庙有郊宗石室，所以藏栗主。"⑤ 杜预注《左传·昭公十八年》《左传·哀公十六年》皆云："祏，庙主石函。"⑥ 陆德明《经典释文》注释《左传·哀公十六年》："祏，音石，藏主石函也。"⑦ 段玉裁已经意识到将祏解释为石室等说法不妥，但受"木主"观念影响甚深，仍然对石主进行曲解："玉裁谓，宗庙本木主，而字从石者，盖取如石不可转意。石室别是一事。"⑧ 因为孔子说过商代人神主用木（"殷人以柏"），故传统文人皆不敢违背圣人之说。实际上，在商代甲骨文中只有"示"字；后世神主之"主"从"示"字中分化出来，很可能是因为后世神主用木，而商代立石为示，方才产生的分化。

受到后世"木主"观念的影响，现今学界常将甲骨文上甲"田"的外框理解为盛神主之器，报乙、报丙、报丁的外框"⊐"被理解为从侧面看的盛主之器。而有的外国学者则

---

① （汉）司马迁：《史记》第 1 册，北京：中华书局 1982 年版，第 104 页。
② 赵诚：《甲骨文简明词典：卜辞分类读本》，北京：中华书局 2016 年版，第 233 页。
③ （汉）许慎撰，徐铉校订，愚若注音：《注音版说文解字》，北京：中华书局 2015 年版，第 2 页。
④ （唐）杜佑撰，王文锦等点校：《通典》第 2 册，北京：中华书局 2003 年版，第 1552 页。
⑤ （清）陈寿祺撰，曹建墩校点：《五经异义疏证》，上海：上海古籍出版社 2013 年版，第 73 页。
⑥ （清）阮元校刻：《阮刻春秋左传注疏》第 11 册，杭州：浙江大学出版社 2015 年版，第 3315、4103 页。
⑦ （唐）陆德明撰，张一弓点校：《经典释文》，上海：上海古籍出版社 2012 年版，第 459 页。
⑧ （汉）许慎撰，（清）段玉裁注：《说文解字注》，上海：上海古籍出版社 2012 年版，第 5 页。

认为上甲是把"甲"("✚")字附加在神主之上，而"自上甲六示"中的其他"示"，即报乙、报丙、报丁，以及示壬、示癸，则是附神主的边框或支架上（the tablet frame or stand）①。如果此说成立，则上甲、三报、二示，商代实际建立者成汤（大乙）之前的六位祖先，实际上只有一个"示"；我国学者也确有持此种观点的，例如常玉芝认为甲骨卜辞中的"自上甲"包括了上甲、三报、二示，省略了三报二示五位先公的名字，那么"求自上甲、大乙、大丁、大甲、大庚、大戊、中丁、祖乙、祖辛、祖丁十示"（《甲骨文合集》32385）② 即是从上甲、报乙直至祖丁 15 位祖先，称为 10 个示，则上甲、三报、二示，"把他们组合成一个'示'进行祭祀就是极有可能的"③。

但笔者认为上述说法是不能成立的，将上甲、三报、二示理解为一示，本身就与"自上甲六示"的说法矛盾，上甲、三报、二示称为"六示"，这样的例子在甲骨文中很多，绝非一个示。而且如果上甲、三报、二示合为一个示，在实践操作中则不可能单独祭祀上甲，也不可能单独祭祀示壬，只能合祭；但在卜辞中单独祭祀上甲、示壬或祭祀示壬、示癸"二示"的例子很多。而且合为一示，即便是合祭，很难表示出给上甲、三报、二示的祭品多寡等级差异，而实际上即便在合祭中，也常常是给上甲的祭品最为丰厚。因此说将上甲、三报、二示合为一个示，与卜辞中"六示"的记载矛盾，也与祭祀实践的操作常理不合。既然"自上甲六示"不可能是一个示，则将上甲、三报、二示写在一个示的不同位置的推测，也不能成立。

甲骨文上甲的外框，如果理解为盛放神主的容器，笔者认为也是有问题的。在甲骨文中，作为容器的偏旁，不从"囗"，而是从"ㅂ"（后世多变为"日"），例如简册在甲骨文写为"卌"；但如果是献给祖先神明的简册，则要放到容器中呈上，甲骨文写为"凿"，从"ㅂ"，并不从"囗"。杨树达将上甲的外框理解为传世文献中的"祊"，说法比较可信，"囗为古方字，甲文田字所从之囗为何字乎？曰：此即经传之祊字也。《国语·周语》云：'今将大泯其宗祊。'韦注云：'庙门谓之祊，宗祊犹宗庙也。'《诗·小雅·楚茨》云：'祝祭于祊。'《毛传》云：'祊，门内也。'《礼记·郊特牲》云：'索祭祝于祊。'郑注云：'庙门外曰祊。'余谓韦注'宗祊犹宗庙'之说最为得之。盖祊即是庙，其训庙门，又或训庙门内，或训庙门外，皆庙义之引申也"④。笔者认为上甲的外框囗，应为宗庙的象征，而且提示我们商代的宗庙很可能是回字形四合院的结构。陈梦家曾经提出："由卜辞宫室的名称及其作用，可见殷代有宗庙有寝室。它们全都是四合院似的，所以东、西、南、北四方都有房

---

① Robert Eno, *Shang State Religion and the Pantheon of the Oracle Texts*, Early Chinese Religion, Part one: Shang through Han（1250 BC—220 AD）, vol. 1（2011）, p. 56.
② 姚孝遂主编：《殷墟甲骨刻辞类纂》上册，北京：中华书局1998年版，第401页。
③ 参见常玉芝：《商代宗教祭祀》商代史卷八，北京：中国社会出版社2010年版，第364—365页。
④ 杨树达：《积微居甲文说》，上海：上海古籍出版社2007年版，第43页。

屋。"① 2001年9月中国社会科学院考古所在洹北商城发现了30多处大型宫殿建筑基址，基址呈回字形，四周是建筑物，中间为庭院，证实了陈梦家的推论②。由考古发现，以及甲骨象形文的提示，我们可以推断，商代祭祀祖先的宗庙是庭院式的，四周是具有各种名称的建筑物（"室"等）以及庙门，中间是庭院，立石的神主"示"则在庭院中。

综合甲骨象形文、考古资料和传世文献，甲骨文中上甲的外框，并非是"祏"，而是"祊"，代表宗庙。祏本身即是立石神主，并非是宗庙（"祊"）、盛放神主的石室（或石函）。前引，许慎在《说文解字》和《五经异义》中对"祏"的解释不同，当以《说文解字》为是。段玉裁在《说文解字》"祏"字下注解中引："许君谨按：《春秋左氏传》曰：'卫孔悝反祏于西圃。'祏，石主也。言大夫以石为主。今山阳民俗，祀皆以石主。"③ 如此看，许慎是将《左传》中的"祏"理解为石主，或者说"宗庙主"就是石主。"言大夫以石为主"，可能是许慎以为周代王室神主用木（木主放在石室之中），故说石制神主非王而是大夫所用。但对商代来说，无论是王还是大臣，祭祀祖先都是用石制神主。甲骨卜辞中有"尹示"等词，说明商代重要的旧臣是可以有示的，但伊尹的示严格说来并不能与商王祖先的完全并列，如"丁巳卜，侑于十立，伊又九立"（《甲骨文合集》32786）④，张政烺将"立"解释为"位"、坛位，"伊又九"即伊尹和九示，九示是大乙至祖丁九个王⑤。此说是可信的。伊尹的"示"与九位商王祖先的"示"并列时，略有区分，故称伊尹（之示）以及（"又"）九位先王之示。对这他们进行有（"又"）祭时，称"十立"而非"十示"，似商王祖先之示称为"示"，而士大夫祖先立石则称为"立"，"示"的地位更尊重，但"示"亦可被泛称为"立"。

1959年发现、1965年大范围发掘的江苏徐州铜山湾商代遗址，"在丘ⅢT2的中部偏西处，发现有四块大石紧靠在一起，这四块大石都是未经人工制作的自然石块，形状不规则，竖立在土中，中心点一块，南北西又各一块。中间的一块最大，略象方柱体，体积为0.22×0.23×1米，下端如楔形，插进土内较深。在葬地内共清理出人骨20具，人头骨两个，狗骨12具。根据人骨、狗骨的分布以及人骨头部的方向观察，当时的埋葬都是以四块大石为中心，人骨和狗骨从四面围绕着它。所以这四块大石是有意识放置的，而不是一种自然的现象"⑥。《太平御览》卷五百三十一、《周礼·春官·小宗伯》贾公彦疏，都引用了许慎《五经异义》："今山阳民俗，祀有石主。"山阳郡在今山东金乡县西北，距离江苏铜山湾近百余

---

① 陈梦家：《殷墟卜辞综述》，北京：中华书局2004年版，第481页。
② 参见李立新：《甲骨文"囗"字考释与洹北商城1号宫殿基址性质探讨》，《中国历史文博》2004年第1期，第11—17页。
③ 《说文解字注》，第5页。
④ 《殷墟甲骨刻辞类纂》上册，第90页。
⑤ 参见张政烺：《释"它示"：论卜辞中没有蚕神》，《古文字研究》第一辑，北京：中华书局1979年版，第63—70页。
⑥ 《江苏铜山丘湾古遗址的发掘》，《考古》1973年第2期，第76页。有学者认为这一祭祀场所可能是"社"。（俞伟超：《铜山丘湾商代社祀遗迹的推定》，《考古》1973年第5期，第296—298页；王宇信、陈绍棣：《关于江苏铜山丘湾商代祭祀遗址》，《文物》1973年第12期，第55—58页。但亦无特别有力的证据。

公里。铜山湾商代遗址的考古发现，可以提示我们商代以来的"立石"，是选择未经雕琢的方柱体石块，下端为楔形，插入泥土较深，故称为"立石"；祭祀时，祭品以"示"为中心环绕。

综上所述，商代祭祀祖先不使用人偶，而是立石为"示"。这个"示"应该是置于宗庙中心的庭院中。从甲骨卜辞来看，一个宗庙以某示为主，同时亦可兼放有其他示。甲骨文上甲"田"应该是表述将上甲安置在庭院式宗庙的中心。上甲的外框即表示宗庙而非盛放神主的石函，则报乙、报丙、报丁的甲骨文外框，绝非是从侧面看的盛主之器。1932年吴其昌认为三报的外框"コ"为一字，释为"祊"，为庙门旁之祭，与"报"相同①。吴其昌的观点，影响到郭沫若、唐兰、杨树达等人，并对前引杨树达关于"祊"的论述有直接的启发意义。本文认为，吴其昌将"报"理解为庙门旁之祭，是颇有启发意义的观点。上甲之示安置在庭院式宗庙中心，而三报则安置在庭院式宗庙的边缘，很可能是一进门宗庙门口一侧。与"报"作为宗庙边缘门口一侧相应，"亚"很可能本意并非第二的、次要的，甲骨文"亞"即象征四个角落，商代青铜器铭文《父已觯》《左钲》中的亚字，字形更宽扁，所象形的四角意味更加明显，可以推断"亚宗"即宗庙庭院四个角落，安放在宗庙角落的"示"，故可以引申为相对次要之示。卜辞"于父王亚"（《录》三一二），应该就是在宗庙的角落进行祭祀，则作为祭祀对象的神主应该就是安置在宗庙庭院的角落里。

从前述"立石"的形制来看，"示"应该是固定在地上的，一般情况下不会轻易移动，故"示"的位置就相对固定，不同的位置也带有尊卑等不同含义。示在宗庙的中心、边缘一侧，或角落，肯定反映出示的重要性。在宗庙中心的上甲，从卜辞看是非常重要的祖先，祭品也最为隆重。此外描述"示"的位置的词语，还有"上示"和"下示"。从卜辞来看，"上示"比"下示"重要，下示是商王的近祖，上示是商王的远祖，商王祭祀的有案可稽的始祖是"上甲"即冠以"上"字。周代天子"七庙"，商王的祖先祭祀与此不同，不仅不毁远祖之庙，而且对于远祖的祭祀更加重视。甲骨卜辞中有"二示""三示""四示""五示""六示""九示""十示""十示又二（十二示）""十示又三""十示又四""廿示""廿示又三"等说法，即是若干示一起祭祀，数目远不止七个。

甲骨卜辞中还有"大示"和"小示"，则很可能商王祖先祭祀用的"示"大小规格是不同的，重要的祖先之示（所立之石）比较大，次要的祖先之示比较小。商代的嫡庶观念已经比较明显。大概来讲，直系祖先用"大示"，旁系祖先用"小示"加以区别。作为宗庙祭祀场所的名称"大宗""小宗"中的大小，本意应该也是空间场所的大小，但似并无明显的尊卑之别；"大宗""小宗"与"大示""小示"之间没有对应关系，"小宗"里也祭祀直系祖先。从卜辞看，大室祭祀的祖先可能比较多，可以从上甲开始祭祀；小室祭祀的祖先相对比较少，从大乙开始祭祀。

---

① 参见吴其昌：《殷卜辞所见先公先王三续考》，《燕京学报》1933年第14期，第4页。

二、祭器与商王祖先的象征

　　甲骨文的"示"常写作"丅"。有时一横上再加一横,作"ᛜ";或一竖左右加点,作"ㅠ"或"示"等。立石为"示",甲骨文示字的一竖象征方棱或楔形石柱,应无问题,有时这一竖写得下宽上细,如"ᛜ""ᛜ",表现石柱更加形象。但石柱(竖线)上的横线,象征什么,颇令人费解。如果把横线理解为指示符号,似乎也比较牵强,特别是如果有多个横线,乃至于周边还有若干点,全部理解为指示符号,则不大可能。

　　从字形上看,笔者认为很有可能是将祭品放在了立石("示")上,如甲骨文"ᛜ"就非常形象地表现出拿木(或为燃烧的木)放在示石上。将祭品放在立石上,为祭示之意,这在汉代民间恐仍有影响。如《风俗通义》石贤士神的记载①,将祭品放在石头上,便认为是祭祀石人。从甲骨卜辞看,最常见的祭品是祭肉,特别是生肉血食,祭祀时血汁溅落,故甲骨文"示"字有时最右边有数个点。甲骨文中的"俎"("ᛜ")字,即是切肉、放肉的案板。传世文献则谓商代祭祀之俎所盛祭品是连骨带肉的。《礼记·祭统》:"凡为俎者,以骨为主。骨有贵贱。殷人贵髀。"郑玄注:"殷人贵髀,为其厚也。"孔颖达疏:"殷质,贵髀之厚,贱肩之薄。"② 祭祀时将盛肉的俎放在立石上,仰视或平视,故象形为"丅"或"ᛜ"。因为祭祀时人们一般是跪在上置祭品的示前的,如甲骨文"祝"("ᛜ")字的象形;故对上放祭品的立石采取仰视或平视时所见样态的象形。将祭品放在立石上,是上呈神明或祖先,故不能采取俯视的角度,否则是一种不尊敬;同时"示"也逐渐引申出贡献、上呈、表示等含义。

　　从传世文献看,商代的鼎俎是配合使用的,俎是放置生肉血食的,鼎可以作为一种加热的温器,应该是放置熟食的,例如考古发现有的鼎"是一种温器……鼎内放肉食,小盘内可放炭火,温热鼎内食品"③。《史记·殷本纪》:伊尹"负鼎俎,以滋味说汤,致王道"④,虽为炊具,但被赋予了不少神圣意涵。《礼记·哀公问》:"然后言其丧算,备其鼎俎,设其豕

---

① (汉)应邵撰,吴树平校释:《风俗通义校释》,天津:天津人民出版社1980年版,第343页。《风俗通义·石贤士神》:"汝南汝阳彭氏墓路头立一石人,在石兽后。田家老母到市买数片饵,暑热行疲,顿息石人下,小瞑,遗一片饵,去,忽不自觉,行道人有见者。时客适会,问因有是饵?客聊调之:'石人能治病,愈者来谢之。'"这里记载汉代有老年妇女"遗一片饵",未记遗忘在石人头上,但后世文献征引《风俗演义》中这个故事时,皆谓将饼忘记在石人头上。《太平御览·头痛》:"《风俗通》曰:田家老母市饼,置道边石人头上。既而忘之,人以为神,能治病。"《太平御览·饵粢》记载与《太平御览·头痛》同。人坐在石人下休息,将饼放在头上,于情理亦合。又西晋《抱朴子·道意》记载该故事,亦云饼放在石头上:"汝南彭氏墓近大道,墓口有一石人,田家老母到市买数片饼以归,天热,过荫彭氏墓口树下,以所买之饼暂著石人头上,忽然便去,而忘取之。行路人见石人头上有饼,怪而问之。或人云,此石人有神,能治病,愈者以饼来谢之。"《太平广记·著饼石人》引用了《抱朴子·道意》的原文。

② (清)孙希旦撰,沈啸寰、王星贤点校:《礼记集解》下册,北京:中华书局1989年版,第1247页。
③ 卢连成、胡智生:《宝鸡强国墓地》,北京:文物出版社1988年版,第368页。
④ (汉)司马迁:《史记》第1册,北京:中华书局1982年版,第95页。

腊，修其宗庙，岁时以敬祭祀，以序宗族。"① 若依此，则先有鼎俎，后有宗庙；鼎俎是盛放祭肉的祭器。

后世文献也都提到商代祭祀时用鼎，如著名的《尚书·商书·高宗肜日》："高宗肜日，越有雊雉。"②《尚书》中原本为凶兆，但汉代今文家在《尚书大传》则理解为吉兆，认为预示将有来朝者③。而《汉书·五行志》记载刘歆对此的解释为："《易》有《鼎》卦，鼎，宗庙之器。主器奉宗庙者，长子也。野鸡自外来，是将继嗣将易也。"④ 商代王族以鸟为图腾⑤，始祖王亥或为鸟（或凤）王，王亥之子上甲，方为商王真正意义上的人类祖先，故商代祖先祭祀的对象，从上甲开始。有野鸡飞到作为祭器的鼎上鸣叫，当为凶兆，亦可见祭祀所用鼎，是商代祖先祭祀中十分重要的祭器。

如果崇拜对象不采用偶像的形式，祭器常常成为崇拜对象的重要表征，如道教在受到佛教影响开始造像之前，香炉是神明的重要象征。同样道理，商代的鼎常常成为某位祖先的象征物。《礼记·祭统》："夫鼎有铭，铭者，自名也，自名以称扬其先祖之美，而明著之后世者也。"⑥ 鼎有铭文，这在考古发掘中早已证实，铭文称扬某位祖先，实际上就说明该鼎是专属某位祖先的祭器。另外，特别值得关注的是，传世文献都提到占卜的龟筮之神，与祖先之神，是不同的。例如《仪礼·士冠礼》"筮于庙门"，郑玄注："筮者，以蓍问日吉凶于《易》也。冠必筮日于庙门者，重以成人之礼成子孙也。庙谓祢庙。不于堂者，嫌蓍之灵由庙神。"贾公彦疏："此据经冠在庙堂，此蓍筮在门外，不同处，故以庙决堂，以蓍自有灵，知吉凶，不假庙神，故云'嫌蓍之灵由庙神'也……凡虫之智，莫善于龟；凡草之灵，莫善于蓍，蓍龟自有灵也。若蓍自有神，不假庙神也。"⑦ 筮卜自有其神，龟卜也当自有其神。甲骨文"屯"（"𠚍"）字，一般被解释为一对甲骨，如"帚娘示七屯，亘"（《怀》九六六C）⑧，帚娘进献七对甲骨，贞人亘接收。甲骨文中常有商代上层妇女给贞人贡献若干屯的记载，则龟卜之神恐与女性有某种联系。《周礼》记载有龟人，"凡取龟用秋时，攻龟用春时，各以其物入于龟室"⑨，商代上层妇女，很可能是担任这类"龟人"的职责，负责管理龟的饲养和取龟甲等职责。卜辞中记载商代上层妇女给贞人献若干屯，应该就是《周礼》中对龟人"若有祭祀，则奉龟以往"⑩ 这种职责的记载，以往常将这类卜辞理解为上层妇女身处外地而进贡物产龟甲，恐非。龟卜之神，不同于鼎铭所称扬的祖先之神，故此可以推断，龟卜

---

① 《礼记集解》下册，第1258页。
② 顾颉刚、刘起釪：《尚书校释译论》第2册，北京：中华书局2010年版，第992页。
③ 同上书，第1022—1023页。
④ （汉）班固撰，颜师古注：《汉书》第5册，北京：中华中局1962年版，第1411页。
⑤ 胡厚宣：《甲骨文所见商族鸟图腾的新证据》，《文物》1977年第2期，第84—87页。
⑥ 《礼记集解》下册，第1250页。
⑦ （汉）郑玄注，（唐）贾公彦疏：《仪礼注疏》上册，上海：上海古籍出版社2014年版，第4—5页。
⑧ 《殷墟甲骨刻辞类纂》上册，第193页。
⑨ （清）孙诒让撰，王文锦、陈玉霞点校：《周礼正义》第7册，北京：中华书局1987年版，第932页。
⑩ 同上书，第1955页。

占问与鼎贞祝祷，所凭神明属性不同，原本属于两种不同的宗教活动，不应混为一谈。但在汉代开始，这种区分似已不严格，班固《白虎通义·蓍龟篇》："筮画卦所以必于庙何？托义归智于先祖至尊，故因先祖而问之也。"① 原本求证于祖先为"贞"，龟筮于天地上下四方之神为"卜"，但班固已说筮卜于祖先，可见汉代这种区分已不明显，故许慎等汉代人开始将贞解释为卜问，反映的是汉代人宗教观念的变化，但与上古的贞卜观念并不同。

现今甲骨卜辞中涉及"鼎"（""）的记载不是很多，与商代考古发现鼎的实物，以及传世文献对鼎的重视程度，都不相称。但甲骨文中""字甚多，其字形就是"鼎"字，西周后其上加"卜"，写为""，才演变为"贞"字形，或者说贞字才从鼎字中分离出来。许慎《说文解字》："贞，卜问也，从卜，贝以为贽。一曰鼎，省声，京房所说。"② 从甲骨文的发展来看，许慎所谓贞字其下是贝，为卜问所需费用，多为臆测；其引京房所说方正确。《周易》中"贞"字大量出现，如"元亨利贞"之贞，但都训为"正"，未见有"问"之意。在传世文献中，认为"贞"字有问之意，可能始于汉代郑众。郑玄在注释《周礼》时数次引用郑众（郑司农）将贞解释为问的观点。《周礼·天府》："季冬，陈玉以贞来岁之？ 𡴙恶。"郑玄注引："郑司农云：贞，问也。易曰：'师，贞丈人吉。'问于丈人。《国语》曰：'贞于阳卜。'"③《周礼·大卜》："凡国大贞，卜立君，卜大封，则眡高作龟。"郑玄注："郑司农云：'贞，问也。国有大疑，问于筮龟。作龟，谓凿龟令可爇也。'玄谓贞之为问，问于正者，必先正之，乃从问焉。"④《周易》等传世文献，贞都训为正，未见有问之意；问之意应从正之意引申而来，汉代方有其说。

饶宗颐认为："《书·洛诰》：'我二人共贞。'《释文》引马融云：'贞，当也。'古贞即鼎字，故训为'当'，当犹言当值。卜辞言'卜某贞''某贞'，以此义解之，亦无不可。盖谓卜官某，当值其事，即所谓涖卜也。当值之意，有时可省略，故'卜某贞'得省为'卜某'或'某卜'。"⑤ 将"贞"理解为当值，恐为臆测。从甲骨卜辞来看，贞辞并非单纯的疑问句，而是有明显的倾向性。20 世纪 70 年代开始，海外一些学者将贞辞理解为对未来的一种阐述，或者需要检验、校正的行动方针，并对国内一些学者产生影响⑥。从卜辞来看：（1）一般是先于某日"卜"，这里的卜主要是指在钻凿过的龟甲上用火灼烧，甲骨裂开成""形的纹路兆象（但应不包括解读兆象）。（2）之后（不一定与卜日同天）在鼎前呼告希求认为应该出现的结果。这两个步骤一般都是由贞人（有时王也亲自）来完成的，后世在《仪礼》中则有筮人（用筮草占卜之人）和有司（主人手下的臣或皂隶）之分。（3）王（也时有

---

① （清）陈立撰，吴则虞点校：《白虎通疏证》上册，北京：中华书局 1997 年版，第 330 页。
② 《注音版说文解字》，第 64 页。
③ 《周礼正义》第 6 册，第 1568 页。
④ 《周礼正义》第 7 册，第 1939 页。
⑤ 饶宗颐：《殷代贞卜人物通考》，香港：香港大学出版社 1959 年版，第 70 页。
⑥ 裘锡圭：《关于殷墟卜辞的命辞是否问句的考察》，《中国语文》1988 年第 1 期，第 6—10 页。

卜人）来占视兆卜的结果。甲骨文"占"（" "）字，应是把兆裂后的龟甲装在器皿中呈给商王来看。这与后世《仪礼·士冠礼》中记载将筮草占卜形成的卦象给主人看，道理是一样的；郑玄注"韇，藏筮之器"①。在商代的宗教观念中，一个完成的贞卜过程，恐应是龟之神与祖先之神，配合完成的。本文主要讨论商代的祖先祭祀，为避免枝蔓过多，对此不再展开讨论。从甲骨文看，贞、鼎同源，贞应该主要是在鼎前呼告祈祷。传世文献亦有类似的例子，如刘向《说苑·君道篇》："汤之时大旱七年，雒坼川竭，煎沙烂石。于是使人持三足鼎祀山川，教之祝曰：'政不节耶？使民疾耶？苞苴行耶？谗夫昌耶？宫室荣耶？女谒盛耶？何不雨耶？何不雨之极也！'盖言未已而天大雨。"②汤使人所祝之言，是呈现问句的形态，实则并非真正意义上的疑问句，这种形式上的问句，显然已经预设了答案。

一般认为商代的行政管理是低水平的，商代主要由商王（大萨满）个人统治，其周边仅有一群商王私人随从性质的"贞人"等协助，商政府不过是宗教官员或说萨满式官员的集合体，行政决定仅需要王室占卜以秘密方式决定和宣布，"这些都可能是制约商代官僚政府发展的重要因素"③。这种说法虽然不无道理，但对官僚制度的判断标准，似乎过于从偏重宗教去魅的韦伯式定义出发。如果我们对贞辞进行重新理解，这种贞辞并非实际的问卜，而是有明显倾向性的呈辞，那么这就跟后世为皇帝做好答辞的票拟制度很相似，即官僚机构事先已经做好了行政处理意见，而在程序上最后再请最高统治者进行朱批认可。派谁率领多少军队去攻打或抵御某方国，在某地修建新邑、开垦田地等，必然都是已经做出的尚待最终批复下发的行政决策，不可能是一时兴起的偶然性、随意性的占卜。只不过商代最终批示的是祖先神明，而后世最终批示的人间帝王；但从行政官僚秩序上，都属于最后的一个行政程序。在这个意义上说，对贞辞的重新理解，对于我们重新理解商代统治的行政制度有非常重要的意义，宗教性的参与未必就是对商代官僚管理组织框架建立的一种实质性阻碍。

三、祭日：商王与太阳崇拜

上甲的甲骨文" "的想象，是庭院式宗庙中间安放示的最典型代表。有西方学者将上甲的外框"囗"理解为太阳的象征，认为商代是以太阳为图腾，商代的王都是十个太阳中某一个的化身，关于后羿与十个太阳的神话具有某种历史的真实性。这一神话成为商代王室祖先谱系的源头④。前文已述，"囗"应是祊，为宗庙的庭院，并非是太阳的表征；但认

---

① 《仪礼注疏》上册，第10页。
② （汉）刘向撰，向宗鲁校证：《说苑校证》，北京：中华书局1987年版，第20页。
③ 李峰著，吴敏娜等译：《西周的政体：中国早期的官僚制度和国家》，北京：三联书店2010年版，第33页。
④ Keightley, *Graphs, Words, and meanings: three reference works for Shang oracle-bone studies, with an exursus on the religious role of the Day or Sun*, Journal of the American Oriental Society 117.3 (1997), pp. 517—524. 并参见 Allan, Sarah, *the Shape of the turtle: myth, art and cosmos in early China*, Albany, 1991, p. 56.

为商王，特别是死后的商王为某一太阳的化身，该说法值得进一步讨论。

宋人李如圭《仪礼集释》："凡庙有室、有堂、有庭、有门。礼有行于庙之室者，祭祀阴厌之属也。有行于庙之堂者，傧尸之属是也。有行于庙之庭者，纳牲之属是也。有行于庙之门者，此筵日之类是也。"（四库全书本）前文已经讨论过商代祭祀祖先的宗庙是庭院式建筑，"示"应是放在庭院中的。鼎俎用牲祭祀"示"，"行于庙之庭者，纳牲之属"，李如圭的这一判断应该是有道理的。一方面，在庭院露天中便于处理血食；另一方面，更为重要的是，祭品更容易与祖先之神相接，不至隔断。露天祭祀，便于通神的观念，在传世文献中也有反映，《礼记·郊特牲》在论述祭社时说："日用甲，用日之始也。天子大社，必受霜露风雨，以达天地之气也。是故丧国之社屋之，不受天阳也。薄社北牖，使阴明也。"郑玄注："绝其阳，通其阴而已。薄社，殷之社。殷始都薄。"孔颖达疏："丧国社者，谓周立殷社也。周立殷社，为戒而屋之，塞其三面，唯开北牖，示绝阳而通明，阴明而物死也。"① 商代祭祖、祭社都立石，其祭祀原理应该近似，应均为露天祭祀。

露天祭祀，便于上达。然甲骨文中"天"即"𠊢"或"𠀗"，都为头顶之意，并无天地之天的含义。商人崇拜"帝"（"𢂇"），周人才将"天"视为重要神明。商王祭祀祖先，尚未有周代的天子概念；商代露天祭祖，恐因其将祖先视为太阳。

商代的帝王本有其名，死后则会按照十个天干在一个庙号，商人用干支记日，十个天干是十日一旬，故学界常将用天干所起的名字称为日名。例如商朝的实际建立者汤，在甲骨文中称为"唐"或"成"（传世文献中也将汤称为"成汤"），而其庙号则为"大乙"，传世文献中记为"天乙"。汤之前的祖先，即为"自上甲六示"。每组以某个天干为首的祖先都是比较重要的先王。传世文献一般认为商王的庙号取自其生日（或忌日）之天干，但实际上从现有资料看，很难有确证说商王庙号取自生日或忌日。陈梦家说"卜辞中的庙号，既无关于生卒之日，也非追名，乃是致祭的次序；而此次序是依了世次、长幼、及位先后、死亡先后、顺着天干排下去的"②，是十分正确的。这也就是依上述规则依次拟配或陪祀太阳。

商代，东南西北不同方位的风（凤）有四个不同的名字③；一旬中十个天干可能即为太阳的十个不同名称，这恐系上古关于十个太阳传说的来源。在《尚书》和《诗经》中，都有将夏王称为"日"。如《尚书·商书·汤誓》：

> 王曰："格尔众庶，悉听朕言，非台小子，敢行称乱！有夏多罪，天命殛之。今尔有众，汝曰：'我后不恤我众，舍我穑事而割正夏？'予惟闻汝众言，夏氏有罪，予畏上帝，不敢不正。今汝其曰：'夏罪其如台？'夏王率遏众力，率割夏邑。有众率怠弗协，

---

① 参见《礼记集释》中册，第 684—686 页。
② 《殷墟卜辞综述》，第 405 页。
③ 胡厚宣：《释殷代求年于四方和四方风的祭祀》，《复旦学报》（人文科学）1956 年第 1 期，第 49—86 页。

曰：'时日曷丧？予及汝皆亡。'夏德若兹，今朕必往。"①

夏人不满夏桀的统治，诅咒"时日曷丧"，将夏王死去称为丧日。又夏代"少康失国"，后羿曾一度篡位，后世有后羿射九日之说，应为影射其篡夏之历史。屈原《天问》："羿焉彃日。"《淮南子·本经训》："逮至尧之时，十日并出。焦禾稼，杀草木，而民无所食。猰貐、凿齿、九婴、大风、封豨、脩蛇皆为民害。尧乃使羿诛凿齿于畴华之野，杀九婴于凶水之上，缴大风于青邱之泽，上射十日，而下杀猰貐，断修蛇于洞庭，擒封豨于桑林。万民皆喜，置尧以为天子。"②后羿篡位被视为射九日或十日，有譬喻废除夏朝历代诸王，自立为日（王）的意味。

前文已述，商王以凤鸟为图腾。商王始祖王亥之"亥"（""）即是鸟形，王亥恐系图腾神明性质的祖先，故商王祭祖并不从王亥开始，而是从传说中王亥之子上甲开始，上甲恐方为商王真正意义上的人类始祖。而相对于商王以凤鸟为图腾，夏王则以太阳为象征。夏王被视为太阳，这种宗教观念也影响到了商朝。夏代已经开始用天干命名庙号的制度，《史记·夏本纪》中的"康"应为"庚"，传世文献中有大康、中康、少康（庚）、孔甲、胤甲、履癸等。商王也沿袭了这一象征，用天干起庙号，进行祭祀。成汤击败夏朝之前，应以夏王为日，成汤之前的"自上甲六示"，恐系商汤胜利后的追认。另，高辛氏之妃（帝喾之妃，邹屠氏之女）有吞日之梦，与射日神话亦有类似。高辛始之妃每做一吞日之梦即生一子，八梦生八子，称"八神""八翌""八英"或"八力"，"神力英明，翌成万象，亿兆流其神睿焉"③，八子加高辛夫妇，似亦称一旬十日。王国维认为甲骨文中"夒"（""）即"帝喾"之"喾"，为商朝实际创始人成汤之所出，"喾为契父为商人所自出之帝，故商人禘之。卜辞称高祖夒，乃与王亥、大乙同称，疑非喾不足以当之矣"④。若此说成立，亦可证明从商汤开始，商王祖先即被明确视为太阳。

祭祀作为太阳象征的商王祖先，也带有历法的意义。1933 年董作宾发表《甲骨文断代研究例》，开启了对商王祖先祭祀中"周祭"的研究。周祭是对上甲以来的祖先轮番有规律地进行周期性祭祀的宗教活动，祭祀一周一般为三十六旬（即 360 日）。陈梦家先生首先指出年月日时之名，都源于周期性的祭祀。商代周祭时间与一个太阳年相近；后学者又进一步发现周祭有三十七旬的，商代晚期比较成熟的"周祭"，第三十七旬可以加在任何两旬中间，实则类似于后世所谓的闰。商人最初是将闰月置于年终，故甲骨文中多有"十三月"的记载；后改在年中置闰，故商代晚期只有十二个月。

---

① 《尚书校释译论》第 2 册，第 878—883 页。
② 张双棣：《淮南子校释》（增订本）上册，北京：北京大学出版社 2013 年版，第 852 页。
③ 王嘉：《拾遗记》，北京：中华书局 1981 年版，第 18 页。
④ 王国维：《观堂集林》卷九《殷卜辞中所见先公先王考》，《王国维遗书》第 1 册，上海：上海书店出版社 2012 年版，第 451 页。

在祭祀祖先或向祖先祷告时，商王也会进行一些行政命令的处理，特别是在殷商卜辞中我们可以看到许多"令"，例如"贞：令🀆伐东土，告于祖乙、于丁，八月"（《甲骨文合集》7084）①，贞辞：命令"🀆"（人名）去征伐东土，并告于祖乙和丁，在八月。甲骨文中的"令"（"🀆"），可以是作为天神的"帝"令雨、令雷，也可以是商王命令某人或多人去做某事。后者一般可以理解为一次性的命令动作，也可以理解为委派、委任某人或多人去执行某项任务或担负某种职责，进而引申出任命的意思。西周金文中有大量的"册命"类文献。李峰认为在西周"王室宗庙也是举行册命仪式的地方，册命仪式之前可能就是一个祭祀祖先的宗教环节"②。傅斯年在《性命古训辩证》中依据《说文解字》卪部令字"发号也：从亼卪"，认为甲骨文"令"（"🀆"）字上面的三角，是象征屋宇或帐幕。帮助傅斯年抄写稿件的张正烺进一步加按语提出："古者发号施令于宫庙行之，凡受命者引领待于其下，是以令字如是作。"③ 许慎在《说文解字》中说卪"瑞信也。守邦国者用玉卪，泽邦国者用龙卪，门关者用符卪，货贿用玺卪，道路用旌卪，象相合之形"④，亼字"象三合之形"⑤。傅斯年认为"三合何义，许亦无说"⑥，不过从"相合之形"与"三合之形"来看，"卪"是两方手持之信物相合，"亼"为三方手持之信物相合；即相合（二合）很可能是王与受册命者的信物相合，三合为王、右者（西周金文中，册命时地位高于受册命者，将受册命者介绍给王的人）、受册命者的信物三合。那么，甲骨文令字上面的三角，在许慎看来则是指册命时的信物。

《礼记·祭统》："古者明君爵有德而禄有功，必赐爵禄于大庙，示不敢专也。故祭之日，一献，君降立阼阶之南，南乡，所命北面，史由君右执策命之。再拜稽首，受书以归，而舍奠于其庙。此爵赏之施也。"⑦ 上述在太庙祭祀过程中进行册立的仪式过程，完全可以用《颂鼎》等西周金文予以证实。西周金文中的册命文献中，一般都会提到进行册命的周王丕显皇祖考或丕显文武（周文王、周武王）；也常会提到受命者的祖先也被先王册命（西周后期有所减少，但早期很多）。周代新的王继位，会举行周王与臣子的册命仪式，如据《师虎簋》，周懿王继位后，虎被册命，君臣同时履新；据《麦方尊》等西周金文，新的诸侯继位，是去周原（而不是都城）觐见周王。由此可见，西周的册命应该是周王及其历代祖先与被册命者（及其祖先）的一种授权关系的确立或再确立。在西周中期开始盛行的这种册命仪式，

---

① 《殷墟甲骨刻辞类纂》上册，第129页。
② 《西周的政体：中国早期的官僚制度和国家》，第122页。
③ 傅斯年：《性命古训辩证》，上海：上海古籍出版社2012年版，第19页。
④ 《注音版说文解字》，第184页。
⑤ 同上书，第103页。
⑥ 《性命古训辩证》，第53页。
⑦ 《礼记集解》下册，第1246页。

与殷商祭祀祖先有时会进行的"令"的仪式过程应该有直接的关系。甲骨卜辞中的"令"的权威来自"帝"和"王"。将商王的祖先视为太阳进行祭祀，不仅具有历法的意义，也可以将祭祀时"令"的行为加上神圣权威，在商朝的行政治理中具有重要意义。而且后世中国哲学中的天命观、性（生）命观（"性自命出""天命之谓性"），其思想的现实依据应该就是对商周的帝令、册命仪式行为、观念的抽象化，其在中国思想史上的意义也值得深入挖掘。

甲骨文中，十日为一旬（"𠣞"），旬同时有巡行之意，如甲骨卜辞中"旬㳄"一词即巡行盘游之意。十日一旬，每日之间似无高下之分，以商王历代祖先为（或陪祀）旬日，恐更适合兄终弟及类型的祭祀方式。非常值得关注的是，在周祭中祭祀先王的次序是依先王的庙号即日名（某一天支）的位次而定，与先王的辈分世系关系不大；而商人诸多祖先的合祭，从卜辞中"自某至某"等示例来看，基本上是严格按照世系的。特别是到了商代的晚期，嫡庶等观念已经比较强了，陈梦家已经指出王国维《殷商制度论》"从嫡庶之制作为起点来看殷、周制度，是最错误的"①。由此似可以推测，与历法关系密切的、以祖先为日的周祭，可能来自夏代的传统，父子相承的世系色彩不并重；但到商代中晚期，商人的父权世系观念已经有所增强，原有的以旬日方式祭祀商王历代祖先，似已有不适应之处。前引《史记·殷本纪》帝乙"为革囊，盛血，卬而射之，命曰'射天'"，从形式上看，类似于后羿射日，恐是反映了帝乙废除了原有以祭日方式祭祀祖先，而从具体的祭祀形式上看，则似为一种"射礼"。传世文献中周代的射礼，所用的箭靶子（侯中）是木制，上有兽、鸟图形，《麦方尊》上的金文也提到周王在璧雍接待朝觐的邢侯用射礼，"王乘于舟，为大丰（礼），王射大龏禽"，也可印证这一点②。帝乙"射天"，所用的箭靶是囊革所制，内盛血，虽然非常特别，但这个仪式过程应该说还是比较近似于射礼，很可能是帝乙进行的一种宗教仪式革新。但这种祭祀改革未能成功，帝乙亦被视为"无道"。

---

① 《殷商卜辞综述》，第631页。
② 马承源：《商周青铜器铭文选》第3册，北京：文物出版社1988年版，第46—50页。

老子学刊(第十六辑)传统文化与三教关系研究

九疑山鲁妙典仙传文本考论

杨文定*

内容提要：湖南九疑山女冠鲁妙典仙传，以《太平广记》引《墉城集仙录》，为现存最早且最全面的鲁妙典仙传文本。此外，还有多个文本，如《道教灵验记》中的《九疑山女仙鲁妙典石盆铁臼验》（简称《鲁妙典验》）和《楚宝》等。结合鲁妙典仙传的多个版本，考疏《鲁妙典验》得知：《鲁妙典验》以杜光庭《墉城集仙录》鲁妙典仙传为底本，系张君房于1019—1029年编撰而成，简叙了南北朝女冠鲁妙典于九疑山修道成仙之事且记录了九疑山仙迹道踪间之里程，如无为观去何侯宅、舜坛三二里，第一麓床去舜坛有五里，有实地踏察的迹象。

关键词：九疑山；鲁妙典；仙传文本

湖南九疑山相传为舜帝丧葬之地，汉魏以降，成为道教的洞天福地。晋代陶弘景的《真灵位业图》记载舜帝、张上贵、韩伟远、女真罗郁等多位九疑山仙道人物，均居左位[①]。唐代司马承祯的《天地宫府图》云："第二十三（洞天），九嶷山洞，周回三千里，名曰朝真太

---

* 杨文定，1981年生，湖南蓝山人，硕士，中共崇左市委党校讲师，研究道教炼丹和民族史，在《宗教学研究》《中国道教》《历史档案》等发表文章多篇。

① 陶弘景的《真灵位业图》以人间有纲纪、天上有天经，构建道教的神仙谱系。《真灵位业图》记九疑山仙道人物有：第三级左位"帝舜，服九转神丹，入于九疑山而得道矣"，第四级左位"九疑仙侯张上贵、九疑真人韩伟远"，第六级左位"九疑山女真罗郁"。这种未依道教天界划分仙道真人位业的做法，实为憾事，但可见道教发展初期的时代痕迹及特色。（汤一介：《早期道教史》，北京：昆仑出版社2006年版，第282页；《道藏》第3册，北京：文物出版社，上海：上海书店，天津：天津古籍出版社（以下简称三家本）1988年版，第275-278页；王家葵校理：《真灵位业图校理》，北京：中华书局2013年版，第104、165、183、240页；萧登福：《汉魏六朝佛道两教之天堂地狱说》，台北：学生书局1989年版，第270页。）

虚天。在道州延唐县（今湖南省宁远县），仙人严真青治之。"① 唐代杜光庭的《洞天福地岳渎名山记》亦记载："九嶷山，湘真太虚洞天，三十里，在道州延唐县。"② 湘真太虚洞，即晋代罗郁仙姑得道之处。清初康熙《永州府志》卷二十四《仙释》，除收录《真灵位业图》九疑山人仙外，亦收录从陶唐至宋代的何侯、鲁妙典、郑安期、王妙想等20余位高道仙人，其中不乏仙姑女冠。自先秦以降，九疑山所建宫观有上古何侯之炼丹观，南梁双师修炼之黄庭观，晋代鲁妙典、羊权修道升仙之鲁女观、羊权观，梁太清年间王妙想飞升之无为观，唐贞观年间建的九疑观等③。至清末，宁远县仍存道观190座，道士、道姑600余人；中华民国时期，封存道观164座④。正如陈垣先生所言："欲观一教之盛衰，必观其教堂之多寡。"⑤ 从历史上的宁远道观、道徒数量来看，九疑山为道教第二十三洞天实至名归。

在九疑山诸多女仙和庙观中，鲁妙典与鲁女观对后世影响较深远。仙传为记述神仙故事的著作，"这类神仙传记著作，所记述的神仙，或为神话传说人物；或史传有其人而无其事；或史传不着，因事缘饰，索隐怪迂。其文字记述，大多简短，人不数事，事不数言……这些著作为研究神话传说和道教的发展史保存了丰富资料"⑥。有关南北朝女冠鲁妙典之仙传亦如此。九疑山女冠鲁妙典自幼好道，继女真罗郁得道之后⑦，在九疑山修道飞升成仙，位列九疑山仙班，后人筑观奉祀，名为鲁女观，唐代武德（618—626）后更置⑧。九疑山鲁妙典的信仰版图，正是这些文本和观念在地演进的结果。现宁远县南三十公里之九疑山瑶族乡下洞村辖有鲁观圩，鲁观圩附近的山头源村有鲁妙洞，村旁有鲁女峰，山上仍遗存鲁女观遗址。当地至今流传着一首诗歌《鲁女观中一口钟》："鲁女观中一口钟，半边铁来半边铜。鲁

---

① （宋）张君房：《云笈七签》，济南：齐鲁书社1988年版，第160页。北宋李思聪《洞渊集》卷二记载三十六洞天："第二十三（洞天），九疑山洞，周回三千里，名朝真太虚之天，孔子为太极上真公所治，即何侯真人宅舍虞舜，分金液上升处，在道州延唐县。"（《道藏》第23册，三家本1988年版，第840页。）延唐，《道藏》三家本之《洞渊集》作"延康"，改如是。

② （唐）杜光庭：《洞天福地岳渎名山记》，《道藏》第11册，三家本1988年版，第58页。

③ 康熙《永州府志》，北京：书目文献出版社1992年版，第715－719页。另，明代蒋鐄《九疑山志》卷三曰："无为观，在麓床山舜祠之侧，王妙想辟谷飞仙之地，梁大清中立，建炎兵火灭其迹。绍兴戊辰道士贺知常迁建今。鲁女观，在何侯宅之西，鲁妙典修道于麓床山，仙去，后人于飞升处筑观奉之，故名鲁女观，晋武德后更置。"又《九疑山志》卷四云："古有道之士，作三麓床，可以栖庇风雨，宅神念。月既久，旋皆朽败，今为制之，可以遂性宴息也。又十年，授以灵药，仙去。惠归，九疑山仙女也。九疑考古，归谷服气于箫韶峰下，仙去。"〔（明）蒋鐄纂：《万历九疑山志》，万历四十八年刻本影印本，济南：齐鲁书社1997年版，第437、441页。〕

④ 刘国强：《湖南洞天福地考》，《中国道教》2003年4期，第60页。

⑤ 陈垣：《南宋初河北新道教考》，北京：中华书局1962年版，第102页。

⑥ 中国大百科全书总编辑委员会《宗教》编辑委员会中国大百科全书出版社编辑部编：《中国大百科全书》（宗教），北京：中国大百科全书出版社1988年版，第350页。

⑦ [日]吉川忠夫、麦谷邦夫编，朱越利译：《真诰校注》，北京：中国社会科学出版社2006年版，第2、6页。女仙罗郁归隐处，现位于北灌山。（康熙《永州府志》，第227页。）

⑧ 吴枫、宋一夫等编：《中国道学通典》，佛山：南海出版社1994年版，第922页。李素平：《女神、女丹、女道》，北京：宗教文化出版社2004年版，第361页。万历《九疑山志》卷三，第437页。

女得道升仙去,九疑山上出彩虹。"① 可见,鲁妙典及其仙迹遗物的灵异仙验之事在当地仍言传不息,影响久远。梳理鲁妙典仙传文本及仙迹的流传及变迁,将有助于理解不同仙传文本隐含的作者动机,深入认识道教女仙信仰演进的实践路径和文化过程,亦有助于体悟九疑山道教女仙信仰的别种道情。

一、鲁妙典仙传文本的流变

《鲁妙典验》载于《云笈七签》卷一百二十二灵验部六《道教灵验记》,记录了鲁妙典在九疑山修道成仙及其仙踪道迹的相关事项,似以实地考察迹象为据。《鲁妙典验》记载了鲁妙典于九疑山修道以及九疑山道教景观间之里程,详细记载了古镜、石盆、铁臼等仙道遗物和药臼灵验之事。《云笈七签》卷一百二十二《道教灵验记》之"九疑山验"曰:

> 九疑山,鲁妙典仙女得道之所。妙典居山修道,自山门渐迁,就高深岑寂之地。每居作一麓床,踪迹皆在。妙典初居山北无为观中,去何侯宅、舜坛三二里。后居第一麓床,已在山上,去舜坛五里。其居所有古镜一面,阔三尺。次作第二麓床,又直北上山三十里,中有石盆,可广三尺,长四尺,自有神水,雨不加溢,旱不减耗,饮之不竭。又有铁臼,重二百五十斤。延唐县令王翱,令人强取药臼,行未及县,王翱家举二十余口,两三日中,相次俱死。药臼今在潭州麓山寺中。寺中有犯者,辄病,极有灵验。②

明代周圣楷据《集仙录》(即杜光庭《墉城集仙录》)将鲁妙典仙传编入《楚宝》,且周圣楷在传后加按语曰:"《云笈七签》云鲁妙典铁臼,重二百五十斤。延唐县令王翱,令人强

---

① 湖南省文学艺术联合会《湖南歌谣集成》修订委员会编:《湖南歌谣集成》第2册,长沙:湖南文艺出版社2009年版,第673页。唐朝元结结诗《九疑第二峰》亦提到鲁女观和鲁妙典修道成仙之事,诗云:"九疑第二峰,其上有仙坛。杉松映飞泉,苍苍在云端。何人居此处,云是鲁女观,不知几百岁,燕坐饵金丹。相传羽化时,云鹤满峰峦。妇中有高人,相望空长叹。"(彭定求等编:《全唐诗》第8册,北京:中华书局1960年版,第2713页;或见明蒋镶纂:《万历九疑山志》,第460—461页。)现有九疑山瑶族乡,系1995年由原九疑山瑶族乡、鲁观瑶族乡、麦地乡合并而成。(李宝库主编:《中国政区大典》第3册,杭州:浙江人民出版社1998年版,第806页。)鲁观"相传为鲁女炼丹之所,后人立鲁观圩,故名"。(贾文毓、李引主编:《中国地名辞源》,北京:华夏出版社2005年版,第244页。)

② (宋)张君房:《云笈七签》影印本,济南:齐鲁书社1988年版,第683页。或参见《道藏》第22册,三家本1988年版,第849页。虽《鲁妙典验》见载于《云笈七签》,但并未被收录入《道藏》第10册之《道教灵验记》中。据页行间标注,以及《云笈七签》(济南:齐鲁书社1988年版,第52页)目录,知原文为《正统道藏·洞玄部·记传类·常字号十三·十二》。此外,台湾影印本《道藏》第18册(台北:新文丰出版公司1987年版)亦收录《鲁妙典验》。罗争鸣辑校《杜光庭记传十种辑校》据三家本《道藏》第22册,收录《鲁妙典验》。罗争鸣辑校:《杜光庭记传十种辑校》,北京:中华书局2013年版,第344—345页。

取药臼，行未及县，翱举家皆病。药臼，今在潭州麓山寺中。寺中有犯者，辄病，极有灵验。"① 清代黄本骥（1781-1856）、陈运溶（1858—1918）所引鲁妙典仙传亦出自周氏《楚宝》。

《鲁妙典验》仅二百余字，简叙了鲁妙典于九疑山修道成仙之事，其中修真仙迹所涉事物有：

（1）鲁妙典于九疑山修道之居所先后有无为观、第一麓床、第二麓床等三处。

（2）第一麓床有古镜一面，第二麓床有出水石盆一处、二百五十斤铁臼一枚。

（3）记录了九疑山仙迹道踪之间里程，即无为观去何侯宅、舜坛三二里，第一麓床去舜坛有五里，第二麓床去出水石盆三十里。鲁妙典仙迹的此类记载，亦见载于当地的明清方志，如《万历九疑山志》卷三云："坛，在由村，去舜祠三十里……炼丹观，在舜祠北十五里箫韶、杞林之间。"② 《康熙永州府志》卷八云："桃花洞，在鲁女观前，去舜祠十五里，今多为田。"③

（4）九疑山上有药臼，曾有"延唐县令王翱令人强取药臼"，并因此遭到报应；此外，还有触犯药臼即病的灵异事件。

（5）《鲁妙典验》成文前，药臼已在潭州麓山寺中。

据《鲁妙典验》第三、四、五条内容的记载，或见《鲁妙典验》著者有踏查实地的迹象。九疑山女仙鲁妙典子九疑山修道的事迹，目前未见载于魏晋文献，却以唐宋史籍居多。如南宋潘自牧《记纂渊海》卷一百八十六仙道部一言："鲁妙典，女道士，生而好道，入九疑，仙去。"④ 关于鲁妙仙修道之地，宋代《方舆胜览·九疑山》云："九疑山有九峰，峰各有一水，四水流灌于南海，五水北注合为洞庭。其一曰朱明峰，其下湘水源；二曰石城峰，其下淦水源，女冠鲁妙典所居。"明清时期，有关鲁妙典仙传文本亦源于唐宋多个版本。

---

① （明）周圣楷编纂：《楚宝》影印本，长沙：岳麓书社 2008 年版，第 873—874 页。（清）黄本骥：《黄本骥集》第 1 册，长沙：岳麓书社 2009 年版，第 472 页。（清）陈运溶编纂：《湘城访古录·湘城遗事记》，长沙：岳麓书社 2009 年版，第 532 页。此外，（清）王初桐《奁史》，清嘉庆刻本，第 533、720 页，有两处引用《三洞珠囊》，记载鲁妙典仙迹遗存的一口古钟和一面古镜，即《奁史》卷五十四音乐部二云："女道士鲁妙典仙去，遗古钟一，形如偃月，在无为观中。"卷七十三梳妆门三亦云："女道士鲁妙典仙去，遗古镜一，广三尺。"据石冬梅整理敦煌遗书发现《三洞珠囊》残片，亦收录《法国国家图书馆藏敦煌西域文献》，并初步推断此残片为《三洞珠囊》早期修撰的写本之一，很可能为唐前期或中期的写本。（石冬梅：《敦煌遗书中珍贵的唐人写本〈三洞珠囊〉》，《中国道教》2013 年第 5 期，第 59 页。）但残片文字有限，尚未见载鲁妙典之事。且查阅三家本《道藏》第 25 册之《三洞珠囊》十卷，未载鲁妙典仙传事迹。疑《奁史》所引与唐人写本或为同名异书。

② （明）蒋鐄纂：《万历九疑山志》，万历四十八年刻本影印本，济南：齐鲁书社 1997 年版，第 435—436 页。

③ （清）刘道著：《康熙永州府志》（日本藏罕见地方志丛刊），北京：书目文献出版社 1992 年版，第 230 页。

④ （宋）潘自牧：《记纂渊海》（北京图书馆古籍珍本丛刊）第 71 册，宋刻本影印本，北京：书目文献出版社 1988 年版，第 782 页。

老子学刊（第十六辑）传统文化与三教关系研究

二、《集仙录》之鲁妙典仙传文本

历史上，以辑自《集仙录》的宋代《太平广记》鲁妙典仙传记录较为详备全面。其详述鲁妙典出生家境、饮食习惯、悟道受《经》、咏经修道、羽化成仙之历程。

鲁妙典者，九疑山女官（冠）也。生即敏（颖）慧高洁，不食荤饮酒。十余岁，即谓其母曰："旦夕闻食物臭浊，往往鼻脑疼痛，愿求不食。"举家怜之，复知服气饵药之法。居十年，常悒悒不乐，因谓母曰："人之上寿，不过百二十年，哀乐日以相害，况女子之身，岂可复埋没贞性，混于凡俗乎？"有麓床道士过之，授以《大洞黄庭经》，谓曰："《黄庭经》《扶桑大帝君宫中金书》，诵咏万遍者，得为神仙，但在劳心不倦耳。"经云："咏之万遍升三天，千灾已消百病瘥。不惮虎狼之凶残，亦已却老年永延。"居山独处，咏之一遍，如与十人为侣，辄无怖畏。何者？此经召集身中诸神，澄正神气，神气正则外邪不能干，诸神集则怖畏不能及，若形全神集，气正心清，则彻见千里之外，纤毫无隐矣。所患人不能知，知之而不能修，修之而不能精，精之而不能久。中道而丧，自弃前功。不惟有玄科之责，亦将流荡生死，苦报无穷也。妙典奉戒受经，入九疑山，岩栖静默，累有魔试，而贞介不挠。积十余年，有神人语之曰："此山大舜所理，天地之总司，九州岛岛之宗主也。古有高道之士，作三处麓床，可以栖庇风雨，宅形念贞，岁月既久，旋皆朽败，今为制之，可以遂性宴息也。"又十年，真仙下降，授以灵药，白日升天。初，妙典居山，峰上无水，神人化一石盆，大三尺，长四尺，盆中常自然有水，用之不竭。又有大铁臼，亦神人所送，不知何用，今并在上。仙坛石上，宛然有仙人履迹，及（"及"字原作各，据明钞本改）古镜一面，大三尺；钟一口，形如偃月，皆神人送来，并妙典升天所留之物，今在无为观。①

据《四库提要》考证，《墉城集仙录》有杜光庭原本，实此书早已散佚，未存原本②。今学者陈尚君据《太平广记》鲁妙典仙传注云"出《集仙录》"，而辑得杜氏《墉城集仙录》

---

① （宋）李昉等编：《太平广记》卷第六十二女仙七，北京：中华书局1961年版，第384页；（宋）李昉等：《太平御览》，北京：中华书局1960年版，第2957—2958页。两种鲁妙典仙传或均源自《集仙录》。亦可参见张国风：《太平广记会校》第3册，北京：北京燕山出版社2011年版，第723—725页。三家本《道藏》第18册《墉城集仙录》未载鲁妙典仙传。明代周圣楷编纂《楚宝》（影印本，长沙：岳麓书社2008年版，第873—874页）收录《集仙录》[即杜光庭（？—933年）著《墉城集仙录》]鲁妙典仙传，文本同上《道藏》本。又《古今图书集成》（博物汇编神异典）神仙部列传二十七唐十，辑有《墉城集仙录》鲁妙典仙传。全文同上，个别字有出入，如"岂可复埋没贞性"之"贞"作"真"，"可以遂性宴息也"之"宴"作"晏"。
② 《云笈七签》卷一百一十四至一百一十六收录《墉城集仙录》3卷，无鲁妙典仙传。

鲁妙典仙传①，陈尚君弟子罗争鸣亦从此说②。宋代类书《太平广记》载鲁妙典仙传，虽注明其出自《集仙录》，但《墉城集仙录》各种流传版本均未载鲁妙典仙传。因此《太平广记》鲁妙典仙传，是否真正源于《墉城集仙录》或他种更早之《集仙录》仙传著作，如今仍存疑问。卢锦堂曾怀疑杜氏《墉城集仙录》有的内容或取材于更早的书籍，而非全出其一己之著；然而，《四库全书》馆臣所疑未必如是③。李丰楙研究唐代小说时提出，杜光庭撰述《墉城集仙录》常引录不同来源的资料，并将其融为一体④。这或为探索仙传文本源流，指明了方向。《墉城集仙录》及其他《集仙录》著述成书于宋代之前，此类著作或已散佚，或因道书仙传不为世人所倚重，而隐没于世。然而后世文字论及仙女鲁妙典，多以影响广泛的类书《太平广记》为据，传抄不息。如成书于明代天顺五年（1461）的《大明一统志》卷六十五曰："《太平广记》，妙典，九疑山女冠也，有麓床道士授《大洞黄庭经》。入九疑山十年，白日升天。"又《汉魏丛书》收入鲁妙典仙传，系抄合《太平广记》所引，《道藏精华录》又全收《汉魏丛书》所录仙传⑤。因此，暂且认为《太平广记》鲁妙典仙传，出自杜光庭《墉城集仙录》。此外，同出于宋代之类书《太平御览》卷六六二道部四，亦有鲁妙典仙传的部分引文：

> 鲁妙典者，九疑山女道士也。生而好道，忽谓母曰："人之上寿所传，得者稀。喜乐悲哀，日以相害，况埋没真性，混于流浴乎？"有道士过其门，授以《大洞黄庭经》，谓曰："所患人不能知，知不能修，修不能精，精不能久。不惟有玄科之责，亦将苦报无穷也。"妙典奉其言，入九疑山，累有魔试，介特不挠。山上一石盆中有泉，用之不竭。又有大铁臼，不知何处来，今并在山中。石坛上，宛然有仙履迹，及古镜一，广三尺；古钟一，形如偃月，在无为观中。妙典后仙去。⑥

《太平广记》始编于北宋太平兴国二年（977），次年（978）成书。《太平御览》始编时间同《太平广记》，而成书于太平兴国八年（983）。因此，《太平御览》鲁妙典仙传极有可能据《太平广记》或《墉城集仙录》，甚或更早的仙传书籍，精简编修而成。南宋初陈葆光《三洞群仙录》卷五解说"玉札贤安，金书妙典"时，亦引《太平广记》鲁妙典仙传，阐释

---

① （唐）杜光庭著，陈尚君辑：《墉城集仙录》，《中华野史》第1册，济南：泰山出版社2000年版，第1065—1098页。
② 罗争鸣辑校：《杜光庭记传十种辑校》，北京：中华书局2013年版，第720—721页。辑校记曰：本篇（鲁妙典仙传）《广记》(《太平广记》)卷第六十二引，据谈本辑录。《云笈七签》卷一百二十三引《道教灵验记》之《九疑山女仙鲁妙典石盆铁臼验》，与此篇文后大同。又，《三洞群仙录》卷五引《广记》，题"金书妙典"，事同文略。
③ 《四库全书》馆臣疑：《四库提要》言张君房《云笈七签》所录《墉城集仙录》为原本，杂摭他书，砌合成编。卢锦堂：《〈太平广记〉引书考》，台北：花木兰文化出版社2006年版，第237页。
④ 李丰楙：《六朝隋唐仙道类小说研究》，台北：学生书局1986年版，第31页。
⑤ 卿希泰主编：《中国道教》第2卷，北京：知识出版社1994年版，第192页。
⑥ （宋）李昉等：《太平御览》，北京：中华书局1960年版，第2957—2958页。

教旨。其引文如下:

>   (《广记》) 又鲁妙典者,九疑山女冠也。生而敏慧,及笄,遇人授《黄庭经》而告之曰:"此经扶桑大帝宫中金书,诵咏万遍,得为神仙,但在勤心。尔经云诵之万遍,升三天,千灾已消,万病瘥。居山诵此,如与千人同侣,惟患人不能修。"妙典遂入九疑山,诵经十年,真仙下降,白日升天。至今,仙坛石上履迹存焉。①

引文将《太平广记》简称《广记》,所引鲁妙典仙传,文字简练,内容仅记鲁妙典受《经》、修道、成仙之事。此引文与《太平御览》仙传相比,辑录的内容各有侧重。《太平御览》以治国教化为旨,其选编典籍须"备天地万物之理,政教法度之原,理乱废兴之由,道德性命之奥",故其引文侧重鲁妙典内心对现实遭遇的矛盾、感悟、抉择、修持。此种官修文本彰显其在宋代国家意识形态中的教化功能。《太平御览》所引鲁妙典仙迹,更是增强了文本的教化作用。这种文化统摄的权威性或可从《太平御览》书名获得感知。《三洞群仙录》引文在注解"金书妙典"时,仅摘择鲁妙典受《黄庭经》,诵咏经书之事,或因其正一法脉主修符咒之故。关于女性修道诵咏《黄庭经》,早期道书均有记载。陶弘景《登真隐诀》卷下《诵黄庭经法》曰:"诵《东华玉篇·黄庭内景经》云:十读四拜,役使六丁,七祖飞升,我登上清。"《真诰·叙录》记载晋兴宁二年(364)南岳魏夫人下降授杨羲《上清经》,成为上清一派的缔造人。自此之后,女仙传道授教之脉不断。《大洞黄庭经》和众多《黄庭经》传本,均倡导以存思神真、诵经念咒为主的清修之术,其中确实有不少适合女性修持的存神之法②。《黄庭经》作为丹家要旨,玄门总持,历代女真以此得道者,如鲁妙典、崔少玄等,具见载籍,不乏其人③。正一道士陈葆光撰《三洞群仙录》以教化道徒,彰显正一道术念咒之教旨,故仅辑鲁妙典仙传受经诵咏之事,亦不足为奇。比对文字,可推断《三洞群仙录》鲁妙典仙传,或与《太平御览》鲁妙典仙传同出于《太平广记》④。

三、明清文献中的鲁妙典仙传

明清有多种文献据引鲁妙典仙传,其中方志记载疑似均出自《太平广记》,而《楚宝》则参引《太平广记》和《云笈七签》。明代张文介辑撰《广列仙传》刊行于万历十一年

---

① (宋) 陈葆光:《三洞群仙录》,《道藏》第 32 册,三家本 1988 年版,第 266 页。
② 岳齐琼:《汉唐期间道教修炼方式与道教女性观之变化研究》,成都:巴蜀书社 2009 年版,第 131 页。
③ 胡海牙、武国忠主编:《陈撄宁仙学精要》,北京:宗教文化出版社 2008 年版,第 6 页;或参见陈撄宁:《与朱昌亚医师论仙学书》,胡海牙、武国忠主编:《中华仙学养生全书》中册,北京:华夏出版社 2006 年版,第 400 页。
④ 盛莉对《太平广记》仙类小说的研究亦表明,南宋陈葆光的《三洞群仙录》大量引用了《太平广记》的仙类小说材料。(盛莉:《〈太平广记〉仙类小说类目及其编纂研究》,华中师范大学博士学位论文,2006 年,第 148 页。)

(1604),卷二辑鲁妙典仙传云:"鲁妙典,九疑山女冠也,有麓床道士授《大洞黄庭经》。入九疑山十年,白日升天。"① 此文本与《大明一统志》鲁妙典仙传合,依时间先后,《广列仙传》应钞自《大明一统志》。明代《万历九疑山志》卷四,清代《康熙永州府志》卷二十四《仙释》、《嘉庆宁远县志》均辑录鲁妙典仙传。

鲁妙典,九疑山女冠也。生即颖慧高洁,不食荤腥。谓母曰:"人之上寿,不过百二十年,哀乐日以相半,况女子之身,岂可复埋没真性,混于凡俗乎?"有麓床道士过之,授以大洞仙经,入九疑山岩栖,屡有魔试,而正介不挠,十余年。有仙语之曰:"此山岩天地之统司,九州岛岛之宗正也。古有道之士,作三麓床,可以栖庇风雨,而宅神念,岁月既久,旋皆朽败。今为制之,可以遂性安息也。"又十年,授以灵药,仙去。(《万历九疑山志》卷四)

鲁妙典,九疑山女冠也。生即颖慧高洁,不食荤腥。谓母曰:"人之上寿,不过百二十年,哀乐日以相半,况女子之身,岂可复埋没真性,混于凡俗乎?"有麓床道士过之,授以《大洞黄庭经》,入九疑山岩栖,屡有魔试,而正介不挠。积十余年,有仙语之曰:"此岩栖所理,天地之统司,九州岛岛之宗主也。古有道之士,作三麓床,可以栖庇风雨,可以遂性安息也。"又十年,真仙授以灵药,仙去。岩中有古镜一,广三尺;古铜钟一,形如偃月;石盆一,阔三尺,长四尺,常有水不竭。又有大铁臼一,并在山上。仙坛有仙人履迹。(《康熙永州府志》卷二十四)②

(唐)鲁妙典,《集仙录》云:九疑女冠也。生即颖慧高洁,不食荤腥。谓母曰:"人之上寿,不过一百二十年,哀乐相半,况女子之身,岂可复埋没真性,混于凡俗乎?"有麓床道士过之,授以《大洞黄庭经》,入九疑山岩栖,屡有魔试,而正介不挠。积十余年,有神人语之曰:"此山大舜所理,天地之统司,九州岛岛之宗主也。古有道之士,作三麓床,可以栖庇风雨,而宅形念真。"又十年,真仙授以灵药,仙去。(《嘉庆宁远县志》卷十)③

明《万历九疑山志》、清《康熙永州府志》两志书记载鲁妙典仙传,并无前后承因关系。因清《康熙永州府志》所记鲁妙典仙传内容较明《万历九疑山志》多出古镜、古铜钟、铁臼、仙人履迹等记录,且明《万历九疑山志》将所授经书笼统记名为"大洞仙经",清《康

---

① (明)张文介辑撰:《广列仙传》,胡道静等主编:《藏外道书》第18册,成都:巴蜀书社1994年版,第86页。或参见龚鹏程、陈廖安主编:《中华续道藏》初辑第1册,台北:新文丰出版社1999年版,第119页。
② 岳齐琼:《汉唐期间道教修炼方式与道教女性观之变化研究》,成都:巴蜀书社2009年版,第717—718页。
③ (清)曾钰纂:《嘉庆宁远县志》,台北:成文出版社有限公司1975年版,第1212—1213页。

熙永州府志》确记《大洞黄庭经》，后者的诸多叙述皆较前志具体。可见，明《万历九疑山志》、清《康熙永州府志》二志皆引自《太平广记》。清《嘉庆宁远县志》虽个别字词有别于《康熙永州府志》，但二者总体内容无异，两者倒是前后承因。明末地理学家徐霞客考察九疑山时，提到鲁妙典仙传及其仙迹曰："《志》又引《太平广记》，鲁妙典为九疑女冠，麓林道士授《大洞黄庭经》，入山十年，白日升天，而山中亦无知者。九疑洞之西，地名有鲁观，亦无余迹。"① 徐氏所言《志》，当非以上二志，而应为万历二十四年《宁远县志》（卷十六仙释）。在明末清初时，鲁妙典仙传仍被官方和民间学人征引，或可见其有较广泛、深远的影响。

（明）陈耀文编《天中记》卷七所引《集仙录》引鲁妙典仙传

四、结语

通过鲁妙典仙传文本的比较，可得以下认识：

（1）《墉城集仙录》鲁妙典仙传或为目前仅知鲁妙典的最早文献记载，且原著早已散佚；

（2）《太平广记》引《墉城集仙录》鲁妙典仙传，系目前保存最完整最早的文本，其他流传文本无出其右；

（3）《广列仙传》鲁妙典仙传引自《大明一统志》，《大明一统志》又据《太平广记》引得；

---

① 朱惠荣校注：《徐霞客游记校注》，昆明：云南人民出版社1985年版，第260页。

(4)《太平御览》、方志记载鲁妙典仙传均据《太平广记》引得；

(5)《三洞群仙录》引鲁妙典仙传或转自《太平广记》；

(6)《鲁妙典验》内容精练，极有可能据《墉城集仙录》鲁妙典仙传编撰而成。

在多种鲁妙典仙传中，《鲁妙典验》系唯一一种仙传记录了"延唐县令王翱，令人强取药臼"与"药臼今在潭州麓山寺中"二事。目前，此二事仅明代周圣楷《楚宝》引用，且稍有改动；在唐宋鲁妙典仙传中，《鲁妙典验》亦系唯一一种仙传记载九疑山道教洞天之景观里程，如无为观去何侯宅、舜坛有三二里，第一麓床去舜坛有五里。若非《鲁妙典验》著者实地踏察，无法有以上二项唯一记载。后世传抄典籍，如大型类书《太平广记》《太平御览》均据存世典籍而传抄，无法实地考论，故未得景观道里和以上二事。神仙道书，如《三洞群仙录》关注修道升仙之事，亦以辑录典籍为要，虽语言简洁，确也不及《鲁妙典验》对鲁妙典于九疑山修道的时空记载形象具体。透过《鲁妙典验》这篇《道教灵验记》小文，或可窥得《道教灵验记》的文本价值①。

道教文献记载世间修道成仙的女仙，多数为婚后入道②。然而，汉魏张天师之妻女却少有修道成仙的③。鲁妙典作为世俗之人，未婚嫁即入山修道，最后成仙，被后人奉为道教女冠，当地后人还为其修立了鲁女观。明《万历九疑山志》记载，九疑山为宁远最早兴建道观之地④。西晋初年九疑山已建鲁女观，后世学人多依此认为鲁妙典为晋代九疑山女道士，称其人为鲁女官或鲁女冠，亦将鲁女观称为鲁观。如今九疑山下仍存地名鲁观乡、鲁观村，当地人均将地名中的"观"发音为"guān"，或能显示这种信仰在民间的传承迹象。鲁女观的存世及其仙传文本的流传，本身就是一种实体的表征和精神的接续。这种基于现世的升真，有别于早期神仙传记大力强调神仙世界和神仙群体的神秘性和超越性⑤。道教女性戴冠，作为一种宗教现象，包含了丰富的象征意义和社会文化内涵⑥。六朝以降，儒释道交相成长，互相汲取所需养分，道教同儒家思想的融合成为道教演化的重要趋势⑦。唐咸亨元年

---

① 罗争鸣、周西波均曾较为全面地梳理、研究《道教灵验记》。（参见罗争鸣：《杜光庭道教小说研究》，成都：巴蜀书社2005年版，第267—300页；周西波：《道教灵验记考探：经法验证与宣扬》，台北：文津出版社有限公司2009年版，第25—51页。）

② 杨莉据仙传以婚姻和性的视角，探讨唐代居家女修这一类道徒女仙的性质与特点。（杨莉：《试论唐代道教女修的婚内分居模式》，《正一道教研究国际学术会议论文汇编》上册，上海：上海市道教协会2013年版，第382—390页。）

③ 柳存仁：《张天师的妻女们》，《和风堂文集》中册，上海：上海古籍出版社1991年版，第672—676页；柳存仁：《三国晋时之女仙真》，《和风堂新文集》上册，台北：新文丰出版公司1997年版，第397—398页。

④ 《万历九疑山志》曰：安帝（397）亦建九灵观；南朝萧齐与梁太清后建无为观、黄庭观、羊仙观等；唐贞观建九疑观；宋建西贞观。宋之前有神仙名道何侯、鲁妙典、羊权、仙女萼绿华、仙人严青、郑安期、马明生等。[（明）蒋镇纂：《万历九疑山志》，万历四十八年刻本影印本，济南：齐鲁书社1997年版，第437页。]

⑤ 苟波：《从神仙传记看早期道教对神仙世界超越性问题的认识》，《宗教学研究》2013年第4期，第34—35页。

⑥ 杨莉：《"女冠"小议——一种宗教、性别及象征的解读》，陈鼓应、冯达文主编：《道家与道教：第二届国际学术研讨会论文集》（道教卷），广州：广东人民出版社2001年版，第574页；或参见《汉学研究》2001年第1期，第168页。

⑦ 陶奇夫著，邱凤侠译：《道教——历史宗教的试述》，济南：齐鲁书社2013年版，第254页。

(670)，武则天令其女太平公主入道门修行祈福，后又赐予道观"太平观"。此后，唐代有十余位公主步其后尘，入道为女冠，且修筑了不少道观①。至唐代，世俗之人修道成仙的思想与实践均已成熟。从而，在唐末杜光庭的仙传文本中得以出现鲁妙典这种神性和人性互为表里、仙真与俗人形象相结合的典型仙人形象②。

---

① ［英］巴瑞特著，曾维加译：《唐代道教——中国历史上黄金时期的宗教与帝国》，济南：齐鲁书社 2012 年版，第 23 页，以及注 3、4；孙克宽：《寒原道论》，台北：联经出版事业公司 1977 年版，第 132—137 页；薛爱华（E. Schafer）：《女冠子——道姑的神圣爱情诗》，《亚洲研究》1978 年第 1 期，第 5—66 页。
② 李莉：《杜光庭笔下的女仙世界——从〈墉城集仙录〉探析道教女仙崇拜的特点》，《中国道教》2002 年 5 期，第 8 页。

梓潼帝君神话故事与后秦的关系

丁三迪 丁希勤

内容提要：道教文昌梓潼帝君的神话故事来源于后秦姚氏。宋元以来的《清河内传》梓潼帝君本生神话是根据后秦三帝姚苌、姚兴和姚泓的形象创作的，而主要是姚兴。元代《梓潼帝君化书》所述"五丁"神话发源于古蜀，因与后秦的历史相似而被收录。宋代《北梦琐言》引述元膺故事用来附会后秦。明代《蜀中广记》"却后九年""七曲山"以及清代《三教源流搜神大全》梓潼帝君殿"九曲""七曲"神话隐喻姚兴即位时间。明代《玉芝堂谈荟》大量引用《梓潼帝君化书》，揭示了后秦的主要历史轮廓。梓潼帝君殿"飞鸾"神话隐喻后秦的建立及其灭亡过程。历代关于梓潼帝君的封号主要与姚兴的事迹相关。

关键词：梓潼帝君；神话故事；后秦

　　梓潼帝君，一名文昌帝君，是南北朝以来我国一个重要的民间信仰。目前学术界对梓潼帝君的研究成果颇多，但对其神话故事的研究并不多①。梓潼帝君的神话故事主要保存在《清河内传》《梓潼帝君化书》以及相关史书中，是研究梓潼帝君的一个重要的课题。一般认为梓潼帝君的原型是东晋时反抗前秦苻坚的蜀王张育，而杀死苻坚的却是姚苌。可以发现，梓潼帝君的神话故事是以姚苌及其创立的后秦作为背景而创作的。

---

　　* 本文系国家社科基金项目"中国历代帝王神话研究"（项目编号：19BZS150）阶段性成果。
　　** 丁三迪，1999年生，安徽大学金融学学士；丁希勤，男，1974年生，历史学博士，安庆师范大学人文学院教授、硕士生导师。
　　① 主要有李刚：《〈文昌帝君阴骘文〉试析》，《宗教学研究》1987年3期，第10页；张泽洪：《道教文昌帝君述略》，《文史杂志》1993年第4期，第30页；王再兴：《第二届中华文昌文化学术研讨会综述》，《宗教学研究》2004年第2期，第95页；丁培仁：《明道藏有关文昌梓潼帝君文献考述》，《宗教学研究》2004年第3期，第45页；蒋宗福：《梓潼文昌帝君灵应故事辑考》，《中国俗文化研究》2007年，第103页；宁俊伟：《近三十年来文昌文化研究综述》，《中国史研究动态》2010年第3期，第24页；詹石窗、李冀：《文昌信仰与孝道传播及其社会疗治》，《世界宗教研究》2017年第1期，第104页；张丽霞：《文昌信仰与传统孝道关系研究》，《世界宗教文化》2017年第3期，第119页；等等。

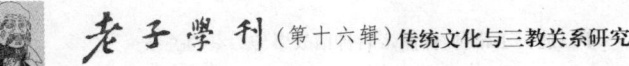

一、梓潼帝君与后秦姚氏的渊源关系

《十六国春秋》曰：

初，（姚）苌为左卫将军，随杨安伐蜀。昼寝水旁，上有神光焕然，左右异之。游至梓潼岭，见一神人谓之曰："君早还秦，秦无主，其在君乎？"苌请其姓氏，曰张恶子也。言讫不见。至是果据秦称帝，即其地立张相公庙，祠之。①

《十六国春秋》是北魏崔鸿的作品。"张恶子"，"恶"从亚，张恶子即张亚子，即宋元时期道教《清河内传》所谓梓潼帝君姓张名亚。这是历史上较早关于梓潼帝君的记载，揭示了梓潼帝君与后秦姚氏的渊源关系。其中"昼寝水旁"比喻姚苌发迹于前秦苻坚，苻坚年号永兴，"永"下水字。"神光焕然"，"神"为申，指姚苌建立后秦，岁在甲申（384）；"光"属火，《说文》"光，明也，从火在人上"②，指后秦火德③。"左右异之"比喻前秦和后秦。"游至梓潼岭"，《说文》"梓，楸也"④，"楸"为木禾火，"木"指前秦木德，"禾"指秦下禾，"火"指后秦火德；"潼"为童，"童"为立甲，指后秦建立于甲申（384）。"张恶子"，"张"为弓长，"长"指姚苌，"苌"从长，"弓"指姚泓，"泓"从弓，分别是后秦的首帝和末帝；"恶"为亚心，《尔雅·释诂》"亚，次也"⑤，"心"音兴，指后秦的第二帝姚兴；"子"指姚兴字子略，也指姚兴是姚苌之子。可见，"张恶子"集合了后秦三帝的名字，而主要指姚兴。另外，姚兴即位于癸巳（393），第二年甲午改元皇初，巳、午是南方地支，对应南方天干丙丁，对应南方天文七宿中的张翼，即《梓潼帝君化书》所言"时中春丙夜，天文焕烂，张翼二宿昭然在上，俯而听之，隐者姓张，适符列宿，予于是生焉"⑥，表明张宿也是神姓张的来源之一，隐喻姚兴即位于癸巳、甲午之岁。

---

① （魏）崔鸿：《十六国春秋》卷五十五，《文渊阁四库全书》第463册，台北：台湾商务印书馆1986年版，第775页。下文所引《文渊阁四库全书》皆出自此版本。
② （汉）许慎：《说文解字》卷十上，《文渊阁四库全书》第223册，第73页。
③ （唐）房玄龄等：《晋书》卷一百一十六，《文渊阁四库全书》第256册，第855页。原文："太元十一年（姚）苌僭即皇位于长安，大赦，改元曰建初，国号大秦，改长安曰常安……自谓以火德承苻氏木行，服色如汉氏承周故事。"
④ （汉）许慎：《说文解字》卷六上，《文渊阁四库全书》第223册，第180页。
⑤ （清）张玉书、陈廷敬总阅：《康熙字典·子集上·二部》，康熙五十五年内府文库版，第30页。
⑥ 《道藏》第3册，北京：文物出版社，上海：上海书店，天津：天津古籍出版社1988年版，第294页。下文所引《道藏》皆出自此版本。

二、梓潼帝君神话与后秦的关系

（一）《清河内传》所述神话与后秦的关系

约形成于宋元时期的《清河内传》，假托梓潼帝君自述家世生平，实际上是对后秦历史的反映。

> 余本吴会间人，生于周初后七十三代，累为士大夫，未尝虐民酷吏，性烈而行，察同秋霜，白日不可犯。①

"吴会"，"吴"指吴国，"会"指越都会稽。《史记》记载，吴国是吴太伯和弟仲雍建立的，"伯"从白，"雍"从隹，隐喻后秦的第一个年号白雀，"雀"下隹，"越"音雀。"周初"指周朝都城长安，隐喻后秦都于长安。"七十三代"即七、十、三，"七"指前秦七帝，"十"指前秦和后秦共有十帝，"三"指后秦三帝。"累为士大夫"，《说文》"士，事也。数始于一，终于十。从一，从十"②，比喻前秦和后秦共有十帝。"未尝虐民酷吏"，"未"指后秦建立的前一年癸未（383）；"虐"从虍，"虍"为虎，指后秦的建立者姚苌生肖属虎③；"酷"从酉，指乙酉年（385）乙酉月，姚苌杀死前秦苻坚④。此句以"未"与"酉"之间的"申"，隐喻后秦建于甲申（384）。"性烈而行"，《说文》"烈，火猛也"⑤，指后秦火德。"察同秋霜"，"秋"为西方，"西方"为酉，指乙酉岁乙酉月姚苌杀死苻坚。"白日"指姚苌建立后秦，改元白雀。"不可犯"是不可侵犯的意思。

> 后西晋末，降生于越之西、嶲之南两郡之间，是时丁未年甲子辛亥二月三日诞生。⑥

"后西晋末"隐喻东晋。"降生于越之西、嶲之南两郡之间"，"越"音雀，"嶲"中隹，指姚苌的第一个年号白雀，"雀"下隹；"西""南"为未申，指后秦建于癸未、甲申之际。"是时丁未年"是西晋太康八年丁未（287）。"甲子辛亥二月三日"，按太康八年二月三日是壬寅月庚

---

① 《道藏》第 3 册，第 286 页。
② （汉）许慎：《说文解字》卷一上，《文渊阁四库全书》第 223 册，第 79 页。
③ （唐）房玄龄等：《晋书》卷一百一十六，《文渊阁四库全书》第 256 册，第 859 页。原文："太元十八年死，时年六十四，在位八年。"生于晋咸和五年庚寅（330），寅属虎。
④ （唐）房玄龄等：《晋书》卷九，《文渊阁四库全书》第 255 册，第 140 页。原文："（太元十年）八月……是月，姚苌杀苻坚而僭即皇帝位。"太元十年八月是乙酉年乙酉月。
⑤ （汉）许慎：《说文解字》卷十上，《文渊阁四库全书》第 223 册，第 271 页。
⑥ 《道藏》第 3 册，第 286 页。

辰日，并非甲子辛亥，所以这句话另有含义。"丁未"应指东晋元年丁丑（317）至太元八年癸未（383），合为丁未，隐喻太元八年以下一年建立后秦。"甲子辛亥"指前秦的第一个年号皇始元年岁在辛亥（351），象征前秦。"二月"指后秦。"三日"指后秦共有三帝。

约元代成书的《梓潼帝君化书》在张亚子的出生地、出生时间等方面表述与《清河内传》有所不同："予方游人间，忽至会稽之阴。见一隐者，年五十许，具香燈，仰天而祈。时中春丙夜，天文焕烂，张翼二宿昭然在上，俯而听之，隐者姓张，适符列宿，予于是生焉。"①"会稽"是越国的都城，"越"音雀，指后秦的第一个年号白雀。"见一隐者"，隐藏其间之意，比喻姚兴是姚苌与姚泓之间的皇帝。"年五十许"指姚兴死时五十一岁。"具香燈"，"燈"从登，指前秦苻登，被姚兴所灭。"仰天而祈"比喻姚兴即天子位。"时中春丙夜"，"中春"是二月，比喻姚兴是后秦的第二帝；"丙夜"指姚兴死于丙辰（416）。"天文"指姚兴谥号文桓。"焕烂"二字均从火，指后秦火德。"张翼二宿"是南方天文七宿之二宿，对应南方地支巳午，隐喻姚兴即位于癸巳（393），第二年甲午改元皇初。"昭然在上"指其上姚苌谥号武昭。"俯而听之"指姚苌崩，子姚兴即位。"隐者姓张"指姚兴是姚苌与姚泓之间的皇帝，"张"为弓长，"长"指姚苌，"弓"指姚泓。"适符列宿"指姚兴是后秦三帝之一。"予于是生焉"表明张亚子是以姚兴为原型而创造的。

又曰："越裳之西，越嶲之南，两越之间有金马山，胜景清绝，张老夫妇，予累生之父母也，于是生焉。时晋武帝太康八年，岁值丁未二月三日夜子刻，以甲子考之，则其时已属辛亥矣。"②所言"越裳"，"裳"下衣，指姚苌的第二个年号建初，《说文》："初，始也，从刀，（从）衣。"③"越嶲"，"嶲"中隹，指姚苌的第一个年号白雀。"西""南"为未申，指后秦建于甲申（384）。"金马山"，"金"音晋，"马"指司马氏，隐喻晋孝武帝司马曜时后秦建立。"胜景清绝"指姚苌字景茂。"张老夫妇"，"张"为弓长，"长"指姚苌，"弓"指姚泓；"夫妇"为二人，比喻姚苌和姚泓，"妇"为女，指姚氏。"丁未二月三日"如前所述，指后秦及其三帝。"夜子刻"是戊子时，比喻末代姚泓生于戊子岁。"以甲子考之，则其时已属辛亥矣"，查太康八年丁未二月三日夜中并无"辛亥"时，此意义同上所述。

> 祥光幕户，黄云迷野。居处地俯近海，里人请清河叟曰："君令六十而获贵嗣。"④

"祥光幕户"，"祥"从羊，"羊"为未，指后秦建立的前一年癸未（383）；"光"为火，《说文》"光，明也，从火在人上"⑤，指后秦火德。"黄云迷野"，"黄"音皇，"野"中甲，

---

① 《道藏》第3册，第294页。
② 同上书，第318页。
③ （汉）许慎：《说文解字》卷四下，《文渊阁四库全书》第223册，第153页。
④ 《道藏》第3册，第286页。
⑤ （汉）许慎：《说文解字》卷十上，《文渊阁四库全书》第223册，第73页。

指甲申（384）姚苌即皇帝位，建立后秦。"居处地俯近海"，"地"为土，指前秦苻坚，"坚"下土；"俯"音苻；"海"指苻坚初封东海王，隐喻第二年姚苌杀死苻坚。"君令六十"，"六"指前秦的第六帝苻登；"十"指姚苌在位十年而崩，姚兴即位，消灭苻登和前秦。"而获贵嗣"指姚兴是姚苌的儿子。另外，"君令六十而获贵嗣"指上述"丁未年"即太康八年以下六十年晋太和元年丙寅（366）姚兴诞生①。

　　童稚时不喜嬉戏，每慕山泽，往往语言，若有隐显。昼诵群书，夜避众子，自笑自乐，身体光射。居民祈祷，则余嗤讪长啸曰："土木而能衣人之衣，食人之食，享之而有应，谤之而有祸，我为人而焉无灵乎？"②

　　"童稚"，"童"为立甲，隐喻后秦建立于甲申（384）；"稚"为禾佳，"禾"音和，"佳"为雀，隐喻后秦的第一个年号白雀以及最后一个年号永和。"不喜嬉戏"，"喜""嬉""戏"（繁体为"戲"）从豆字，指前秦苻登，"登"从豆，另外，"嬉"从女，指后秦姚氏；"戏"（繁体为"戲"）从虍，"虍"为虎，指姚苌生肖属虎，"戏"（繁体为"戲"）从戈，指战争，《说文》："戲，三军之偏也。一曰兵也。"③ 隐喻姚苌在位时间（384—393）与前秦苻登在位时间（385—394）相重合，两者之间常有战争。另外，"戈"指姚苌谥号昭武帝，"武"从戈。"每慕山泽"，"泽"是兑卦，"兑"为西方，"西方"为酉，指乙酉年（385）乙酉月，姚苌杀死前秦苻坚，苻登即位。"往往语言"，"往"从主，"往往"为二主，指姚苌和苻登；"语言"是发号施令之意，表示君主。"若有隐显"指姚苌在位时间与前秦苻登重合，被苻登遮蔽，若隐若显。"昼诵群书"，"昼、书"（繁体为"晝、書"）二字均从聿从日，隐喻姚苌有两个年号白雀和建初，"白"从日，"建"从聿；"群"为君，隐喻建立后秦，成为君王。"夜避众子"，"夜"是没落之象；"避"从辟，《尔雅·释训》"皇王后辟，君也"④；"众"为三，《国语·周语上》"兽三为群，人三为众"⑤，隐喻后秦灭于第三帝姚泓。"自笑自乐"，"笑"从夭，"夭"音姚；"乐"（繁体为"樂"）从木，指秦下木，"乐"（繁体为"樂"）上白，指姚苌建立后秦，年号白雀。"身体光射"，"光"为火，《说文》"光，明也，从火在人上"⑥，指后秦火德。"居民祈祷"，"祷"从寿，指前秦苻坚即位于寿光三年（357）。"土木而能衣人之衣"，"土"指坚下土；"木"指苻上艹，"艹"属木；"人"指苻中亻，隐喻苻坚称帝。"我为人而焉无灵乎"隐喻姚苌杀死苻坚，建立后秦。

---

① （唐）房玄龄等：《晋书》卷一百一十八，《文渊阁四库全书》第256册，第878页。原文："义熙十二年，兴死，时年五十一。"生于晋太和元年丙寅（366）。
② 《道藏》第3册，第286页。
③ （汉）许慎：《说文解字》卷十二下，《文渊阁四库全书》第223册，第323页。
④ （清）张玉书、陈廷敬总阅：《康熙字典·酉集下·辛部》，康熙五十五年内府文库版，第28页。
⑤ （春秋）左丘明撰，（三国）韦昭注：《国语》卷一，《文渊阁四库全书》第406册，第7页。
⑥ （汉）许慎：《说文解字》卷十上，《文渊阁四库全书》第223册，第73页。

自后夜之怪梦,或为龙,或为王者天符,或为水符溍,自怪而不甚信为吉兆。后三农愆旱,膏泽无苏,舞雩祝神,恬然无验。余思曰:"夜寐怪梦治水府,今久当验。"夜往水际,以梦中官衔牒河伯,而惊魂尤恐,怛怳不能。①

"自后夜之怪梦,或为龙","龙"为辰,指永和元年丙辰(416)姚泓即位,第二年后秦灭亡。"或为王者天符",《玉篇·竹部》"符,符节也,分欲两边,各持其一,合之为信"②,比喻前秦与后秦。"或为水符溍"指姚泓及其年号永和,"泓"为水,"永"下水,隐喻后秦灭于永和二年。"三农愆旱"指姚泓是后秦的第三帝,"农"(繁体为"農")下辰,指即位于丙辰(416)。"膏泽无苏"比喻后秦灭亡。清代《三教源流搜神大全》改为"嘉禾无苏","禾"音和,指灭于永和。"舞雩祝神","神"从申,指后秦建于甲申(384)。"恬然无验",《说文》"恬,安也"③,"安"下女,指姚氏,隐喻姚氏灭亡。"今久当验","久",永也,指后秦灭于永和。"夜往水际"指姚泓及其年号永和,"泓""永"从水。"以梦中官衔牒河伯","河"为水,指泓,《说文》"伯,长也"④,指姚泓是君王。"惊魂尤恐,怛怳不能"指姚泓兵败,被晋朝俘虏。

忽尔之间,云四合,风雷震,一吏稽首余前曰:"运判徙居。"余曰:"非我也,我乃张户老之子,名亚,缘水府得达,故字需夫。"吏曰:"奉命促子。"余曰:"家人如何?"吏曰:"先到治所。"⑤

"忽尔之间,云四合"指后秦的第四个年号弘始。"风雷震","震"下辰,指弘始十八年丙辰(416),姚兴崩。"运判徙居","运判"是从事两地之间的运输官,比喻姚兴是姚苌与姚泓之间的皇帝。"我乃张户老之子","张"为弓长,"长"指姚苌,"弓"指姚泓。"名亚","亚"是第二,指姚兴是后秦的第二帝,是姚苌之子。"缘水府得达"指姚泓,"泓"为水,"得达"比喻后秦灭亡。"故字需夫","需"下为氵巿,"氵"指泓,"巿"指姚泓死于建康市⑥。

---

① 《道藏》第3册,第286页。
② (南朝)顾野王撰,(唐)孙强增补,(宋)陈彭年等重修:《重修玉篇》卷十七,《文渊阁四库全书》第224册,第122页。
③ (汉)许慎:《说文解字》卷十下,《文渊阁四库全书》第223册,第282页。
④ (汉)许慎:《说文解字》卷八上,《文渊阁四库全书》第223册,第225页。
⑤ 《道藏》第3册,第286页。
⑥ (唐)房玄龄等:《晋书》卷一百一十九,《文渊阁四库全书》第256册,第887页。原文:"泓计无所出,谋欲降于裕……裕尽杀之,余宗迁于江南。送泓于建康市斩之,时年三十,在位二年。"

·丁三迪　丁希勤/梓潼帝君神话故事与后秦的关系·

余惶惧未决，吏揖，上一白驴而去。俛首里闬，风雨声中顿失乡地。到一山，连剑岭而撑参宫星也，若凤凰之偃，下有古湫，引余入一巨穴，门有数石笋。吏曰："民之祷雨，祝此石而有应，名曰雷柱。"吾方褰衣入穴。吏又曰："君记周室为人，七十三化，阴德传家而迄今否？"余方大悟，若梦觉也。①

"白驴"，"白"指皇，"皇"上白；"驴"从马，"马"为午，指姚苌崩，姚兴即位，改元皇初，皇初元年岁在甲午（394）。"俛首里闬"，"俛首"即免首，是死亡之意；"里"上甲，指甲午。"风雨声中顿失乡地"指姚苌崩。"到一山"指皇初。"连剑岭"，"剑"音建，指皇初之上的建初，隐喻姚苌崩于建初八年（393）。"而撑参宫星"，"参"为叁，指皇初是后秦的第三个年号。"若凤凰之偃"，"凰"音皇，指皇初；"偃"是倒下，指姚苌崩，姚兴即位，改元皇初。"下有古湫"，"古"为十口，指其下姚泓是前秦以来的第十帝；"湫"为氵禾火，"氵"指泓，"禾"音和，指姚泓年号永和，"火"指后秦火德，隐喻姚泓时后秦灭亡。"引余入一巨穴"，《玉篇·穴部》"穴，孔穴也，亦土室也，冢圹也"②，指后秦灭亡。"门有数石笋"，"石"指后，"后"中石，隐喻后秦；"笋"为筍，《集韵·准韵》："筍，或作筹，俗作笋。"③《三教源流搜神大全》改为"门有一石筍"，"筍"为旬，"旬"为十日，指姚泓是前秦以来的第十帝。"民之祷雨，祝此石而有应"，"雨"，水也，指姚泓，"泓"为水。"名曰雷柱"，"雷"，《说文》"本作靁……从晶"④，为三田，指姚泓是后秦的第三帝；"柱"为主，是君主之意。

"周室为人"，"周室"，指周都长安，隐喻后秦都于长安。"七十三化"即七、十、三，指前秦七帝，后秦三帝，合为十帝。除了"七十三化"，相关经书还有"七十二化""九十四化""九十七化"之说，"二"指后秦的第二帝姚兴，"九"指姚兴是前秦以来的第九帝，"四"指姚兴死于后秦的第四个年号，表明张亚子是以后秦三帝作为形象，主要是姚兴。唐朝王铎《谒梓潼张恶子庙》诗中有两句："夜雨龙抛三尺匣，春云凤入九重城。"⑤"夜雨"为水，指末代姚泓，"泓"为水。"龙"为辰，指姚兴死于丙辰（316），而姚泓即位。"三尺"指姚泓是后秦的第三帝。"匣"中甲，指后秦建于甲申（384）。"春"上夫，指秦。"凤"象鸡，"鸡"为酉，指姚苌杀死苻坚，岁在乙酉（385）。"九重城"指九年后，姚苌崩，姚兴即位。"重"中"申"，指后秦建于甲申。"城"为成，指兴，《国语·楚语上》："教备而不从者，非人也，其可兴乎？"韦昭注："兴，犹成也。"⑥《尚书大传·虞夏传》："招乐兴于大鹿

---

① 《道藏》第3册，第286页。
② （南朝）顾野王撰，（唐）孙强增补，（宋）陈彭年等重修：《重修玉篇》卷十七，《文渊阁四库全书》第224册，第103页。
③ （清）张玉书、陈廷敬总阅：《康熙字典·未集上·竹部》，康熙五十五年内府文库版，第14页。
④ （汉）许慎：《说文解字》卷十一下，《文渊阁四库全书》第223册，第301页。
⑤ （清）康熙御定：《全唐诗》卷五百五十七，《文渊阁四库全书》第1428册，第548页。
⑥ （春秋）左丘明撰，（三国）韦昭注：《国语》卷十七，《文渊阁四库全书》第406册，第150页。

之野。"郑玄注:"兴,成也。"① 此隐喻姚兴。诸书皆作"春云凤入九重城",宋朝计敏夫的《唐诗纪事》改作"青云凤入九重城"②,"青"音秦,隐喻后秦。

  吏曰:"君在天谱得神之品,于人世鲜有知之者,晋不日有中兴之兆,君可寻方而显化。"余曰:"谢天使响报也。"入穴则若堕千仞之壑,近地而足不沾,若腾身虚空,有王者之宫,中有禁卫。余入遂见家人,悉都其间。改日作儒士,往咸阳讲姚苌之故事。《清河内传》,焚香者切记。③

"神之品","神"从申,指后秦建于甲申;"品"为三口,指后秦三帝。"晋不日有中兴之兆"指晋太元十八年(393)姚兴即位,姚兴是后秦中间一帝,"中间""姚兴",简称中兴。"君可寻方而显化"指姚苌崩。"入穴则若堕千仞之壑",《玉篇·穴部》"穴,孔穴也,亦土室也,冢圹也"④,指死亡;"千"音建,"仞"从刀,指初,隐喻建初,《说文》"仞,伸臂一寻,八尺"⑤,指崩于建初八年(393)。"近地而足不沾,若腾身虚空"是死后灵魂出窍之象。"有王者之宫,中有禁卫"揭示亡者的皇帝身份。"余入遂见家人,悉都其间"指死后与已故亲人团聚。"改日作儒士",《说文》"士,事也。数始于一,终于十。从一,从十"⑥,比喻前秦和后秦十帝之灭,也指后秦亡国之君姚泓是前秦以来的第十帝。"往咸阳讲姚苌之故事"表明张亚子的原型之一是姚苌。

  (二)《梓潼帝君化书》所述神话与后秦的关系

约形成于宋元时期的《梓潼帝君化书》共讲述了九十七个神话,其中有不少内容与《清河内传》相重复,但也有后者不具备的,如《费丁第四十四》《石牛第四十五》《五妇第四十六》《显灵第四十七》等四篇所讲"五丁""五妇"埋蛇神话。

《费丁第四十四》:

  武都山精化为女子,色美而艳,蜀中所无。有闻于王开明尚,王见而悦之,纳以为妃,无几物故。王念之不已,筑墓使高,以示不忘。武都长人费氏五丁从而媚王,以大力故,负武都山土增垒之。不日墓与山齐,王名之曰五楷山,谓妃死而怀土也。予既为之神,乃化一文士,自称北都张生。五丁以予为妖,于是毁予庙宇,予亦不较焉。⑦

---

① (汉)伏胜撰,(汉)郑玄注,(清)孙之騄辑:《尚书大传》卷一,《文渊阁四库全书》第68册,第393页。
② (宋)计敏夫:《唐诗纪事》卷六十五,《文渊阁四库全书》第1479册,第927页。
③ 《道藏》第3册,第286页。
④ (南朝)顾野王撰,(唐)孙强增补,(宋)陈彭年等重修:《重修玉篇》卷十七,《文渊阁四库全书》第224册,第103页。
⑤ (汉)许慎:《说文解字》卷八上,《文渊阁四库全书》第223册,第225页。
⑥ (汉)许慎:《说文解字》卷一上,《文渊阁四库全书》第223册,第79页。
⑦ 《道藏》第3册,第306页。

《石牛第四十五》：

　　周室浸微，秦与蜀邻，惠王谋吞蜀，而蜀道险甚，行兵无路，乃镌石为牛，黄金置之尾下，如此者五所。蜀王知之，乃命五丁开凿险路，挽石牛以归。予化形为儒者，以仲弓子长为名，诣阙上疏，言开路非便，获金非利。①

《五妇第四十六》：

　　石牛既归，秦王曰："此用之开路则可矣，若牛归而无金，则吾计败矣。"乃复遣人与蜀约婚，曰："吾有宗女五人，请嫁蜀王。"蜀王大悦，乃遣五丁迎秦女于境上。②

《显灵第四十七》：

　　五丁既迎秦女以归。予乃于剑岭，化大身相，横截于路，意谓秦女畏骇，可以回辕。会五丁识之，曰："此必吴北郭神张仲子也。"逐予。予乃经山腹，行路成七曲，将入洞穴，为五丁所持甚急。吾不得已，化身百倍，任其摇拽，震荡山摧，于是五丁五妇皆陆沉焉。尔后蜀并于秦，吾亦无憾。③

以上四个神话来自《蜀王本纪》：

　　武都丈夫化为女子，颜色美好，盖山精也。蜀王娶以为妻，不习水土，疾病欲归，蜀王留之，无几物故。蜀王发卒之武都担土，于成都郭中葬之，盖地数亩，高七丈，号曰武担也。④

又曰：

　　秦惠王欲伐蜀，乃刻五石牛，置金其后。蜀王使五丁力士拖牛成道，致三枚于成都。秦道得通，石牛之力也。后遣丞相张仪等，随石牛道伐蜀焉。⑤

---

① 《道藏》第 3 册，第 307 页。
② 同上。
③ 同上。
④ 辛艳：《〈蜀王本纪〉与〈华阳国志·蜀志〉比较研究》，四川省社会科学院硕士学位论文，2010 年，第 6 页。
⑤ 同上。

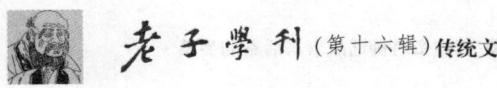

又曰：

> 秦王知蜀王好色，乃献五美女于蜀王。蜀王爱之，乃遣五丁迎女，还之梓潼，见一大蛇入山穴中，一丁引其尾不出，五丁共引蛇，山乃崩，压五丁。五女上山，化为石，以志其墓。①

关于《蜀王本纪》的作者，有两种说法，一种认为是西汉的扬雄，另一种认为是三国蜀国的谯周②。此书宋元以来多次翻印，不排除有后人继续篡改。从所述神话来看，应是对三国时蜀国历史的反映。如"秦惠王欲伐蜀"，"秦惠王"赵驷，"秦"音晋，"驷"为马四，"马"指司马氏，"四"指第四帝，指晋朝第四帝武帝司马炎伐蜀。司马炎在《晋书》帝纪中排名第四，前有宣帝司马懿、景帝司马师和文帝司马昭。"五石牛"，"五"指蜀国有五个年号；"石"指后主刘禅，后中石字；"牛"指蜀国建于辛丑（221），也指蜀国的建立者先主刘备生肖属牛。"置金其后"，"金"音晋，指晋朝金德，以及晋武帝灭蜀。"五丁"指蜀国五个年号，"丁"指后主死于晋泰始七年（271），"泰"中丁字。"致三枚于成都"指章武三年（223），先主崩，后主即位，时当蜀国第三年。"秦道得通，石牛之力也"指后主时蜀国被晋所灭。"丞相张仪"，"丞"音辰，时辰之意；"仪"（繁体为"儀"）上羊，"羊"为未，指蜀国灭于癸未（263）。"五美女"，"五"指蜀国五个年号；"美"上羊，指灭于癸未；"女"指后主死于泰始，"始"从女。"梓潼"，"梓"从辛，"潼"中立，指蜀国建立于辛丑。"见一大蛇入山穴中"，"蛇"为巳，指先主死于章武三年四月癸巳。"五丁共引蛇，山乃崩"指蜀国五个年号而亡。

《梓潼帝君化书》收录蜀国的五丁五妇神话，主要是附会后秦的历史，两者有相通之处。如"秦惠王"比喻后秦；"五丁""五妇"比喻后秦有五个年号，"丁"指后秦灭于丁巳（417），"妇"为女，比喻后秦姚氏；"蛇"为巳，指后秦灭于丁巳，也指后秦姚氏是蛇姓之后，《通志·氏族略五》："蛇氏，见《姓苑》，姚苌，蛇后，南安人。"③

《梓潼帝君化书》对《蜀王本纪》所引神话有几处明显的改动：一是将五丁冠以费氏，曰"费氏五丁"。费氏是秦国的先人，《史记·秦本纪》索隐曰"费后以为氏，此则秦、赵之祖"④，隐喻秦国，比喻后秦。二是将"武都山"改为"五楷山"，"楷"从木，指秦下木字。三是加入"北都张生""仲弓子长""北郭神张仲子"等，"张"为弓长，"长"指姚苌，"弓"

---

① 辛艳：《〈蜀王本纪〉与〈华阳国志·蜀志〉比较研究》，四川省社会科学院硕士学位论文，2010年，第7页。
② 徐中舒：《〈蜀王本纪〉成书年代及其作者》，《论巴蜀文化》，成都：四川人民出版社1981年版，第138—149页。
③ （宋）郑樵：《通志》卷二十九，《文渊阁四库全书》第373册，第344页。
④ （唐）司马贞：《史记索隐》卷二，《文渊阁四库全书》第246册，第461页。

指姚泓;"仲"为第二,指中间的姚兴;"北都""北郭",指北方地支为子,隐喻姚泓生于戊子①,是后秦的亡国之君,与"五丁""蛇"的内涵相一致。

(三)《北梦琐言》所述神话与后秦的关系

宋代《北梦琐言》曰:

> 梓潼县张恶子神,乃五丁拔蛇之所也。或云,巂州张生所养之蛇,因而祠,时人谓为张恶子,甚神其灵。伪蜀王建世子名元膺,聪明博达,骑射绝伦,牙齿常露,多以袖掩口,左右不敢仰视。蛇眼而黑色,凶恶鄙褻。通夜不寐,竟以作逆伏诛。就诛之夕,梓潼庙祝,亟为恶子所责,言我久在川,今始方归,何以致庙宇荒秽如是耶。由是蜀人乃知元膺为庙蛇之精矣。②

"梓潼"如前所述指后秦。"张恶子"指后秦三帝,主要是姚兴。"神"为申,指后秦建于甲申(384)。"五丁"指后秦灭于第五个年号永和二年丁巳(417),"五"指第五个年号,"丁"指丁巳。"拔蛇之所","蛇"为巳,指后秦灭于丁巳,也指后秦姚氏姓蛇,《通志·氏族略五》:"蛇氏,见《姓苑》,姚苌,蛇后,南安人。"③"或云,巂州张生所养之蛇","巂"中隹,指后秦的第一个年号白雀,"雀"下隹;"张"为弓长,"长"指姚苌,"弓"指姚泓。"因而祠,时人谓为张恶子"表明张恶子是以后秦及其帝王作为形象。"伪蜀王建"比喻后秦的第二个年号建初。"世子名元膺","元"是第一,"膺"是元后第二字,比喻后秦第二帝姚兴,另外,"姚兴"音膺。"骑射绝伦","骑"为马,"马"为午,指姚兴即位元年甲午(394)。"牙齿常露",《说文》"牙,牡齿也,象上下相错之形"④,比喻其上姚苌,其下姚泓,姚兴在中间。"多以袖掩口","袖"从衤,指姚兴的第一个年号皇初,"初"从衤。"左右不敢仰视"比喻姚苌和姚泓。"蛇眼而黑色"指丁巳蛇年后秦被晋刘裕所灭,"黑"属水,指刘裕建立宋朝水德。"乃知元膺为庙蛇之精矣"指元膺是以后秦的第一个年号以及灭亡之年作为形象。

(四)《蜀中广记》所述神话与后秦的关系

明代《蜀中广记》曰:

> 昔亚子西至长安,见姚苌谓曰:"却后九年,君当入蜀。若至梓潼七曲山,幸当见寻。"至建元十二年,苌随杨安南伐,将至七曲迷道,游骑贾君蒙忽见一鹿驰去,逐至

---

① (唐)房玄龄等:《晋书》卷一百一十九,《文渊阁四库全书》第256册,第887页。原文:"送泓于建康市斩之,时年三十,在位二年。"生于太元十三年戊子(388)。
② (宋)李昉等:《太平广记》卷四百五十八,《文渊阁四库全书》第1046册,第381页。
③ (宋)郑樵:《通志》卷二十九,《文渊阁四库全书》第373册,第344页。
④ (汉)许慎:《说文解字》卷二下,《文渊阁四库全书》第223册,第107页。

庙门，鹿自死，追骑共剥之。有顷，苌至，悟曰："此是张君为我设主客之礼。"烹食而去。①

"亚子"指后秦第二帝姚兴。"西至长安"指姚兴将称帝于长安。"却后九年"指前秦以来的第九个年号建初八年（393），姚苌崩，姚兴即位。"君当入蜀"，"蜀"中虫，指蛇从虫，"蛇"为巳，指岁在癸巳（393）。另外，《说文》："蜀，葵中蚕也。"②"葵"从癸，隐喻癸巳。"若至梓潼"如前所述指后秦。"七曲山"指建初八年是前秦的第七个年号太初八年（393）。"幸当见寻"，《说文》"寻……度，人之两臂为寻，八尺也"③，隐喻建初八年或太初八年。此外，"却后九年"指姚兴即位，是前秦以来的第九帝。"七曲山"指前秦七帝，为姚兴所灭。另见下文梓潼帝君殿"九曲""七曲"，与此意义相同。

"建元十二年"，"建"指建武，"元"指元帝，隐喻东晋的第一个皇帝晋元帝年号建武；"十二年"指建武以下第十二个年号太和元年丙寅（366），姚兴诞生。"将至七曲迷道"指前秦的第七个年号太初八年（393），姚苌死，姚兴即位。"游骑贾君蒙"，"骑"为马，"马"为午，指姚兴即位后改元皇初，皇初元年岁在甲午（394）；"贾"音甲，指甲午；"君"是皇帝；"蒙"下豕，"豕"为亥，指姚兴的第二个年号弘始元年岁在己亥（399）。"忽见一鹿驰去，逐至庙门，鹿自死"，《史记·淮阴侯列传》"秦失其鹿，天下共逐之"，裴骃集解引张晏曰"以鹿喻帝位也"，比喻姚苌崩，皇位传于姚兴。"追骑共剥之"指姚兴即位，"骑"为马，指即位元年甲午。"此是张君为我设主客之礼"，"礼"（繁体为"禮"）为曲豆，"曲"即七曲，指前秦的第七个年号太初，"豆"指太初是苻登的年号，"登"下豆，隐喻姚苌死于太初年间。"烹食而去"指姚苌之死。

（五）《玉芝堂谈荟》所述神话与后秦的关系

明代《玉芝堂谈荟》曰：

今世所奉文昌像为梓潼帝君，其神即张恶之也。按《文昌化书》，神姓张氏，出黄帝之子名挥，始造弦矢，张网罗，因以为姓。初为山阴张氏子，有孝行，传法水，医药救人，事周公以寿终。复投胎于谏臣张无忌妻黄氏为遗腹子，诗所谓张仲孝友。幽王初，以谏赐鸩死，魂游于雪山，为神治蜀，五丁拔蛇而压死，蛇即神所化也。寻为汉赵王如意，为吕氏所杀，魂散荡无所归。孝宣世，至邛池，其令曰吕牟，即吕氏后身。母咸氏夫人，亦生于咸，嫁张翁，老无子，相与割臂出血，沥野石臼中，祝曰倘生一动物，亦遗体也，自是感而托生为蛇，金色，逾年顶生角，腹生足。吕氏有马，吕产之后

---

① （明）曹学佺：《蜀中广记》卷二十六，《文渊阁四库全书》第591册，第339页。
② （汉）许慎：《说文解字》卷十三上，《文渊阁四库全书》第223册，第336页。
③ （汉）许慎：《说文解字》卷三下，《文渊阁四库全书》第223册，第128页。

身也，拘而啖之。令系张翁夫妇于狱，乃吸云雾，化风雷，扬海水，灌城邑，周四十里皆陷，以所杀多谴，为邛池龙。受热沙小虫之苦，遇释迦支佛，归诚脱罪。复生于赵国张禹，名勋，为清河令。辛复生于世，为孝仲。西晋末复生于越嶲，终时梦治水府。寻为吏所请，跨白驴而去。到一山下有古湫，入石穴，悟七十三化。其说甚诞，然记前生事，小说多有之。①

以上神话大量引用《梓潼帝君化书》。"出黄帝之子"一句引自《梓潼帝君化书·生民第三》。"黄"音皇，"黄帝之子"即皇帝之子，指姚苌之子姚兴。"名挥"，《说文》"挥，奋也"②，指兴。《逸周书·武顺》："均右肃恭而无羞，羞则不兴。"朱右曾集训校释："兴，奋发也。"③ 另外，《广韵》："挥，振也，动也，洒也。"④《周礼·考工记·弓人》："下柎之弓，末应将兴。"郑玄注："兴，犹动也，发也。"⑤ 隐喻姚兴。"始造弦矢"，《说文》"始，女之初也"⑥，比喻姚兴的第一个年号皇初，也指姚兴的另一个年号弘始；"弦"中弘，指弘始；"矢"音始。"张网罗"，"张"为弓长，"长"指姚苌，"弓"指姚泓；"网罗"比喻姚兴是姚苌与姚泓之间一帝。

"事周公以寿终"一句引自《荣归第十七》，"周公"，《说文》"公，平分也"⑦，比喻西周和东周；"以寿终"指东周灭于乙巳（前256），隐喻后秦灭于丁巳（417），同一巳年。

"复投胎于谏臣张无忌"一句引自《奉先第二十二》，"张"音长，指姚苌；"无"是死亡的意思；"忌"是忌日，比喻姚苌死。"妻黄氏"，"黄"音皇，比喻皇后。"遗腹子"比喻姚兴是姚苌之子。"张仲孝友"，"仲"是第二，指姚兴是后秦的第二帝；《说文》"孝，善事父母者，从老省，从子，子承老也"⑧，比喻姚兴继承其父的皇位；《说文》"友，同志为友，从二又"⑨，比喻第二帝。《奉先第二十二》原文后面有一句"奉先，臣之职，宣王时也"⑩，指周宣王，在位始于甲戌（前827），终于庚申（前781），合为甲申，隐喻后秦建于甲申（384）。

"幽王初"一句引自《存褒第三十三》，原文讲的是"幽王始娶申侯之女为后"⑪，以申后比喻甲申，姚氏建立后秦。"甲申""后秦"，简称申后。

---

① （明）徐应秋：《玉芝堂谈荟》卷九，《文渊阁四库全书》第883册，第228—229页。
② （汉）许慎：《说文解字》卷十二上，《文渊阁四库全书》第223册，第314页。
③ 黄怀信：《逸周书汇校集注》上、下册，上海：上海古籍出版社1995年版，第336页。
④ （清）张玉书、陈廷敬总阅：《康熙字典·卯集中·手部》，康熙五十五年内府文库版，第77页。
⑤ （清）阮元校刻：《十三经注疏》，北京：中华书局1980年版，第936页。
⑥ （汉）许慎：《说文解字》卷十二下，《文渊阁四库全书》第223册，第318页。
⑦ （汉）许慎：《说文解字》卷二上，《文渊阁四库全书》第223册，第92页。
⑧ （汉）许慎：《说文解字》卷八上，《文渊阁四库全书》第223册，第236页。
⑨ （汉）许慎：《说文解字》卷三下，《文渊阁四库全书》第223册，第125页。
⑩ 《道藏》第3册，第300页。
⑪ 同上书，第303页。

"五丁"一句引自《费丁第四十四》《五妇第四十六》《显灵第四十七》，指后秦灭于第五个年号丁巳之岁，简称五丁。"拔蛇而压死，蛇即神所化"，"蛇"为巳，指丁巳，也指后秦姚氏是蛇姓之后。另见前述"五丁"。

"寻为汉赵王如意"一句引自《咸阳第六十四》，"赵"与上述"费氏五丁"同姓，都是秦国先人费氏的后裔，《史记·秦本纪》索隐曰"费后以为氏……此则秦、赵之祖"①，隐喻秦国，比喻后秦；"意"为立日心，"日"指皇帝，"心"音兴，比喻姚兴即位。"为吕氏所杀"，"吕"为二口，比喻姚兴是后秦的第二帝；"杀"指姚兴之死。赵如意是汉高祖刘邦之子，比喻姚兴是后秦姚苌之子。

"孝宣世"一句引自《丣池第六十五》，"孝宣"即汉宣帝，生于庚寅（前91），比喻姚苌生于庚寅（330），同是庚寅之年。另外，汉宣帝即位元年戊申，比喻姚苌即位元年甲申，同是申年，所以"孝宣世"比喻姚苌。"丣池"音弘始，指姚兴死于弘始十八年（416）。"其令曰吕牟"，"牟"下牛，"牛"为丑。"即吕氏后身"，指丑后之寅，隐喻姚兴生于丙寅岁。"母戚氏夫人，亦生于戚"，"戚氏"是被吕后做成人彘而死，"彘"为猪，"猪"为亥，指弘始元年岁在己亥（399）。"嫁张翁"，"嫁"中豕，"豕"为亥，指己亥。"老无子，相与割臂出血"，"臂"上辟，《尔雅·释训》"皇王后辟，君也"②，隐喻其子将为君王；"血"是血脉、后裔之意。"沥野石臼中"，"石"指后，"后"中石；《说文》"臼，舂也"③，"舂"上夫，指秦，隐喻后秦。"倘生一动物，亦遗体也，自是感而托生为蛇"，"蛇"为巳，指姚兴即位于癸巳（393），也指后秦姚氏是蛇姓之后。"金色"指癸巳是建初八年，"初"从刀，"刀"属金。"逾年"指第二年。"顶生角，腹生足"是马，"马"为午，指第二年皇初元年甲午（394）。

"吕氏有马"，"吕"为二口，比喻姚兴是后秦第二帝；"马"指皇初元年甲午。"吕产之后身也"指甲午是姚兴即位后第二年。"拘而啖之"指皇初元年甲午，姚兴消灭前秦；"啖"从火，指后秦火德，"二火"指后秦。"令系张翁夫妇于狱"，"狱"从犬，"犬"为戌，指皇初五年岁在戊戌（398），第二年改元弘始。"乃吸云雾，化风雷，扬海水，灌城邑"比喻龙，"龙"为辰，指姚兴死于弘始十八年丙辰（416）。"周四十里皆陷"指弘始是后秦的第四个年号。"以所杀多谴，为丣池龙"，"龙"为辰，指岁在丙辰，姚兴崩。

"受热沙小虫之苦"一句引自《解脱第六十六》。"遇释迦支佛"指姚兴推崇佛教，《晋书》："（姚）兴既托意于佛道，公卿已下莫不钦附，沙门自远而至者五千余人。起浮图于永贵里，立波若台于中宫，沙门坐禅者恒有千数。州郡化之，事佛者十室而九矣。"④

"复生于赵国张禹"一句引自《仁政第六十七》，"赵国"与上述"赵王如意"，指秦赵同

---

① （唐）司马贞：《史记索隐》卷二，《文渊阁四库全书》第246册，第461页。
② （清）张玉书、陈廷敬总阅：《康熙字典·酉集下·辛部》，康熙五十五年内府文库版，第28页。
③ （汉）许慎：《说文解字》卷七上，《文渊阁四库全书》第223册，第212页。
④ （唐）房玄龄等：《晋书》卷一百一十七，《文渊阁四库全书》第256册，第866页。

姓，隐喻秦国，比喻后秦；"张"音长，指姚苌；"禹"，《说文》"禹，蟲也"①，"三虫"，比喻后秦三帝。"名勋"，《说文》"勳，能成王功也"②，指姚苌建立后秦。"为清河令"，"清"音秦。"卒复生于世，为孝仲"，"仲"为第二，指其子姚兴是后秦的第二帝。"西晋末复生于越雟"按前所述指姚苌。"终时梦治水府"指末代姚泓，"泓"为水。"寻为吏所请，跨白驴而去"按前所述指姚苌崩。"到一山下有古湫，入石穴，悟七十三化"按前所述指姚泓之死，后秦灭亡。

三、梓潼帝君殿与后秦的关系

清代《三教源流搜神大全》曰：

> 帝君殿在九曲之处，盖九曲水来朝，九折而去，经行山腹，路成七曲。其殿有降笔亭，中以金索悬一五色飞鸾，鸾口衔笔，用金花钱数百番常留笔下，笔墨皆具。亭门本府差官封锁甚严，以防欺伪之弊降等。讫其亭内有铜钟钟自鸣，庙吏闻于本府，本府差官启钥取书以观报应，其降笔多劝人以忠孝为本。帝君奉玉帝旨佐南斗注生，由是求嗣者多祷焉。③

"九曲""九折"指姚苌死于前秦以来的第九个年号后秦建初八年（393）。"路成七曲"指建初八年是前秦的第七个年号太初八年（393）。《蜀中广记》曰："神庙在梓潼县北八里七曲山。"④"梓潼"，按前所述指后秦；"北八里"比喻建初八年。姚苌死后，姚兴即位，所以"九曲""七曲"既是姚苌死亡的时间，又是姚兴即位的时间。另外，"九曲"指姚兴是前秦以来的第九帝；"七曲"指前秦七帝，为姚兴所灭。

"降笔亭"，"降"指姚泓投降于晋刘裕；"笔"（繁体为"筆"）下聿，"聿"音裕；"亭"下丁，指岁在丁巳（417）。"中以金索悬一五色飞鸾"指后秦五个年号而灭，"飞鸾"为鸟，指后秦的第一个年号白雀，象征后秦。"鸾口衔笔"，"笔"（繁体为"筆"）下聿，"聿"音裕，指刘裕。"用金花钱数百番常留笔下"，"金"指刘（繁体为"劉"）中金；钱，《玉篇·刀部》"刀……亦名钱"⑤，"刀"为刂，指刘（繁体为劉）中刂；"数百番"，指东晋百年之际（317－417）后秦灭亡；"留"上卯，指刘（繁体为刘）中卯；"笔"（繁体为"筆"）下

---

① （汉）许慎：《说文解字》卷十四下，《文渊阁四库全书》第 223 册，第 361 页。
② （汉）许慎：《说文解字》卷十三下，《文渊阁四库全书》第 223 册，第 347 页。
③ （清）叶德辉校刊：《三教源流搜神大全》卷一《梓潼帝君》，宣统元年。
④ （明）曹学佺：《蜀中广记》卷七十九，《文渊阁四库全书》第 592 册，第 303 页。
⑤ （南朝）顾野王，（唐）孙强增补，（宋）陈彭年等重修：《重修玉篇》卷十七，《文渊阁四库全书》第 224 册，第 145 页。

聿，"聿"音裕，指刘裕。"笔墨皆具"，"墨"为水，指刘裕建立宋朝水德。

"铜钟"（繁体为"銅鐘"）属金，指刘裕，"刘"（繁体为"劉"）中金。"自鸣"，为己所鸣，比喻刘裕灭秦。"差官启钥取书"，"书"（繁体为"書"）上聿，"聿"音裕。"以观报应"指后秦消灭前秦，后秦亦为刘裕所灭。"忠孝为本"，"忠"为中心，"中"为中间，"心"音兴，指姚兴是后秦中间一帝；《说文》"孝，善事父母者，从老省，从子，子承老也"①，比喻后秦政权祖孙三代相传。"帝君奉玉帝旨佐南斗注生"，"南斗"七宿，隐喻前秦七帝而灭；"注生"，指姚苌建立后秦。"由是求嗣者多祷焉"，嗣者比喻后秦。

四、梓潼帝君封号与后秦的关系

清代《三教源流搜神大全》曰：

> 庙在剑州梓潼县，唐玄宗幸蜀，神迎于万里桥，追封左丞相。僖宗播迁亦有阴助之功，加封顺济王。宋太祖初得蜀也，以仁取之，以仁守之，亦尔神阴骘显相，有以辅吾仁也，加封圣号忠烈仁武孝德圣烈王。圣朝延祐三年七月七日，加封圣号辅元开化文昌司禄宏仁帝君。②

"庙在剑州"，"剑"音建，指建初八年（393）姚苌崩，姚兴即位。"梓潼县"，《说文》"梓，楸也"③，"楸"为木禾火，"木"指前秦木德，"禾"指秦下禾，"火"指后秦火德；"潼"为童，"童"为立甲，指后秦建立于甲申（384）。"唐玄宗"生于乙酉（685）④，隐喻姚苌杀死苻坚，岁在乙酉年（385）乙酉月。"神迎于万里桥"，"神"从申，"里"上甲，指后秦建于甲申。"僖宗"即位于癸巳（873），隐喻姚苌死于癸巳（393）。"宋太祖"名匡胤，隐喻姚兴前后音胤。"以仁取之，以仁守之"，"仁"为二人，指姚兴是后秦的第二帝。封号"忠烈仁武孝德圣烈王"，"忠"为中心，"中"为中间，"心"音兴，指姚兴是后秦中间一帝；"烈"，《说文》"烈，火猛也"⑤，指后秦火德；"武"指晋孝武帝，隐喻姚兴即位于孝武帝太元十八年（393）；"德"指晋安帝名德宗，隐喻姚兴死于晋安帝义熙十二年（416）。

宋朝高承《事物纪原》曰："（宋）咸平中，益卒为乱，王师讨之，忽有人呼曰梓潼神遣我来。九月二十日城陷，果克。四年州以状闻，故命追封英显王。"⑥"咸平"元年岁在戊戌

---

① （汉）许慎：《说文解字》卷八上，《文渊阁四库全书》第 223 册，第 236 页。
② （清）叶德辉校刊：《三教源流搜神大全》卷一《梓潼帝君》，宣统元年。
③ （汉）许慎：《说文解字》卷六上，《文渊阁四库全书》第 223 册，第 180 页。
④ （后晋）刘昫：《旧唐书》卷八，《文渊阁四库全书》第 268 册，第 136 页。原文："玄宗至道大圣大明孝皇帝讳隆基，睿宗第三子也……垂拱元年秋八月戊寅，生于东都。"垂拱元年岁在乙酉（685）。
⑤ （汉）许慎：《说文解字》卷十上，《文渊阁四库全书》第 223 册，第 271 页。
⑥ （宋）高承：《事物纪原》卷七，《文渊阁四库全书》第 920 册，第 193 页。

(998),隐喻姚兴皇兴五年岁在戊戌(398)。"九月"指第二年九月改元弘始。"二十日城陷"指皇兴五年以下二十年即永和二年(417)后秦灭亡。"四年"指姚兴死于后秦第四个年号弘始。"英显王"指姚兴音英。另外,"英"从央,"央"是中间的意思,指姚兴是后秦三帝中间一帝。

元仁宗延祐三年(1316)封号"辅元开化文昌司禄宏仁帝君"。"元"指晋元帝,是东晋的建立者,隐喻姚兴生于东晋。"开化",《说文》"开,张也"①,"张"为弓长,指姚苌和姚泓,"泓"从弓,"苌"从长,隐喻两者之间的姚兴。"文昌"指姚兴谥号文桓,另外,"昌"是兴的意思,《广雅》"昌,盛也"②,《广韵》"兴,盛也"③,《吕氏春秋·审时》"是故得时之稼兴",高诱注"兴,昌也"④,隐喻姚兴。"司禄"指姚兴是皇帝,手握福禄生死大权。"宏仁","仁"为二人,指姚兴是后秦的第二帝。"帝君"指皇帝。元仁宗之所以在延祐三年册封张仲,是因为延祐三年岁在丙辰(1316),而梓潼帝君的原型姚兴死于丙辰(416),同是丙辰之年。

元代梓潼帝君《行祠记》曰:"帝君姓张讳仲,字孝友,辅宣王中兴,没为明神。旧封神文圣武孝德忠仁王。逮圣元仁宗皇帝设科取士,延祐三年,改封庙号曰佑文成化之祠,封辅元开化文昌司禄宏仁帝君。"⑤"姓张讳仲","仲"为亚,即张亚子,指后秦第二帝姚兴。"辅宣王"指晋宣帝司马懿,隐喻姚兴即位时在东晋,东晋始祖是司马懿。"中兴","中"指姚兴是后秦中间一帝,"兴"指姚兴。"旧封神文圣武孝德忠仁王"是宋理宗景定五年(1264),按姚兴生于晋太和元年丙寅(366),死于义熙十二年丙辰(416),一生经历晋简文帝、孝武帝和安帝,神的封号也体现了这一点:"文"指简文帝;"武"指孝武帝;"德"指安帝名德宗;"忠"从中,指姚兴是后秦中间的皇帝;"仁"为二人,指姚兴是后秦第二帝。宋理宗之所以在景定五年册封张仲,有两个原因:一是宋理宗即位于甲申(1224),而后秦建立于甲申(384),同是甲申之年;二是景定五年理宗崩,在将崩之前册封张仲之神为其祈福。

---

① (汉)许慎:《说文解字》卷十二上,《文渊阁四库全书》第 223 册,第 308 页。
② (清)张玉书、陈廷敬总阅:《康熙字典·辰集上·日部》,康熙五十五年内府文库版,第 5 页。
③ 同上书,第 74 页。
④ 许维遹撰,梁运华整理:《吕氏春秋集释》,北京:中华书局 2009 年版,第 700 页。
⑤ 《道藏》第 3 册,第 289 页。

老子学刊(第十六辑)传统文化与三教关系研究

明清叙永县玉皇观考述

钟思源*

内容提要：叙永县玉皇观位于四川省泸州市，清朝乾隆年间有全真随山派道人王性照在此常住传道。全真随山派为清朝时期玉皇观主要法脉。本文依据目前所收集的相关碑文，对比地方志史文献，初步探寻和梳理了叙永县玉皇观的历史与清代道士法脉传承情况，为进一步考察叙永县道教发展与地方社会关系做了铺垫，以及对研究清代四川道教和整个全真道传承派系结构问题有一定积极意义。

关键词：叙永县玉皇观；历史沿革；法脉传承

叙永县位于四川盆地南缘，隶属于泸州市。东北面与贵州赤水市，西南面与云南镇雄县、威信县等地相接。玉皇观则位于叙永县城东北丹山紫霞峰。丹山，又名红崖山或红岩山，为典型的丹霞地貌，共有三十六峰，最高海拔1600多米。康熙《叙永厅志》记载："红崖山，治北十里，高耸万仞，土石俱赤，六月犹寒，经冬积雪不消。"① 光绪三十四年(1908)印铅本《续修叙永永宁厅县合志》记载："紫霞峰在红崖绝顶，俗呼牛心山，山后诸峰尽为此峰所蔽，玉簾泉之左九峰以此为最高，下有道观名霞峰观。"② 根据县志记载可以得知，玉皇观旧名霞峰观，位于叙永县北红崖山紫霞峰下，因建于红崖山紫霞峰而得名。

---

* 钟思源，中国人民大学哲学院宗教学专业2018级在读硕士研究生，研究方向：中国道教史、道教文献、道教科仪。

① （清）宋敏学修，袁斯恭纂：《叙永厅志》卷一，四川省地方志编纂委员会辑：《叙永旧志辑存》，北京：国家图书馆出版社2015年版，第8页。

② （清）邓光鏸等修，万慎纂：《续修叙永永宁厅县合志》卷五三，四川省地方志编纂委员会辑：《叙永旧志辑存》，北京：国家图书馆出版社2015年版，第705页。

一、历史沿革

关于玉皇观的来历，据方志出版社 1998 年版《叙永县志》："北宋时，有道人在城郊红岩山紫霞峰修建道观。明隆庆年间，重修。清乾隆年间，进士王性照弃仕从道，为霞峰观住持。叙永直隶厅同知孙念祖游丹山，巧遇同科王性照，特增田地，充庙产。以后道观扩建一新。毗邻州县道徒，皆慕名前来朝山论道。"① 依此记载，霞峰观创建于北宋时期，明朝隆庆年间重修，清乾隆年间予以扩建。

不过，前引"北宋时，有道人在城郊红岩山紫霞峰修建道观"的说法，恐怕值得商榷。康熙刻本《叙永厅志》卷一《山川》记载："红崖山，治北十里，高耸万仞，土石俱赤，六月犹寒，经冬积雪不消。上有圆觉洞，洞石上镌有十二圆觉菩萨，洞门敞豁，深六十尺，人不烦炬，洞前有香泉井，山巅有半月泉，其水皆甘洌，盛暑掬之寒可沁骨。"② 康熙版《叙永厅志》是目前已知关于叙永县的最早地方志史料，其对红崖山的记载比较清楚。文中谈到圆觉洞、香泉井和半月泉，但未提及道人开创道观一事。此外，该书卷二之《寺观》还谈道："玉皇观，治北十里。"③ 可知至迟在康熙二十五年（1686），红崖山上已修建有玉皇观和圆觉洞，然未提及何时、何人创立。该书卷二《仙释》中还有一则关于在圆觉洞修道的东华道人的记载："东华道人，河南人，崇祯末至红岩山，年逾百岁，健步如飞，身止一衲，不冠不履，日食不计，与人所言无非励以忠孝，住圆觉洞数月而去不知所往。"④ 这也是最早一则有关修道人在红崖山活动的文字记录。

嘉庆十七年（1812）《直隶叙永厅志》卷二七《寺观志》首次交代了霞峰观的建立时间："霞峰观，在红岩上，明隆庆二年建。"⑤ 这里明确指出霞峰观创建于明朝隆庆二年（1568）。该厅志在卷六《山川志》红岩山词条中提及："玉皇观前有卧龙台，后为观音阁，右有圆觉洞……洞前有香泉井，山巅有半月泉。"⑥ 此段文字明确了该时期玉皇观只是指存在于红岩山上的一个建筑，而非一个建筑群的称呼，同时，在红岩山已形成玉皇观、观音阁、圆觉洞等小规模建筑群。

光绪三十四年（1908）《续修叙永永宁厅县合志》对此有更为详细的描述："玉皇观，一在城二十五里红崖上，旧名金心山，又名霞峰观。明隆庆二年及国朝乾隆二十三年、五十年

---

① 四川省叙永县地方志编纂委员会编：《叙永县志》第三章，北京：方志出版社 1998 年版，第 674 页。
② （清）宋敏学修，袁斯恭纂：《叙永厅志》卷一，第 8 页。
③ 同上书，第 18 页。
④ 同上书，第 16 页。
⑤ （清）周伟业修，褚彦昭等纂：《直隶叙永厅志》卷二七，四川省地方志编纂委员会辑：《叙永旧志辑存》，北京：国家图书馆出版社 2015 年版，第 148 页。
⑥ 同上书，第 91 页。

先后重修,序谓开基自宋时。"① 这里有几点值得特别注意:第一,直接以玉皇观为名,霞峰观为别名;第二,由"明隆庆二年建"转变为"明隆庆二年重修",即从建立变为重修;第三,增加了始建于北宋的说法。由此可知,玉皇观与霞峰观两种观名同时在使用,是同一个地方的不同称呼;玉皇观创立于北宋时期这种说法出现的时间较晚,即目前所见最早记载玉皇观开基于宋时的文本资料最早出现于此县志中。

现丹山上还存留有圆觉洞和半月泉。圆觉洞为摩崖石刻,洞中间刻着佛的法、报、化三身,两侧石壁所刻的是十二圆觉菩萨像,每尊佛、菩萨下方皆刻有供奉时间,其中对年代记载清晰且最早的是中间阿弥陀佛像下方所刻碑文,其碑文显示供奉时间是明朝万历庚申年(1620)。圆觉洞也是目前丹山上存留最早的石刻和可考的历史材料。也就是说,现存最早的历史遗迹是最迟开凿于明朝万历年间的圆觉洞,而圆觉洞是典型的佛教摩崖石刻而非道观。

现玉皇殿存留残碑有记:"……大清乾隆二十年(1755)上观□,结善缘开修斗姥宫殿阁,修路栽杉化绿,新修右廊大石坎……"

通过对以上县志记录以及石刻资料分析,圆觉洞应是建立于明朝万历庚申年(1620)以前(圆觉洞现为玉皇观所辖)。在康熙年间红崖山上同时存在圆觉洞和玉皇观,也就是说,玉皇观至迟建于康熙年间,向前可推至明朝隆庆二年(1568)。至乾隆二十年(1755),新增斗姥宫。至嘉庆时,红岩山上形成以玉皇观、观音阁、圆觉洞等建筑为主的宫观格局。关于北宋开基这一说法是真实还是附会,以及开基时为佛寺还是道观,玉皇观始建于何时等问题,还需要更充足的史料加以考证。

清代乾隆以降,通过住持王性照及之后其门人孔和暲、袁礼定的努力,道观焕然一新,颇具规模,成为当地影响力较大的道教宫观。嘉庆《直隶叙永厅志》卷十八《风俗志》有:"正月初九日上九会,自初五起红崖山玉皇观远近敬香者络绎不绝。"② 光绪《续修叙永厅县合志》卷十九《风俗志一》云:"初九日为上九会,自初五起城乡士庶多登红崖玉皇观敬香络绎不绝。"③ 从两部县志对本县民众九皇会到红崖玉皇观敬香风俗的记载,可知至少从嘉庆到光绪年间玉皇观在当地的影响甚广,也可反映出从王性照开始,玉皇观历代道人对道观的恢复重建与文化传播所做的不懈努力。

孔和暲为清代玉皇观第六代住持,墓碑文记载:

> 生于皇清道光十三年癸巳年(1833)二月初八日寅时建生……于光绪甲申年(1884)八月经首年升选住持。

---

① (清)邓光鏴等修,万慎纂:《续修叙永永宁厅县合志》卷七,第327页。
② (清)周伟业修,褚彦昭等纂:《直隶叙永厅志》卷一八,第133页。
③ (清)邓光鏴等修,万慎纂:《续修叙永永宁厅县合志》卷十九,第399页。

在孔和暲51岁时升选为住持后所做的最重要的几件事就是修庙与扩充庙产:

> 经首年公之扶持。重建祖师殿,新创五侯祠,翻盖大殿,培修□廊,栽习杉木,整理山长,置买田地数十余亩。

由上文及此墓碑文可知,玉皇观在孔和暲担任住持之前已有玉皇观、观音阁、圆觉洞、祖师殿、廊道等建筑,孔和暲升选为主持后翻盖大殿,培修廊道,新修五侯祠(亦称为武侯祠),栽种杉木,购置田地,使玉皇观更具规模。

光绪《续修叙永永宁厅县合志》卷四五《艺文志四》中载有贵州人李生春所作的《红岩记》,乃李生春与友人郊游至红岩所写游记,文中详细记载了光绪年间孔和暲任住持时玉皇观的布局:

> 俄见雉堞依山俨然赤城,海门曰:此壬戌避兵乡人所筑者,今因呼为头天门。启门入则见殿宇甫新。海门曰:此孔道人所建之武侯祠也。余曰:侯之功在全蜀,永又素无此祠,今之创祀宜也,然创则创矣,惜无侯之灵迹。何鹤年曰:祠后有泉,澄泓清澈,乃祠中饮汲所需,烹茶味甘美,可呼作卧龙泉以补之。先生亦笑曰:可。出祠左旋循石磴而上,磴高盈尺,上碕颇难,十步一憩,逶迤而行。入二天门,老杉万株……越飞龙岭上祖师殿,殿居岭脊,轩宏壮丽,两廊十帅像亦威猛,中坐祖师面西向,旁列八真人俱极秀发。瞻礼毕,道人献茗,极甘芳。出庙右路虽宽,青苔颇滑,石上有霁雪二字,甚奇伟,岩棱有石笋数尺。海门曰:此千丈石也,至下三塝望之则高入青云矣,平视反不见奇。余笑曰:此亦如大英雄才华尽敛,俗反易寻常目之耶。至斩龙台下有巨石中裂为二,海门曰:此雷劈石,有石龙欲出为害田禾,雷击成数段,巨石亦开,今龙首留镇山门,所异者石开复合,将补破而成完矣。遂入三天门,直上数十级,两面陡峭,赖道人砌石夹道,行者始免股悚焉。帝宫在斩龙台上,制极宏敞,上覆铁瓦,盖冰雪太重若峨眉之锡瓦殿、云金殿,左右列侍三十二天帝,威仪肃穆,杜诗所谓玉京群帝集北斗或骑麒麟翳凤凰者非欤。谒帝之后,过香积厨,后洞深黑莫测,人不敢窥。下石梯百级至半月泉,泉缘峰顶草根而下,道人作半月池以汇之,故名。入圆觉洞,洞深六尺,系人工凿成,无可观,或曰月峰和尚坐化处也。因复返金殿,入九皇宫,后石壁上一魁字丈许,不识谁书。庙祀孔道人,海门故交也。①

李生春与友人登山入头天门见孔道人所建武侯祠,出祠左旋循石梯而上遂入二天门,再至飞龙岭上祖师殿,过祖师殿右路往上有雷劈石与千丈石,后入三天门至斩龙台上金殿拜谒

---

① (清)邓光鏓等修,万慎纂:《续修叙永永宁厅县合志》卷四五,第617—618页。

玉皇大帝毕,过香积厨下至金殿西边半月泉,入圆觉洞,后返回金殿入九皇宫,观宫后"魁"字。从李生春等人的登山路线,可以看出玉皇观依山势而建,建筑分散,且可知在孔和暲任住持之时,玉皇观已是规模较为宏大的道观。该书卷五十三有记叙永名胜,其叙永八景中有一景为红岩霁雪,卷中收录两幅红岩霁雪绘图(现合拼为整图):

图 1-1　红岩霁雪

资料来源:(清)邓光鏓等修,万慎纂:《续修叙永永宁厅县合志》卷五三,第 699—700 页。

从以上两图可清晰看到玉皇观建筑布局,且由上述资料可知,道观布局及主要景观沿上山游道自下而上、自东而西为:

头天门→武侯祠→二天门→祖师殿→"霁雪"石→千丈石→雷劈石→三天门→帝宫(霞峰观)→九皇宫[①]→"魁"字石刻→香积厨→半月泉(池)→观音阁→圆觉洞

孔和暲于光绪辛卯年(1891)羽化后由其徒袁礼定接任住持,现玉皇观所存遗迹中多处为袁礼定任主持时所建,现存完整的有玉皇殿东边及殿前共三道石门。袁礼定在任住持时将玉皇观重整一新,光绪三十四年(1908)《续修叙永永宁厅县合志》卷四五《艺文志四》中《红岩记》所记:"帝像铜铸,传闻铸成后即自云南飞来,初止于百花山,未几复迁于祖师殿(今袁道所作之三清殿即其故址)。"[②] 袁礼定在原祖师殿旧址上于光绪二十七年(1901)创

---

① 前述乾隆二十年开修斗姥宫殿,此九皇宫应是别名。
② (清)邓光鏓等修,万慎纂:《续修叙永永宁厅县合志》卷四五,第 618 页。

修三清殿，祖师殿下移至飞龙岭西侧。至袁礼定时，玉皇观布局为：

头天门→武侯祠→二天门→祖师殿→三清殿→"霁雪"石→千丈石→雷劈石→三天门→→帝宫前三道石门→帝宫（霞峰观）→九皇宫→"魁"字石刻→香积厨→半月泉（池）→观音阁→圆觉洞

通过孔和暲与袁礼定两位住持对玉皇观的苦心经营，使玉皇观成为一所由依山而建的几处殿堂与景观所组成的道教宫观，也使玉皇观这一名称不仅用于斩龙台上所建之帝宫，且用于位于红岩山上这一道教宫观群，这也代表了玉皇观经过几代道人的不懈努力明确及扩大了其管辖范围。玉皇观一名一直沿用至今。

二、法脉传承

玉皇观清代以前历史材料匮乏，难以梳理出其传承脉络。现存碑刻铭文以及地方志史资料集中于清代时期，大部分为清代道士墓碑。光绪三十四年（1908）《续修叙永永宁厅县合志》记载："叙永两属只有随山、龙门两派，有住庙者，有住家行教为人建醮者。"① 玉皇观清代所传派系为全真随山派。

现存道士墓碑中，最早是嘉庆六年（1801）所立：

大清嘉庆六年岁次辛酉立□□□
　　师弟：罗性溥
　　　徒：吕复□　年复□
随山正宗恩师王公讳性照
　　徒孙：王常开　张常溢　王常静
　　玄孙：刘景高　张景纯　吴景星

这则碑文所记的羽化道长为"随山正宗"，也就是全真教随山派，并且碑文上出现共有四代人的道名：一是羽化的王性照、与王性照同辈师弟罗性溥；二是王性照的两位徒弟吕复□、年复□；三是王性照的徒孙王常开、张常溢、王常静；四是玄孙刘景高、张景纯、吴景星。

考察全真派字辈，北京白云观《诸真宗派总簿》中有记载，在日本学者小柳司气太编著的《白云观志》中有所转引："长生真人，姓刘名处玄，字通妙，号长生，系山东莱州府掖县武官庄人。生于金熙丁卯岁二月初六日圣诞。七月二十日飞升。元世祖敕封长生辅化明德真人。元武宗加封长生辅化宗玄明德真人。（原本头注有七月二十日圣诞，二月初六日飞升

---

① （清）邓光鏸等修，万慎纂：《续修叙永永宁厅县合志》卷二〇，第404页。

之十四字。)""留传随山派:思道明仁往,全真性复常,景高和礼义,嗣信守忠良。"① 这里只摘录其前二十个字辈。根据随山派字辈,王性照及其师弟罗性溥为随山派第八代弟子,其徒、徒孙、玄孙分别为全真随山派第九、十、十一代。由此可知,玉皇观至迟从王性照开始已有固定法脉传承,所传法脉为全真随山派。

关于在王性照之前是否有固定法脉传承,从光绪三十四年(1908)《续修叙永永宁厅县合志》卷四十五之《艺文志四》由李生春所写的《红崖记》中可窥探一二:"先生又问观中常数。道人曰,吾观素无常数,有之则自吾王祖师始。"② 据此可知,玉皇观素无固定道人常住,自王祖师开始才有常住道人。换言之,玉皇观的法脉传承最早可追溯至王性照。

接着,道人又补充道:"祖师本乾隆翰林,与前任叙永同知孙公念祖为同年故交,出家后云游至蜀,遂止吾观。适孙公入观纳凉与祖师遇,公曰,不意万里重逢故人也。问及薪水,孙公悯之,遂为置租五十石。吾观至今累租百余,皆食孙公之福者。"③ 据此可知,王性照先是出家云游至蜀,然后才到玉皇观常住。这里隐含了两点信息:第一,王性照将自身的道法体系带入玉皇观,从而开启了法脉的传承与延续。换句话说,玉皇观的全真随山派传承是由王性照从外面接引进来的,而并非玉皇观自身固有的传承。第二,王性照本乾隆翰林与当时叙永同知孙念祖为旧友,并得到了后者的大力扶持。王性照在孙念祖的扶持下,置租五十石,使道众生活得到很大改善,从而使法脉得以延续。

从玉皇观现存的另一块碑文可以了解王性照、孙念祖与玉皇观的密切关系。这块碑文现存于玉皇观旧灵官殿石壁之上。碑文内容如下:

嘉庆元年丙辰季春月恭□
叙永军粮府推授云南曲靖府正堂
大老爷孙讳念祖荣行小章
　　　　惟我
系出□□自莅叙永共仰英明士
□乐业遐□心倾抑强扶弱弊绝
风清随时赈济合切民生建桥修
路商贾利行雨旸时若五谷丰盈
垂九里化洽双城祥麟天赐头角
峥嵘丹崖永宁寿城相衡无乡不
祝□口同声敢如攀卧用送行旌

---

① 〔日〕小柳司气太:《白云观志》卷三,东京:东方文化学院东京研究所1934年版,第97—98页。
② (清)邓光鏻等修,万慎纂:《续修叙永永宁厅县合志》卷四五,第618页。
③ 同上。

合郡绅耆人等公志
红崖住持道人性照谨镌

　　此块碑文所记的是叙永同知孙念祖于嘉庆元年（1796）春季离任，当时红崖住持王性照与当地绅耆人等为孙念祖送行，以赞叹孙念祖在叙永为官期间为官清廉、勤政爱民。通过这块碑文可以管窥孙念祖在任职期间与王性照往来密切，并且可以推断孙念祖在任职期间对玉皇观有所扶持，同时也证实了王性照的住持身份。嘉庆刻本《直隶叙永厅志》记载："孙念祖，镶蓝旗包衣汉军举人，乾隆五十二年九月初六日任。"① 根据孙念祖上任与离任的时间可以知道在乾隆五十二年（1787）至嘉庆元年（1796）这十年时间里，孙念祖与王性照在玉皇观重逢，此时王性照已出家云游至玉皇观住持庙务，那么王性照来玉皇观常住的时间可以推至乾隆时期。

　　通过以上碑刻及县志资料可以理清这样一个时间脉络：在乾隆年间，作为全真随山派第八代弟子的王性照来到红崖山玉皇观止脚常住修道，在乾隆五十二年（1787）至嘉庆元年（1796）期间得到叙永同知孙念祖的扶持，至少在嘉庆六年（1801）时已有王性照祖孙四代人在玉皇观常住修道。

　　现存的墓碑除了王性照的以外还有八通，按照随山派字辈传承划分，分别有：随山派第十代弟子的两通，十一代弟子的两通，十三代弟子的一通，十四代弟子的两通，十五代弟子的一通。现将这八通碑文转录如下：

（1）彭常德墓碑文：
　　　　大清道光八年戊子岁孟秋月　吉　　日
　　　　随山正派恩师彭公讳常德真人之墓
　　　　　　孝徒：吴景新　冯景先
　　　　　　徒孙：杨高位
　　　　　　曾孙：□□□

（2）王常禄墓碑文：
　　　　道光二十三年蒲月下浣立石
　　　　　　孝徒侄：冯景先
　　　　随山宗派师叔王讳常禄真人之墓
　　　　　　四世孙：罗和恕　武和忠　培祀

---

① （清）周伟业修，褚彦昭等纂：《直隶叙永厅志》卷三二，第160页。

(3) 郑景心墓碑文：

岁□□庚申季春　　吉立

随山派郑公讳景心墓

　　孝徒：刘高远

　　孙：孔和章

(4) 文景□墓碑文：

大清同治九年庚午岁春立

随山正派文景□真人之墓

　　孝徒：刘高远

　　徒孙：孔和章

(5) 孔和暲墓碑文：

大清光绪十四年

随山正派道纪司孔公讳和暲大真人之墓

　　徒：孔礼諴　袁礼定　张礼法　伍礼明　何礼庵　李礼平　年礼田　龚礼峻

　　徒孙：赵义泓　于义长　张义元　刘义钦　郭义年　孙义洹

(6) 孔礼諴墓碑文：

大清光绪十六年庚寅岁秋季月吉立

随山正派十四代恩师孔公讳礼諴真人之墓

　　徒：赵义鸿　张义元　于义长　刘义钦　祀

(7) 袁礼定墓碑文：

大清光绪二十五年岁次己亥秋八月中浣谷旦

　　元孙：易守有

随山正宗妙道恩师袁派礼定大真人之墓

　　徒：张义舟　蒋义春　张义善　王义泉

　　孙：陈嗣园　张嗣庆　杨嗣江　杨嗣鑫

　　曾孙：梁信真

(8) 赵义鸿墓碑文：

大清光绪丁未春王月

随山正宗恩师赵义鸿之墓
徒：□□□

这些碑文保存了很多关于玉皇观从道光至光绪时期道脉传承的信息。透过上述碑文的记载，我们可以揭示出从乾隆至光绪时期叙永县玉皇观的法脉传承，从随山派第八代弟子王性照及其师弟罗性溥开始，传到随山派第十八代弟子易守有、朱守云，凡计有十一代。

另外，还有一通光绪甲申年（1884）八月孔和暲升选住持碑，其中庙务费用明细的碑文末尾记云："住持孔和暲，师弟袁和彬，徒袁礼定、孔礼喊"，碑文中出现的"师弟袁和彬"可以补充墓碑中所未记录的道众。

由于历史原因，玉皇观道士墓碑虽残缺九通，但却是研究清代玉皇观的第一手材料，其价值弥足珍贵。对上述九通碑文进行初步整理后，添补现存碑文所记，我们基本还原出了玉皇观的道法传承情况。现依据全真道随山派字辈顺序胪列如下：

表 2-1 清代玉皇观随山派法脉传承情况

辈系	字辈	道名
第八代	性	王性照、罗性溥
第九代	复	吕复□、年复□
第十代	常	王常开、张常溢、王常静、彭常德、王常禄
第十一代	景	文景□、郑景心、刘景高、张景纯、吴景星、吴景新、冯景先
第十二代	高	刘高远、杨高位、陈高吉
第十三代	和	孔和暲、罗和恕、武和忠、袁和彬
第十四代	礼	孔礼喊、张礼法、伍礼明、何礼庵、李礼平、龚礼峻、年礼田、袁礼定
第十五代	义	张义元、赵义鸿、于义长、刘义钦、郭义年、孙义洹、张义舟、蒋义春、张义善、王义泉、李义方
第十六代	嗣	陈嗣园、张嗣庆、杨嗣江、杨嗣鑫、张嗣泉
第十七代	信	梁信真
第十八代	守	易守有、朱守云

同时，通过以上墓碑文和字辈顺序，也可以看到其中有一条主要的且传承最长的法脉：王性照、罗性溥→吕复□、年复□→王常开、张常溢、王常静→文景□、郑景心→刘高远→孔和暲→袁礼定→张义舟、蒋义春、张义善、王义泉→陈嗣园、张嗣庆、杨嗣江、杨嗣鑫→梁信真→易守有、朱守云

根据上述碑文材料，我们可以大致勾勒出清乾隆至光绪年间玉皇观的法脉传承情况：王性照传承全真随山派道脉，乾隆年间云游到红崖山玉皇观常住并为首任住持，在玉皇观收徒传道。王性照任住持期间得遇时任叙永同知的孙念祖，在孙念祖的扶持下，全观生活情况好转。至嘉庆六年（1801）王性照羽化时，玉皇观已传有随山派第八、九、十、十一代共四辈

弟子。传至第十四、十五代时达到顶峰,以后逐渐衰落。清朝时期全真随山派在叙永县玉皇观共传承了十一辈,即从第八代到第十八代①。

三、结语

以上对叙永县玉皇观的历史概况以及清代道脉传承情况的简略考证,仅仅是一个开端性研究的个案。即使是这个简略的个案也能让我们对于玉皇观创建历史及全真随山派在叙永地区的传承发展有一个大致的了解。

对于玉皇观创建时间及创建时为佛寺还是道观的问题,据现存于丹山圆觉洞摩崖石刻报身佛下面所刻的万历庚申年(1620)的字样,这是目前所存最早的时间记录,对比康熙、嘉庆、光绪等时期叙永史志文献可以初步推断玉皇观初创时间应不晚于明隆庆二年(1568)。但是这里有个不能忽视的问题是,现在所说的玉皇观是清代以来形成的由玉皇殿、圆觉洞、三清殿、祖师殿、武侯祠等所构成的建筑群。关于北宋开基这一说法以及开基时为佛寺还是道观,明代圆觉洞和玉皇观是属于佛道教并存关系或是依附关系等诸多问题,需要更充足的资料进行考证。

玉皇观自乾隆年间云游道人王性照常住以来,开始有固定的全真随山派法脉传承和大量的石刻碑文及史志资料留存。通过对玉皇观清代传承法脉的梳理,可以知道全真随山派在叙永法脉昌隆、传承有序。同时,通过对王性照的文化背景和镌刻的碑文内容,以及地方志史中文人所撰游记的分析,可以更清楚地知道玉皇观道人与地方社会的精英、民众的交往状态,以及道教在叙永的传播情况。

全真随山派在叙永县的传承研究对于我们了解道教发展与叙永地方社会的关系、随山派的传承发展情况、整个四川以及全真道的道派传承结构都有着一定积极意义。

---

① 上表所列道人仅为现存碑刻和史志资料记载,由于史料在传承过程中有所缺失,其中所漏待新材料发现后补充。

老子學刊

书评

史论相依，学教皆宜
——评《新编中国道学简史》

曾勇　刘思贝*

《新编中国道学简史》（于国庆、何欣、张红志著）于2020年2月由上海科学技术文献出版社出版。全书线索清晰，史论相依，自成体系。作者从道家道教之学的形态变迁入手，明确阐述道学思想流变的三大形态，将学术界近年来的研究新成果与道教界信仰文化传统有机勾连，具有较高的理论探究价值与教学实践意义。

一、编纂背景

《新编中国道学简史》，凸显"道学"概念，而"道学"常被视为儒家理学的代名词。《新编中国道学简史》所涉"道学"异于朱子的"道学"，沿用是书开篇总序中詹石窗教授与郭汉文道长以"道学"概括道家与道教之学之论。

如此界定"道学"概念，从中国传统文化范畴而言，实乃为"道学"再度正名。此前，一些著名学者对此多有论及，如胡孚琛教授等曾撰《道学通论》一书，全书共分《道学篇》《创新篇》《道教篇》《方术篇》《丹道篇》《道藏篇》凡六篇，主要是从文化学、科学、哲学的视角，概述道学文化。其中《道学篇》专设一章《为道学正名》——"将道学的概念定义为以老子的道的学说为理论支柱的整个文化系统，其中包括道家的哲学文化、道教的宗教文化，还有丹道的生命科学文化"。

此外，在历史分期和演变过程上，学术界以往有关道家学术思想与道教历史流变之作品，大多将道家与道教区分为二，即有"道家属于以老庄为代表的哲学思想流派，道教归于

---

* 曾勇，男，湖北枣阳人，哲学博士，江西师范大学马克思主义学院副教授、硕士研究生导师，主要从事中国哲学、道教研究；刘思贝，女，江西南昌人，江西师范大学马克思主义学院中国哲学专业研究生。

张道陵创立'以道为教'的宗教文化"之说。在此问题上，学术界坚持文献考证、科学要素界定，而道教界秉持信仰传统、玄门文化认同，以至于双方互不相让，难有共识。四川大学文科杰出教授詹石窗先生，近来刊发数篇有关中国道教起源、道教历史分期诸问题，以及"道学"概念再审视的论文，主张继续以道学涵括道家、道教之学问，并用原初道教、古典道教和制度道教之称谓，将中国道教历史加以分期。此论得到学术界与道教界的高度评价。

客观地说，在道学及其历史发展问题上，学界、教界一直不乏新作新论，然而，却鲜见有人从历史学、文献学的视域，撰写一部有关中国道学史的系统著作。有鉴于此，几位青年学者在詹石窗教授所提道学思想及其发展三阶段的基础上，一方面继承前说，一方面乘势创新，《新编中国道学简史》应运而生。

二、内容概要

从结构上看，本书分为绪论与上、中、下编。该书以时间之维，将道教分为三种形态，依次是原初道教、古典道教和制度道教，分别对应书中的上、中、下三个部分。

绪论部分简要交代了三方面内容：（1）道学与道教史；（2）中国道教的历史分期；（3）中国道教史的研读思路。其间还介绍了写作背景与架构依据，分享了研读中国道教史的经验，推荐了把握道学要旨的方法。

上编题为"原初道教"，共三章，内容分别为《原初道教的历史渊源》《原初道教的肇端》《原初道教的播衍》。该编从宇宙起源之开天辟地说开始介绍，经由人文初祖伏羲之受图画八卦，进而黄帝之修道悟道、证道成仙，直至彭祖、姜尚等"古之道术"播衍者之为道叙述，描绘了道教文化雏形时代的整体概貌。

中编"古典道教"，凡二章，即《老子与古典道教的创立》《古典道教在春秋战国至秦汉时期的传承与发展》。古典道教，对应道学发展的第二阶段，其以春秋时期老子著"五千言"为标志，并在先秦时期大放异彩。其间言及方仙道在制度道教演化中的作用、黄老道在战国时期的传播，认为此两者之影响非凡。

下编为"制度道教"，篇幅颇丰，内容六章，具体章目如是：第一章《东汉末年制度道教在民间的兴起》，第二章《魏晋南北朝时期制度道教的分化与革新》，第三章《隋唐时期制度道教的发展与兴盛》，第四章《宋金元时期制度道教的复兴、革新与理论的发展》，第五章《明清时期制度道教的曲折演进》，第六章《道教在世界各地的传播》。该编依次介绍了制度道教自东汉至明清的跌宕起伏的发展历程。本编所及史料，以往问世之道教史大多业已采撷，但此书却提纲挈领，既呈现了中国制度道教两千年演进的风雨沧桑，又概括出其每个阶段的主要特征。除此之外，还特地介绍了道教在世界各地的传播，提炼其区域特征，涉及区域包括港澳台地区、朝鲜半岛、日本、越南、新加坡、马来西亚等。

三、作品特色

《新编中国道学简史》既是中国道教文化简史，又是道学思想发展简史，体现出作者严谨的治学态度与务实的探索精神。其特色主要有以下几点：

首先，在研究方法上，该书体现了历史与逻辑的统一、叙述与评论的结合。本书以时间为主线，将道教划分为原初道教、古典道教和制度道教三种形态。此三种形态，前后相续，逻辑连贯，构成较为完备的史学体系。譬如，就道家与道教的关系而言，之前的不少作品坚持道家与道教之"二分法"。此说严格说来，是可以商榷的：一方面，从学理上看，道家是道教的思想基础，道教是道家的宗教形式，二者皆高举"大道"旗帜，具有共同的文化基因，而非彼此隔绝的陌路；另一方面，从实践上讲，道教文化将道家"身国同构""身国同理"在现实社会生活中较好地实现出来，由此不仅避免了"墨学"式的"后继无人"，而且开拓出"道学"的新样态。

史论结合、论从史出也是本书的一大特色。作者叙述道学历史，采用典籍素材，兼顾教内相关传说，勾勒道学思想延绵的脉动轨迹，探究不同历史时期道教的面貌特征。例如在简述东汉末年魏伯阳及其作品《周易参同契》时，该书首先考证分析魏伯阳撰写《周易参同契》的真实性，再与两晋之际葛洪所著《神仙传》记载魏伯阳事迹进行参照印证；其次作者对这部"万古丹经王"之丹道观加以整理，阐释《参同契》所承"天人合一"之理论脉络，以及修习"金丹大道"之程式法则，并对鼎炉、药物、炉火等丹道术语，加以解释说明；最后概括指出《周易参同契》之四大特点，阐述《参同契》之历史地位与理论价值。

其次，在理论成果上，本书坚持了学术创新与文化传承的统一，兼顾了学界与教界的观点与关切。本书以中国道教的历史发展为研究内容，不仅辨析了"道教"和"道学"概念的内涵和外延，而且探究了中国话语体系中"宗教"概念的生命意蕴。同时，需要指出的是，学术界所提出的"张陵起源说"与传统道教所主张的"黄帝肇端说"有着较大差异。道教界认定的黄帝起源说，乃遵循自古以来的传统，代表了唐宋以来道教界的根本立场。这种以黄帝为道教创始的看法不仅一直得到大陆道教界的坚持，而且得到了港台地区以及海外华人道教组织的继承。这就与学术界之张陵创教说相抵牾。长期以来，学界与教界在道教研究上，常常是"自说自话""互不对话"，原因之一就在于对这一基础性问题的认识上，双方存在较大分歧。

本书作者积极吸纳学界最新成果，勇于打破旧的思维框架，善于建构新的思想体系。该书绪论引证詹石窗教授所讲，需要重视中国本土宗教概念，是书作者继而声明，在中国古代所谓"宗教"本有其自身的特指意涵，即以"尊天法祖"为内涵的人文教化；道教正是遵循这样的古老传统——历史源头远溯于伏羲受图，且尊黄帝为道教的开山宗师和以其为旗帜，而以老子为教主，以张陵为天师，经由长期的建设而逐步完备起来。此论既合乎道教信徒的

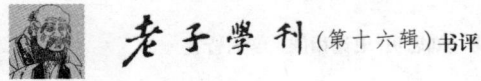

文化传统,也有典籍的史料依据。作者旁征博引,从中国宗教之特质入手,到中国道学之概念界定,再到整部道学史之系统建构,将学术创新与文化传承有机结合起来,形成了较为完备的理论成果。

本书力图兼顾学术界与道教界的立场,以此不仅摆脱了宗教学理论框架的固有局限,又传承彰显了中国古代生命教化特有的人文精神,而且还顺理成章地将道教界的信仰传统兼容其中。如此一来,不仅将"道家""道教"之"学"打通,而且将学界知识观念与教界信仰文化相对接,较好地化解了"学理"与"文化"之间的冲突。唯其以宏大的视域、开放的胸怀,方可建构起新的道学发展史体系。这不仅是一种创新,也是一种融和——对于学术界与道教界之交流,无疑也架起一座往来便捷的桥梁,有助于跨越基点分歧,增进学术互动。

最后,该书兼顾了教与学,可广泛应用于教学实践。据笔者了解,此书撰述之始,原是定位于为道教界在开设"中国道教史"这一课程时而用,故其又属于道学教材丛书之一,力图在学术探究的同时,兼顾教学使用。从结构上看,本书既有全景的宏大叙事,也有具体事件的微观特写;既有纵向的道教历史考述,也有横向的同期道派对比分析,这为教师讲授道教史提供了基本的思路参考,也为读者自学道学史勾勒了简明的学理框架,可以广泛使用于教俗两界。

当然,需要说明的是,本书内容庞大,时跨千年,又需兼顾诸家思想之融通,若要做到面面俱到,实属不易。本教材爬梳道家道教之内在理路方面,已经做到不少突破与创新,但是道家哲学形态在本书中的展现仍有继续融合的空间。学术界一般将道家哲学的发展历程分为三个阶段:第一阶段先秦老庄,第二阶段秦汉黄老,第三阶段魏晋玄学。前两阶段的内容,在本书中被纳入古典道学部分,其呈现较为翔实,而魏晋玄学部分,尤其是有关魏晋玄学与制度道教的关系问题,却明显不足。客观地说,魏晋玄学与制度道教,都与东汉后期古典道学直接相关——魏晋玄学沿着道学的哲思理路而延展,而制度道教则变通古典道教,集结儒、佛、墨、法、兵、巫术等思想元素,构成杂而多端的生命文化系统。二者之同源与异流,若在书中细加阐述,会使整个道家道教之会通,显得更加圆融。然而,魏晋时期道教史多以教中人物或道派为线索,而魏晋玄学载体多为士大夫群体,将两者融会贯通,很有必要。于此,或许作者另有考量。

综上所述,本书集学术研究与文化传承于一体,融理论探索与教学实践于一炉,既阐述中国道教发展衍化之历史,又探究道学理论演绎之规律,以通史的视野、新颖的方法,将学界研究新成果与教界信仰传统相贯通,形成了有(学)理有(史)料、可(自)学可教(学)的体系。我们有理由相信,此书的推广与应用,必定能为当下的民生日用、经济社会建设以及人类的善治良序发展起到积极的推动作用。

《老子学刊》稿约

  《老子学刊》是由四川大学老子研究院主办的综合性学术刊物，本刊坚持马列主义指导原则，以发掘道家道教思想和传统国学智慧为特色，以传承优秀文化、启迪创新思维、提高健康水平、服务现代生活为宗旨，注重学术性、科学性和知识性相统一，力求雅俗共赏。

  本刊主要内容包括但不限于：特稿、老子专题研究、道藏专题研究、易学新论、道家道教研究、传统文化研究、探索争鸣、研究生论坛、学术动态等。

  本刊海内外公开发行，凡是有关老子、道家道教等中国传统文化方面的研究成果，均欢迎赐稿。本刊所刊发之文稿均为作者之研究成果，文责自负，不代表编辑部观点；同时，凡有剽窃或抄袭他人作品之情形，由该文稿作者承担相应的一切法律责任。

  凡所投本刊的文稿，恕不退还。本刊对来稿拥有修改、删节等相应权利，如果投稿者不同意，请在投稿时予以说明告知。基于传播和推广学术思想之考虑，本刊对所刊发的文稿，拥有择优转发、推送等权利，如果著作权人不同意，请在投稿时予以说明告知，如未说明，视为同意。

  为适应我国信息化建设，扩大本刊及作者知识信息交流渠道，本刊已被《中国学术期刊网络出版总库》及 CNKI 系列数据库收录，其作者文章著作权使用费与本刊稿酬一次性给付，并免费提供作者文章引用统计分析资料。如作者不同意文章被收录，请在来稿时向本刊声明，本刊将做适当处理。

  来稿请以电子 Word 文本发送至我刊电子邮箱，并附上作者的联系地址、邮编、电话、电子邮箱，以及是否允许我刊修改、推送等信息，以方便编辑部与您联系相关事宜。同时，所赐文稿亦请寄送纸本打印稿至我刊编辑部。

  本刊编辑部的联系地址、邮编、联系人及电子邮箱：

  联系地址：

  四川省成都市望江路 29 号四川大学道教与宗教文化研究所

  四川大学老子研究院（或者《老子学刊》编辑部） 收

  邮政编码：610064

  联系人：于国庆、李冀、余晓红

  电子邮箱：lzxk2009@126.com

撰稿须知

一、来稿应包括论文题目（中英文）、内容提要（中英文，200字左右）、关键词（中英文，3—5个）、作者简介（中英文）、正文等内容，字数一般控制在7000—12000字。

二、引文出处或者说明性的注释，请采用脚注，置于每页下，具体格式为：

（一）文中格式：以括号①、②……为系列标记，文中设序号：×××①。

（二）脚注格式：脚注序号须与文中序号相对应。具体规范如下：

1. 凡引用专著，须注明：作者、书名、出版地、出版社、出版年、页码。例如：

①詹石窗：《新编中国哲学史》，北京：中国书店2002年版，第25页。

2. 如果引用《道藏》《四库全书》等大丛书，必须首先注明所引的书名或者篇名，然后注明丛书名与册数及页码。

例如：

①《玄肤论·金液玉液论》，《藏外道书》第5册，第363页。

3. 如果引用期刊论文或论文集论文，须注明：作者、篇名、期刊（论文集）名，期刊序号（出版地、出版社、出版年）页码。

例如：

①詹石窗：《关于道教思想史的若干思考》，《哲学动态》2009年第2期，第9页。

②圆顿子：《论〈四库提要〉不识道家学术之全体》，张广保：《超越心性：20世纪中国道教文化学术论集》，北京：中国广播电视出版社1999年版，第342页。

4. 如果引用译著，须注明：国籍、作者、译者、书名、出版地、出版社、出版年、页码。

例如：

①［德］马克斯·韦伯著，王容芬译：《儒教与道教》，北京：商务印书馆2004年版，第133页。

5. 如果引用报纸文章，须注明：作者、篇名、报纸名、出版日期、版次。

例如：

①吴文俊：《东方数学的使命》，《光明日报》2003年12月12日，B1版。

6. 如果引用外文文献，须注明：作者、书名、出版地、出版社、出版年、页码。

例如：

①Millton M. Chiu, *The Tao of Chinese Religion*, New York: University Press of America, 1984, p.17.

三、来稿作者简介应包括：姓名、性别、生年、工作单位、职称或职位、研究领域等信息。